Kaizen

E A ARTE DO
PENSAMENTO
CRIATIVO

```
S556k   Shingo, Shigeo.
            Kaizen e a arte do pensamento criativo : o mecanismo do
        pensamento científico / Shigeo Shingo ; tradução: Luiz Claudio
        de Queiroz Faria ; revisão técnica: Altair Flamarion Klippel ;
        coordenação e supervisão : José Antonio Valle Antunes Júnior.
        – Porto Alegre : Bookman, 2010.
            252 p. : il. ; 23 cm.

        ISBN 978-85-7780-680-5

        1. Engenharia e planejamento da produção. 2. Kaizen. I.
        Título.

                                                         CDU 658.5
```

Catalogação na publicação: Renata de Souza Borges CRB-10/1922

O MECANISMO DO PENSAMENTO CIENTÍFICO

SHIGEO SHINGO

Kaizen

E A ARTE DO PENSAMENTO CRIATIVO

Tradução:
Luiz Claudio de Queiroz Faria

Revisão técnica:
Altair Flamarion Klippel
Doutor em Engenharia pelo PPGEM/UFRGS
Sócio-consultor da Produttare Consultores Associados

Coordenação e supervisão:
José Antonio Valle Antunes Júnior
Doutor em Administração de Empresas pelo PPGA/UFRGS
Professor do Centro de Ciências Econômicas da UNISINOS
Diretor da Produttare Consultores Associados

2010

Obra originalmente publicada sob o título
Kaizen and the art of creative thinking
ISBN 978-1-897363-59-1

Idioma inglês © 2007, Enna Products Corporation and PCS Inc.

Edição original japonesa publicada como "Idea wo Nigasuna" © 1959, Hakuto-Shobo Publishing Company, Tokyo, Japan

Capa: *Paola Manica (arte sobre capa original)*

Preparação de original: *Márcia Cristina Hendrischky dos Santos*

Editora Sênior: *Arysinha Jacques Affonso*

Editora responsável por esta obra: *Júlia Angst Coelho*

Projeto e editoração: *Techbooks*

Reservados todos os direitos de publicação, em língua portuguesa, à
ARTMED® EDITORA S.A.
(BOOKMAN® COMPANHIA EDITORA é uma divisão da ARTMED® EDITORA S.A.)
Av. Jerônimo de Ornelas, 670 – Santana
90040-340 – Porto Alegre RS
Fone: (51) 3027-7000   Fax: (51) 3027-7070

É proibida a duplicação ou reprodução deste volume, no todo ou em parte, sob quaisquer formas ou por quaisquer meios (eletrônico, mecânico, gravação, fotocópia, distribuição na Web e outros), sem permissão expressa da Editora.

Unidade São Paulo
Av. Embaixador Macedo Soares, 10.735 – Pavilhão 5 – Cond. Espace Center
Vila Anastácio – 05095-035 – São Paulo – SP
Fone: (11) 3665-1100   Fax: (11) 3667-1333

SAC 0800 703-3444

IMPRESSO NO BRASIL
PRINTED IN BRAZIL
Impresso sob demanda na Meta Brasil a pedido de Grupo A Educação.

AGRADECIMENTOS

Gostaríamos de agradecer o trabalho das seguintes pessoas:
- Satomi Umehara, pela precisão de sua tradução a partir do texto original em japonês;
- Tracy S. Epley, por sua edição cuidadosa do manuscrito;
- Khemanand Shiwram pelo leiaute do projeto e sua fiel reprodução das ilustrações originais.

Também gostaríamos de expressar a nossa gratidão à Sra. Umeko Shingo, esposa do Dr. Shingo, por ter descoberto este livro para nós.

Collin McLoughlin e Norman Bodek
Editores

Apresentação à Edição Brasileira

Kaizen e a Arte do Pensamento Criativo é um livro que resgata o importante papel desenvolvido por Shigeo Shingo na construção do Sistema Toyota de Produção, modernamente conhecido como Sistema de Produção Enxuta. O autor foi, em conjunto com Taiichi Ohno, um dos principais artífices no desenvolvimento de novos conceitos, ferramentas e métodos associados com a chamada Engenharia de Produção Lucrativa. Esta abordagem é hoje adaptada e operacionalizada nos mais diferentes segmentos industriais e, também, na prestação de serviços em todo o mundo. Neste sentido, esta obra original de Shigeo Shingo é indispensável para todos aqueles que gravitam em torno da Engenharia de Produção no Brasil.

Esse livro aborda o método idealizado por Shingo para a estruturação, identificação, análise e solução de problemas denominado de *Mecanismo do Pensamento Científico*. Por meio de sua leitura pode-se compreender o raciocínio lógico, baseado inteiramente no método dialético, que Shingo utilizou buscando identificar as causas básicas dos problemas existentes e observados, ao invés de simplesmente atuar sobre os efeitos visíveis que estas causas básicas ocasionavam.

O *Mecanismo do Pensamento Científico* é uma metodologia para implantação de melhorias nos sistemas produtivos que busca romper com os pressupostos existentes através da proposição de novas ideias e o rompimento de paradigmas. Trata-se de analisar uma determinada situação, de forma rigorosa e científica, questionando sucessivamente o porquê de os problemas ocorrerem, buscando descobrir as suas causas básicas. As melhorias advindas desta abordagem, por serem embasadas em uma metodologia científica de longo alcance, permitem as empresas que a adotam caminhar firmemente no sentido da sustentabilidade competitiva.

É importante salientar que a abordagem pressupõe a ampla participação dos colaboradores na estruturação, identificação, análise e solução de problemas. Os inúmeros exemplos práticos apresentados por Shingo neste livro tornam evidente a responsabilidade que todo administrador tem em fazer aflorar a "inteligência oculta" que existe no ambiente da empresa, na busca incessante de soluções inovadoras e criativas para os problemas detectados.

Neste livro, em que Shingo explicita e formaliza a experiência de uma vida inteira, a ideia foi a de não apenas divulgar a sua metodologia de estruturação, identificação, análise e solução de problemas, mas também de torná-la facilmente compreensível por meio da apresentação de diversos exemplos de aplicação, os quais transcendem a área industrial. Ou seja, os conceitos, bem como o método (passos lógicos para a estruturação, identificação, análise e solução de problemas), apresentados no livro são genéricos permitindo chegar a uma ampla gama de soluções criativas em um conjunto muito variado de situações.

A estrutura do livro está sucintamente repassada a seguir. No *Capítulo 1 – Princípios do Pensamento Analítico*, é mostrado como o pensamento e a análise sistemáticos se constituem em uma chave central para a resolução de problemas e a melhoria bem-sucedida. Neste capítulo Shingo propõe dividir a complexidade da realidade, reduzindo-a a elementos gerenciáveis para facilitar a tomada de ações eficazes em termos das melhorias passíveis de serem obtidas.

No *Capítulo 2 – Descobrindo os Problemas*, Shingo preconiza que para a resolução de um problema existem três fases essenciais: i) descobrir o problema; ii) esclarecer o problema e iii) descobrir a sua causa. Estas fases são minuciosamente explicadas no decorrer do capítulo. Para tanto, são apresentadas ferramentas de abordagem tais como o Mecanismo da Função de Produção; o método 5W1H para análise de problemas; os 18 Therbligs e os 4 propósitos da melhoria (aumentar a produtividade, melhorar a qualidade, reduzir o tempo e cortar custos). Percebe-se que as abordagens adotadas são plurais envolvendo tanto métodos criados pelo próprio Shingo (por exemplo: O Mecanismo da Função Produção), como técnicas tradicionais oriundas da Engenharia de Produção clássica de origem norte-americana (por exemplo: os 18 Therbligs). O importante é utilizar todo o cabedal de conhecimento, métodos e ferramentas a partir de uma abordagem que privilegia a melhoria dos processos (fluxo do objeto do trabalho/materiais no tempo e no espaço);

No *Capítulo 3 – Geração de ideias para a melhoria*, Shingo destaca que há muitos caminhos para atingir um determinado fim, devendo-se manter a mente aberta para buscar sistêmica e sistematicamente novos métodos. Para tanto, faz-se necessário entender o status quo. Neste capítulo são apresentadas as 12 etapas para a geração de ideias inovadoras para a melhoria.

No *Capítulo 4 – A evolução da melhoria*, são apresentados os cinco princípios da melhoria, os quais auxiliam a lidar com a mudança, ensinando que direção os profissionais devem tomar para gerar soluções consistentes e sustentáveis em suas organizações. Os cinco princípios são i) a mecanização e motorização; ii) a divisão do trabalho; iii) a otimização; iv) a sincronização e v) a autonomação.

No *Capítulo 5 – Das ideias à realidade*, Shingo destaca a importância de cortar os laços com o status quo e encontrar o equilíbrio entre a crítica construtiva e o julgamento. Para o sucesso da implantação de melhorias é discutida a necessidade de separar a fase de geração de ideias da fase de julgamento. Novamente neste capítulo é observada a noção de dialética que não permite a separação entre a teoria (ideias) e a prática (realidade). A teoria (ideias) alimenta a prática (realidade) que, por sua vez, realimenta a teoria (novas ideias).

Finalmente, no *Capítulo 6 – Promovendo as ideias de melhoria*, é discutida a superação das objeções para a implantação de melhorias, buscando alterar de forma permanente e dinâmica o status quo. O ponto-síntese aqui é que as teorias só são de fato validadas quando implantadas no mundo real. Ou seja, é preciso criar um ambiente que permita que as ideias sejam implantadas e que a aprendizagem possa ocorrer por meio de uma abordagem do tipo tentativa e erro.

Enfim, com o esclarecimento do funcionamento do *Mecanismo do Pensamento Científico*, Shingo fornece uma contribuição definitiva para todos aqueles que não se contentam com o status quo atual e buscam, continuamente, mudar o ambiente em que estão inseridos. Com esta leitura, Shingo "não nos dá o peixe, mas ensina-nos a pescar oferecendo-nos o caniço". Desejamos que o leitor brasileiro possa fazer bom uso desta obra e gerar soluções criativas nas organizações em que atuam.

José Antonio Valle Antunes Júnior (Junico Antunes)
Professor do Mestrado e Doutorado em Administração da UNISINOS,
Professor do Mestrado em Engenharia de Produção da UNISINOS;
Sócio-Diretor da PRODUTTARE Consultores Associados

Altair Flamarion Klippel
Doutor em Engenharia pelo PPGEM/UFRGS
Mestre em Engenharia pelo PPGEP/UFRGS
Sócio-consultor da PRODUTTARE Consultores Associados

NOTA DOS EDITORES

NORMAN BODEK

Temos um presente realmente maravilhoso para compartilhar com você: um "novo" livro escrito pelo Dr. Shigeo Shingo em 1958. Há poucos anos, visitei a Sra. Shingo em Fujisawa, no Japão; fazia isso anualmente após o falecimento do Dr. Shingo em 1990. Em cada uma dessas visitas eu passava os olhos pela biblioteca do Dr. Shingo esperando encontrar algum tesouro do passado a ser traduzido para o inglês. Quando a Sra. Shingo me mostrou este livro eu achei que era velho demais para ser traduzido. Pressionado, porém, pelo meu coeditor, Collin McLoughlin, investimos tempo e esforço para publicá-lo. Como você verá, a intuição de Collin estava correta: este livro é uma obra-prima.

Durante os últimos sete anos, tenho escrito e ensinado o Kaizen Rápido e Fácil, um processo empregado pela Toyota e por outras empresas japonesas para capacitar seus funcionários em atividades de melhoria contínua. O Kaizen é um processo poderoso que pode economizar mais de US$ 4 mil anuais por funcionário de uma empresa média, caso seja aplicado. Eu estimulo as empresas a pedir aos seus funcionários que comecem a identificar pequenos problemas em sua própria área de trabalho, que encontrem soluções e que depois implementem suas ideias de melhoria em seu próprio trabalho ou no de sua equipe. Peço às pessoas que tornem seu trabalho mais fácil, mais interessante e que construam suas habilidades e capacidades. Peço aos administradores que solicitem que seus empregados apresentem duas ideias implementadas por mês. O resultado dessa atividade de melhoria se traduz em custos menores para empresa, mais segurança, qualidade, produtividade e funcionários muito mais envolvidos e dedicados. *Mas, até agora, não ensinei às pessoas como identificar e solucionar os problemas que detectam.*

Eu inconscientemente deixo as pessoas com seus próprios mecanismos para encontrar e solucionar problemas. Mesmo tendo publicado anteriormente muitos livros do Dr. Shingo, não percebi que há mais de 60 anos ele desenvolveu uma metodologia chamada de *Mecanismo do Pensamento Científico* para encontrar e eliminar problemas.

Depois de ter publicado *Sistema de Troca Rápida de Ferramenta,* do Dr. Shingo, recebi um telefonema de um consultor de Chicago me agradecendo. Ele disse: "A partir do livro sobre SMED eu fui capaz de ajudar as empresas a diminuir rapidamente as suas trocas de maquinário. Acredite ou não, Norman, ganhei 1 milhão de dólares no ano passado, apenas seguindo os conselhos do Dr. Shingo."

Tenho certeza que muitos de vocês que estão lendo este livro também irão ganhar 1 milhão de dólares para a sua empresa utilizando o material nele contido e passando as informações para todos os seus funcionários.

Conforme ler este livro você também perceberá por que o Dr. Shingo é considerado um dos criadores do Sistema Toyota de Produção e como o seu trabalho foi chave para o sucesso financeiro da Toyota. Muito cedo, o Sr. Taiichi Ohno, vice-presidente da Toyota, pediu ao Dr. Shingo para ensinar os engenheiros da Toyota as suas técnicas de resolução de problemas. Ele as ensinou a mais de 3 mil funcionários.

O Dr. Shingo foi um mestre em descobrir e resolver problemas, mas o seu maior legado foi a capacidade de ensinar as pessoas a fazerem o mesmo.

COLLIN MCLOUGHLIN

Sem o Dr. Shingo, o Sistema Toyota de Produção não seria o que é hoje. Na verdade, há poucos anos o Sr. Toyoda, ex-presidente da Toyota, estava se dedicando à abertura da primeira fábrica chinesa da Toyota e olhou para o filho do Dr. Shingo, o presidente da Toyota China, dizendo: "Se não fosse pelo pai de Shingo, a Toyota não estaria onde se encontra hoje."

Muito se falou sobre as origens do Sistema Toyota de Produção e o Dr. Shingo merece bastante crédito por sua criação. Quando você olha para a vida do Dr. Shingo e vê que ele prestou consultoria para mais de 300 empresas de todo o mundo um debate como esse se torna trivial. Sim, a Toyota não seria a mesma sem a incrível mente do Dr. Shingo, mas se olharmos para o contexto de sua vida, veremos que a Toyota não é a força motriz por trás do seu legado. O fato de tantas empresas globais terem confiado as suas operações às suas mãos capazes é o verdadeiro legado de Shigeo Shingo.

Este livro é um clássico recém-descoberto que ocupará o seu justo lugar na estante, juntamente com os outros ótimos livros do Dr. Shingo. Ele vai sacudir as bases do status quo. Ele irá revelar um modelo operacional secreto que nunca foi visto em sua totalidade. O *Mecanismo do Pensamento Científico* do Dr. Shingo é um modelo comprovado que permaneceu escondido nos últimos 50 anos. Projetado para fornecer sistematicamente o método e a estrutura para gerar as ideias necessárias para tomar a frente e ali permanecer. Nas técnicas de *brainstorming*, ele ensina como estimular a "área silenciosa" do cérebro, onde nascem as ideias. Mais do que isso, ensina a encarar as objeções às novas ideias como um aviso, uma ferramenta poderosa para convencer as pessoas a aceitar as melhorias.

As partes analíticas deste livro ultrapassam a sua natureza técnica pelo estilo do texto do Dr. Shingo. A sua capacidade de ilustrar os pontos abordados usando humor e piadas do chão de fábrica vão aguçar a sua mente e esclarecer a sua visão. Pela primeira vez temos os princípios, a estrutura e o *insight* dentro da mente do gênio *original* da Produção Enxuta. Durante décadas, Shigeo Shingo foi o homem a ser convocado para fazer de uma boa empresa uma *grande* empresa. Seu legado e influência ainda nos guiam nos dias de hoje; precisamos apenas ouvir.

Uma vez, Norman foi a um restaurante chinês em que o seu biscoito da sorte dizia: "Você tem a capacidade de reconhecer a capacidade nos outros." Como é verdadeiro! A influência de Norman no Ocidente é um reflexo direto da influência do Dr. Shingo sobre o próprio Norman. A sua relação profissional e pessoal continua a ter um impacto profundo e interminável em indústrias de todo o planeta.

Finalmente, gostaríamos de agradecer ao autor, Dr. Shigeo Shingo, por sua dedicação ao aprimoramento da qualidade de vida para todas as pessoas do chão de fábrica. Ao nos ensinar como derrubar as muralhas do status quo, ele mostra como aguçar nossas mentes para criar e dirigir o nosso próprio destino.

Prefácio

Shigeo Shingo está de alguma forma envolvido na maioria dos debates a respeito do Sistema Toyota de Produção (STP). Muitas pessoas que conhecem o Dr. Shingo o veem como o homem que contribuiu com o sistema de troca rápida de ferramenta (SMED). Está claro que Taiichi Ohno era encarregado de desenvolver o STP na Toyota e ele contou com a ajuda do Dr. Shingo para a criação do STP. Também está claro que o Dr. Shingo vai bem mais fundo do que o SMED.

Shingo foi um verdadeiro engenheiro industrial (EI). Ele tinha profunda compreensão dos processos industriais e também contribuiu com os fatores que fundamentam o Sistema Toyota de Produção. O STP, como consta em *A Máquina que Mudou o Mundo*, é um paradigma diferente da produção em massa. A engenharia industrial tradicional era muito mais impregnada pelo pensamento de produção em massa. Muitas das ferramentas da EI foram a base do STP – trabalho padronizado, eliminação do desperdício de movimento, projeto do local de trabalho para eliminar o desperdício e projeto da fábrica visando o fluxo. Entretanto, sob a superfície havia algumas diferenças filosóficas sutis, embora críticas.

A filosofia da EI se baseava num modelo de máquina – a fábrica é uma máquina e as pessoas são partes intercambiáveis dessa máquina. Acerte no projeto da máquina e calcule cientificamente a melhor maneira para que a pessoa realize a tarefa e a dirija para isso – punindo os desvios em relação ao projeto e recompensando a obediência. Esses eram os princípios da "Administração Científica" de Frederick Taylor e refletem bastante o pensamento da engenharia ocidental.

O Dr. Shingo gravitou naturalmente em direção à filosofia do STP enraizada no Oriente. A fábrica é vista como um sistema de seres humanos empregando equipamentos para satisfazer os clientes. O mundo é visto como dinâmico e complexo, sendo que nenhuma engenharia, não importa o quão esperta, pode antecipar em detalhes o que irá acontecer. O projeto do engenheiro é uma aproximação que serve como ponto de partida. Depois, as pessoas fazem ajustes finos e aprimoramentos a cada dia para identificar as deficiências do sistema visando reforçá-lo. As pessoas que realizam o trabalho têm a vantagem de experimentar diretamente as complexidades do processo e identificar as suas deficiências. Isso gera um ambiente onde é seguro admitir os problemas e obter ajuda para resolvê-los. Através dos aprimoramentos diários (Kaizen), o sistema se ajusta e adapta às mudanças no ambiente e cresce mais forte. Enquanto no sistema de produção em massa o processo é configurado para fluir como foi projetado pelo engenheiro, aparecendo inevitavelmente a entropia, no STP são as pessoas dentro do sistema que o aprimoram continuamente, tornando-o cada vez melhor.

O Dr. Shingo foi um mestre do Kaizen. Ele tinha treinamento científico e capacidade inovadora para compreender com profundidade os processos e a humildade para perceber que precisava dos operadores para ter o domínio. Ouvi uma história incrível a respeito do Dr. Shingo contada por um ex-executivo da Kentucky Fried Chicken. Já idoso, o Dr. Shingo foi contratado pela empresa como consultor. Ao entrar em um dos restaurantes numa cadeira de rodas, ele quis ver imediatamente toda a operação e rapidamente percebeu que se tratava de um processo baseado em lote puxado. Como era necessário muito tempo para fritar o frango, os lotes eram preparados antecipadamente e aquecidos, quando solicitados. Isto significava que o frango não era tão fresco quanto poderia ser e criou um desperdício impróprio. O Dr. Shingo queria saber por que o cozimento não era feito sob demanda; mais uma vez eles explicaram que era fisicamente impossível devido ao tempo consumido para cozinhar o frango. Então, o Dr. Shingo esboçou um processo rápido de fritura que permitiria cozinhar de acordo com a demanda. O paradigma do executivo foi instantaneamente alterado naquele momento. Hoje, ele é um dos principais executivos de um dos maiores bancos do planeta, sendo que começou imediatamente a aplicar o STP nas operações bancárias. Ele não hesitou um só momento em aplicar o STP a um processo tão diferente após aprender com o Dr. Shingo o poder do Kaizen e do pensamento inovador.

Neste livro aprenderemos como o Dr. Shingo pensa nos problemas. Você não será soterrado por floreios e discussões teóricas profundas num livro de Shingo; terá, isso sim, uma metodologia direta e exemplos para ilustrar cada conceito. Os que estiverem familiarizados com a resolução de problemas práticos da Toyota notarão a semelhança, talvez pela ampla influência que Shigeo Shingo teve no STP. Você aprenderá sobre a definição clara de um problema com base nos fatos, a questionar pressupostos, o poder da observação profunda, a usar associações para produzir ideias e a vencer a resistência em relação às novas ideias. Os que estão familiarizados com o modo de pensar da Toyota sabem que boa parte do foco se concentra nos processos preliminares de definir corretamente o problema e raciocinar em função de muitas alternativas. Esse é o foco principal deste livro, trazido para o mundo real por exemplos de inovação da vida real.

Este livro o ajudará a entender o pensamento profundo que sustenta a verdadeira prática do STP. Muitas pessoas parecem mais confortáveis copiando as "soluções enxutas" de outras pessoas. Isto contraria totalmente o espírito do STP que trata, na verdade, de entender a situação específica, pensar criativamente e desafiar constantemente as suas suposições. Somos afortunados por ter essa nova oportunidade de contemplar profundamente o pensamento de um dos verdadeiros gênios por trás do STP – Dr. Shigeo Shingo.

Jeffrey K. Liker, Ph. D.
Professor, Engenheiro Industrial e de Operações
The University of Michigan

SUMÁRIO

1 PRINCÍPIOS DO PENSAMENTO ANALÍTICO   23

Princípio da divisão..................................23
Raciocinando em termos de dois 29

2 DESCOBRINDO OS PROBLEMAS   33

Descobrindo problemas................................33
As coisas mudam com o passar do tempo..................40
O amor é cego 41
Dominando o óbvio...................................42
Esclarecendo os problemas.............................45
Os 5 elementos dos problemas..........................48
2 eixos da produção 49
Os 18 Therbligs* de Gilbreth 54
Qual é o tópico?.....................................56
Conhecimento qualitativo e quantitativo 60
Pensando analiticamente 65

Controle de qualidade e estatística 75
Descobrindo a causa: em busca do propósito 80
Os 4 propósitos da melhoria 80
Teoria das greves sensatas 86
Orgulho no palanque 88
O implacável "por quê?" 88
O que acender primeiro? 95

3 Geração de Ideias para a Melhoria — 99

Muitos caminhos para um único fim 99
Planos de melhoria 104
Elaboração de métodos de pensamento 104
Atividades mentais para a melhoria 105
Abordagem do pensamento científico 106
Métodos de geração de ideias 107
As 12 etapas da geração de ideias 117

4 A Evolução da Melhoria — 161

Os 5 princípios da melhoria 162

5 Das Ideias à Realidade — 179

Separe a geração da ideia do julgamento 179
Superando obstáculos mentais 181
Vida *versus* morte: a dicotomia do julgamento 193
O instinto do engenheiro e o instinto do administrador 194
As 10 objeções 196

6 Promovendo as Ideias de Melhoria — 209

Cultivando um apetite pela mudança 209
Política dos 90 pontos................................. 210
Compreensão e persuasão 210
Cuidado com a força do hábito 211
Olhando no espelho 216

Componentes do Mecanismo do Pensamento Científico por Capítulo — 221

Capítulo 1... 221
Capítulo 2 222
Capítulo 3 222
Capítulo 4 223
Capítulo 5 223
Capítulo 6 224

Breve Biografia de Shigeo Shingo — 225

Um Debate sobre o Livro Kaizen e a Arte do Pensamento Criativo — 229

Os 20 Anos do Prêmio Shingo — 241

Índice — 243

CAPÍTULO

Princípios do Pensamento Analítico

1

A ciência é definida como a organização sistemática do conhecimento. O pensamento e a análise sistemáticos são a chave para a resolução de problemas e a melhoria bem-sucedidas.

A FRONTEIRA DA NOITE

A: O que define a fronteira entre o dia e a noite?

B: O pôr do sol, é claro.

A: Se é assim, então por que ainda está claro no lado de fora durante o pôr do sol?

B: Bem, o quão escuro precisa estar? Que tal agora, é dia ou noite?

A: Esse debate poderia continuar por toda a noite. Por que não simplificamos as coisas e chamamos de "crepúsculo" esse intervalo de tempo ambíguo? Além disso, tem um belo halo associado e ele.

Então, a conversa termina. Agora, onde você desenha a linha entre o dia e a noite?

PRINCÍPIO DA DIVISÃO

Vamos supor que estejamos dividindo as pessoas do nosso departamento em grupos diferentes. Primeiro, podemos dividi-las em homens e mulheres. Outras classificações possíveis são:

1. Adulto ou jovem
2. Assistente empresarial ou engenheiro
3. Os saudáveis ou os que tendem a ficar doentes

TABELA 1.1 Exemplo de agrupamento pelo princípio da divisão

Homem ou mulher	Gênero
Assistente empresarial ou engenheiro	Qualificações
Adulto ou criança	Idade
Saudável ou doente	Desempenho da saúde

O método empregado para estabelecer os critérios de agrupamento se chama "Princípio da Divisão". Ao escolher o critério pelo qual um grupo será dividido é importante considerar que tipo e quantas divisões serão criadas. Além do mais, para impedir que divisões subsequentes se tornem vagas ou impossíveis, um "grupo pai" poderia ser dividido num grupo de "avós e pais", que são claramente diferentes um do outro, como no caso de "A ou não A."

Contraste e continuidade

Eu disse para dividir claramente, mas há um problema aqui. No grupo pai existem "grupos contrastantes" que podem ser separados claramente, como em A ou não A:

- Homem ou mulher
- Assistente empresarial ou engenheiro

No entanto, existem "grupos contínuos" nos quais a distinção entre os dois não é assim tão fácil:

1. Adulto e jovem
2. Os saudáveis ou os que tendem a ficar doentes

Os Princípios da Divisão que regem a separação dos grupos contínuos, tais como idade ou desempenho da saúde, muitas vezes são difíceis de discernir. Assim sendo, pode ser difícil fazer uma divisão clara nesses grupos. Em outras palavras, dividir grupos contrastantes é fácil, mas dividir grupos contínuos frequentemente não é.

Em que idade você acha que alguém passa da juventude para a idade adulta? Quando os critérios de divisão são contínuos precisamos de uma definição clara. Por exemplo, podemos definir como adultos aqueles com mais de 20 anos. Em termos de desempenho da saúde, também podemos estabelecer definições, baseadas, por exemplo, na pulsação saudável, na pressão arterial etc. Contudo, é um pouco estranho definir alguém que fará 20 anos amanhã como jovem e alguém que fez 20 anos ontem como adulto.

Como esses exemplos ilustram, no caso dos grupos contínuos é essencial que o critério de divisão seja o mais claro e distinguível possível. Entretanto, mesmo após estabelecer uma definição é possível que alguma coisa permaneça obscura. Portanto, se um grupo pai for um grupo contínuo (tal como a distinção entre as pessoas de 35 e 36 anos), devemos estar plenamente conscientes das dificuldades que podem surgir durante a sua divisão.

> ### SEM CONFUSÃO, CERTO?
> Três irmãos foram ver o seu tio no campo. Ele tinha dois cães.
> Ichiro, o irmão mais velho e mais alto, foi o primeiro a avistá-los. "Veja, o cão grande e o cão pequeno!", ele disse.
> Jiro, que apareceu depois, disse: "Ah, são os cães vermelho e branco."
> O irmão mais novo, Saburo, ouviu as vozes de seus irmãos e saiu da casa. "Cara! O cão de nariz branco e o cão de nariz preto," disse ele animadamente.
> Os cães confusos devem ter pensado: "Eles estão nos dando tantos nomes diferentes. O que faremos se eles os pronunciarem ao mesmo tempo?"

Divisão cruzada

Um caso semelhante também poderia ocorrer numa situação mais familiar. Mr. Koga, encarregado da aquisição de material, criou quatro arquivos relacionados a:

1. Yawata Steel Works
2. Fuji Steel
3. Chapa de aço
4. Molde de aço

Agora, se você tivesse um pedido de molde de aço da Yawata, você o arquivaria no número 1 ou no número 4?

A tentativa de dividir um grupo pai baseado em dois critérios diferentes se chama "divisão cruzada", podendo levar muitas vezes à confusão.

No caso da "fronteira entre o dia e a noite", uma fonte de confusão se origina do fato de que dois critérios de divisão diferentes, a hora do pôr do sol e a luminosidade do céu, são impostos simultaneamente. Outra fonte de confusão se origina dos problemas inerentes ao fato de a luminosidade ser um grupo contínuo.[1] Consequentemente, as dificuldades encontradas quando se aborda esse tema poderiam ser bem menores se o critério de divisão se limitasse à luminosidade e se fosse definida claramente a fronteira entre o dia e a noite. Categorizando o nosso raciocínio dessa maneira, a questão imposta no diálogo de abertura poderia ter sido respondida facilmente.

Não é incomum que temas similares venham à tona nas conversas diárias. Por exemplo, alguém poderia dizer: "Ele é um capitalista teimoso e um inimigo da democracia!" Este é um exemplo perfeito de divisão cruzada.

O que precisamos comparar com o capitalismo são outros paradigmas econômicos, como o socialismo, comunismo e ditaduras, o oposto da democracia. Existem, obviamente, outras ideias políticas contrastantes, tal como internacionalismo *versus* nacionalismo.

Ao examinarmos as diferenças entre grupos como esses é crucial reconhecer e avaliar adequadamente a "área cinza" que provavelmente preencherá o intervalo que separa as visões opostas. Ao fazê-lo podemos aumentar a consciência de uma pessoa em relação aos erros de divisão cruzada e ajudar a minimizar a possibilidade de julgamentos injustos durante discussões emocionais.

Percepção é realidade

A realidade é o homem das vinte faces.[2] Suponhamos que na Fábrica X o número de defeitos tenha aumentado de forma constante. Nesse caso, o que se deve levar em consideração é o seguinte:

- Se os materiais foram satisfatórios
- Se os métodos de processamento foram apropriados

---

[1] Os astrônomos fizeram isso classificando a intensidade da luz proveniente das estrelas distantes.

[2] Gênio da ficção criminal, Kaijin Niju Menso (O Misterioso Homem das Vinte Faces), nêmesis do detetive Akechi Kogoro, cujas proezas apareceram pela primeira vez numa revista periódica de mesmo nome publicada em 1936 no Japão.

- Se as inspeções foram feitas de forma correta
- Se o manuseio dos materiais foi correto
- Se o manuseio durante o transporte foi correto
- Se os defeitos ocorreram porque os materiais demoraram demais para ser utilizados

Outras coisas a se considerar são:

- Componentes, dureza, resistência, tamanho, diâmetro ou rugosidade da superfície dos materiais
- Máquinas de processamento, ferramentas, habilidades e características dos trabalhadores
- Iluminação, ruído, umidade, qualidade do ar, poeira e temperatura da área de trabalho
- Métodos de corte, tratamento térmico, galvanização e remoção de ferrugem
- Dispositivos de medição para inspeções, ambiente de medição e questões com os inspetores
- O modo como os produtos são colocados, os recipientes de armazenamento utilizados e o ambiente em que são armazenados
- Embalagem para o transporte e tipos de máquinas de transporte
- Se o defeito na verdade é crítico, considerando o uso final pretendido para o produto

Essa lista demonstra o extraordinário número de causas que poderiam estar contribuindo para o aumento recente dos defeitos. As coisas na realidade não possuem tantas facetas a mais do que as que podemos perceber. Quando nos deparamos com um problema como o aqui mencionado, frequentemente tentamos resolvê-lo nos focando simplesmente em poucas causas nas quais podemos interferir.

As coisas, na verdade, não são simples assim. Elas incluem:

- Muitos níveis de divisão
- Grupos contínuos e, com isso, qualidades inerentemente difíceis de dividir
- Muitas oportunidades de divisão cruzada, o que leva inevitavelmente à confusão

É importante reconhecer a complexidade da realidade; ela é composta por uma grande quantidade de variáveis internas.

Maior do que um local para guardar pão?

Quando se busca a resposta correta nos jogos de perguntas, tais como "Quem Sou Eu?" ou "Vinte Perguntas", é importante não só uma boa memória, mas ter também a capacidade de aplicar as habilidades do pensamento analítico.

Dentre os princípios da divisão, existem divisões pai-filho ou "superior e inferior", assim como divisões irmãs ou "lado a lado". Ao realizar os jogos ora propostos, se você fizer perguntas das divisões superiores para as inferiores, mude para uma linha de questionamento paralela e muitas vezes você poderá chegar à resposta de forma mais rápida.

Uma estratégia eficaz para a aplicação desses princípios como ferramentas analíticas pode ser demonstrada no exemplo a seguir de "Quem Sou Eu?" (Tabela 1.2A). Supondo que a resposta seja Kinjiro Ninomiya[3], repare como as perguntas são agrupadas, divididas e ordenadas para proporcionar o caminho mais eficiente para encontrar a resposta. Observe também o uso de divisões horizontais quando o grupo filho de "Lugar" na Tabela 1.2b é trocado horizontalmente de Tóquio para Nagoya.

TABELA 1.2A Exemplo de "Quem sou eu"

Gênero	Masculino ou feminino
Existência	Imaginária ou real
Intervalo de tempo	Passado ou presente

Se o sujeito está no passado, qual é a época aproximada? (É um grupo contínuo, então você precisa dividi-lo em tempos diferentes, conforme o evento.)

---

[3] Kinjiro Ninomiya foi um conhecido líder agrícola, filósofo, moralista e economista do século XIX.

Tabela 1.2b   Exemplo de "Quem sou eu" (*continuação*)

Nacionalidade	Japonesa ou não
Lugar	Leste ou oeste de Tóquio, se no Japão Se não for no Japão, leste ou oeste de Nagoya
Ocupação	Samurai, mercador ou fazendeiro
Status	Senhor feudal ou samurai
Realizações	Guerra, reconstrução financeira, reflorestamento, controle de inundações etc.

Se você percorrer essas divisões na ordem correta, não é difícil chegar à resposta certa. Na verdade, você poderia receber algumas dicas de antemão para facilitar ainda mais.

O mesmo princípio pode ser aplicado às "Vinte Perguntas." Nesse caso, deveriam ser acrescentadas divisões como as seguintes:

Tabela 1.2c   "Vinte perguntas"

Forma de vida	Vegetal, animal, mineral
Dimensões	Tamanho, comprimento
Forma	Círculo, quadrado, indefinida
Número	Grupo ou individual
Preço	Valor aproximado
Propriedade	Pública ou privada
Movimento	Móvel ou estacionário
Sentido	Visão, tato, olfato, audição, paladar

Raciocinando em termos de dois

Supõe-se que a máquina estatística eletrônica mais avançada divida em progressões geométricas de dois:

 Divide A em A1 e A2
 Divide A1 em A1–1 e A1–2
 Divide A2 em A2–1 e A2–2

Você pode continuar dividindo dessa maneira indefinidamente. Raciocinar assim em termos de dois é o método de divisão mais fácil para os seres humanos. Todavia, devemos ser cuidadosos para não cair na armadilha do raciocínio polarizado. Todos nós temos suposições inconscientes como as seguintes:

As coisas que não são boas são más.

As coisas que não são más são boas.

Também temos definições inconscientes que estabelecem o nosso conceito de:

- Aprovação e negação.
- Bem e mal.
- Comprido e curto.

Pai e filho, marido e esposa, irmão e irmã – tendemos a pensar em termos de dois e muitas vezes em confrontação polarizada e fixa. Porém, não devemos restringir a flexibilidade natural de nossa mente, já que ela tenta se expandir infinitamente para além desse limite. Dentro dessas divisões sempre existem outras coisas que podem ser divididas, novamente divididas e assim por diante. Contanto que estejamos atentos a essa natureza de divisões constantes, pensar em termos de dois será uma solução poderosa quando tentarmos elucidar o mistério da realidade.

O "Homem das Vinte Faces" é uma metáfora que reflete como a percepção define a realidade e nenhum par de olhos vê os mesmos detalhes (ver Figura 1.1). Para chegar à verdade do assunto, é necessária a análise crítica para compreendê-lo integralmente, visando chegar aos fatos claramente definidos.

O primeiro passo é ter em mente as complexidades da realidade, sendo que a força do Princípio da Divisão reside em sua capacidade de reduzir essas complexidades a elementos gerenciáveis. A capacidade de raciocinar em termos de dois proporcionará o agrupamento com critérios relativos. Os grupos contrastantes (homem ou mulher, guerra ou paz) e os grupos contínuos (adulto ou jovem, saudável ou doente) podem conter grupos passíveis de subdivisão que, por sua vez, podem ser fragmentados indefinidamente. A capacidade de categorizar os critérios durante o processo criativo é a fonte de onde esse modelo extrai o seu poder para o indivíduo (ver Figura 1.2).

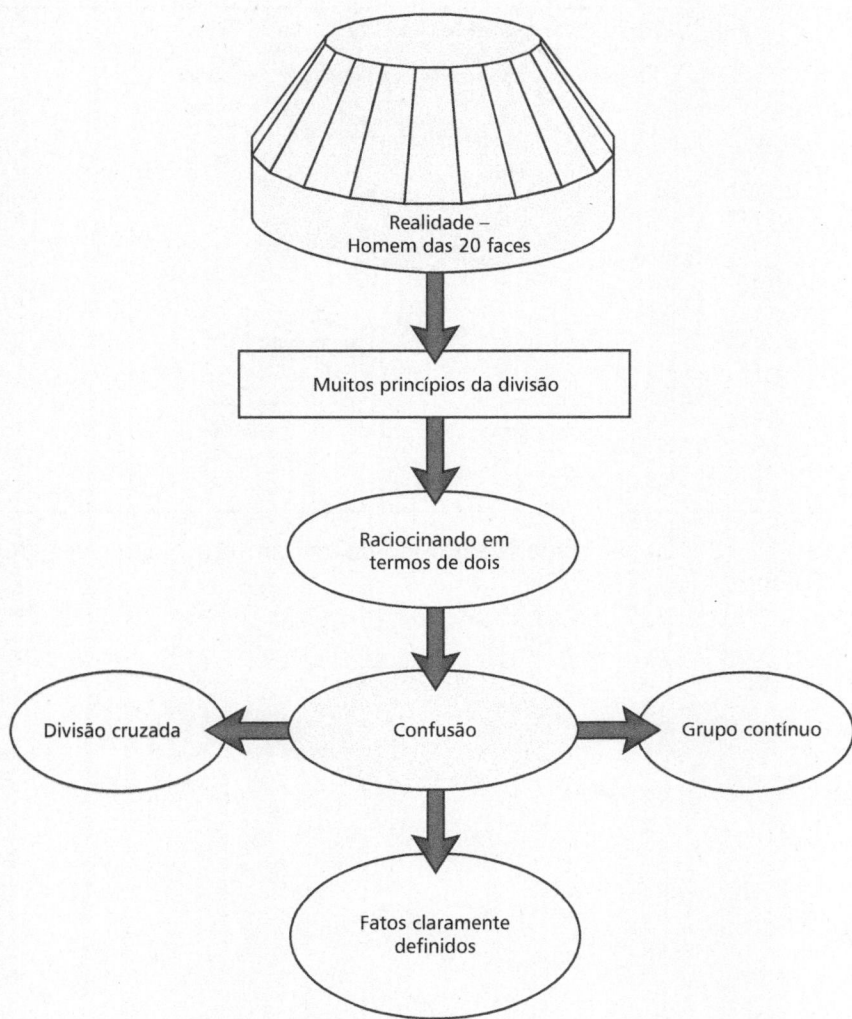

FIGURA 1.1 • Árvore da realidade.

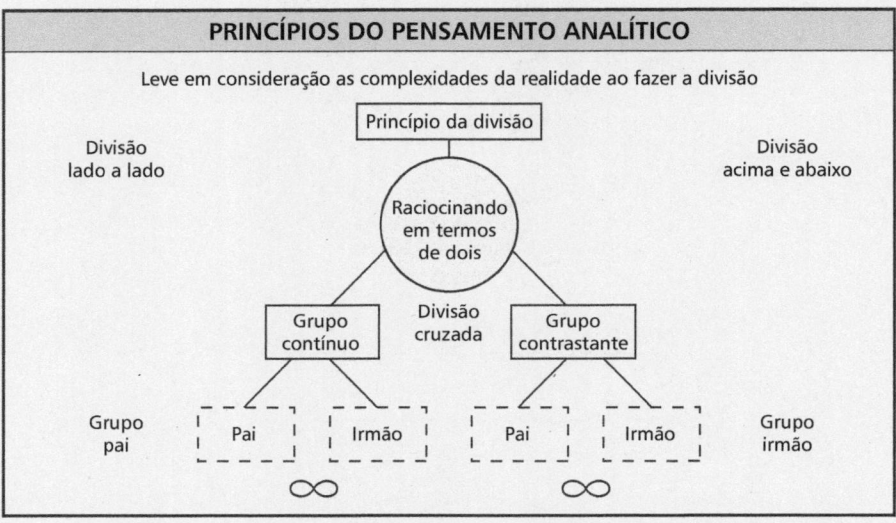

FIGURA 1.2 • Componentes do Mecanismo do Pensamento Científico (MPC) no Capítulo 1.

CAPÍTULO 2
DESCOBRINDO OS PROBLEMAS

A melhoria, ato de tornar as coisas melhores do que o seu estado atual, só pode ocorrer após uma pessoa ter descoberto e entendido a plena natureza de um problema atual.

Existem três etapas essenciais para a resolução de problemas:
- Descubra o problema
- Esclareça o problema
- Descubra a causa

Este capítulo irá identificar e explicar cada etapa.

DESCOBRINDO PROBLEMAS

Todos os dias nos deparamos com problemas que precisam ser resolvidos e com situações que precisam melhorar. Todavia, existem muitas ocasiões em que não percebemos a existência de um problema ou na qual entendemos mal a plena natureza do problema.

Nunca aceite o status quo

Os problemas que precisam ser abordados muitas vezes não surgem como problemas, a não ser que as pessoas sejam suficientemente curiosas para questionar a norma.

Aqueles que vivem na cidade podem achar que o sol nasce nos telhados, enquanto os que vivem no litoral podem crer que ele nasce no oceano.

Já os que vivem nas montanhas podem até mesmo acreditar que ele nasce nos picos nevados.

Muitas pessoas no Japão que passam muitas horas em pé nos ônibus e trens na hora do *rush* provavelmente jamais questionaram a existência ou não de uma via alternativa de transporte. Já ouvi dizer que na França os ônibus não param nos pontos se não houver assentos livres, assim como os passageiros não tentam entrar em ônibus lotados. Isto me fez querer saber por que no Japão existem pessoas confortavelmente sentadas e pessoas de pé por longos períodos de tempo, ambos pagando exatamente o mesmo preço pelo transporte. Em outras palavras, aqui estou diante de uma pergunta e um problema.

Precisamos estar cientes dos problemas e liberar nossa insatisfação em relação ao status quo; ainda mais importante, devemos ligar essa insatisfação ao nosso desejo de melhoria.

Aqueles que estão sempre satisfeitos com a situação atual e que não a questionam nunca serão capazes de ver os problemas; o status quo é um conforto para eles. Por outro lado, os que a questionam descobrirão que não apenas veem o problema, mas o próprio ato de questionar os levará a meio caminho de uma solução."

Numa estamparia que visitei, estavam sendo prensadas peças retangulares a partir de grandes lâminas de plástico. Enquanto observava o processo, vi os restos das lâminas das quais foram feitas as peças.

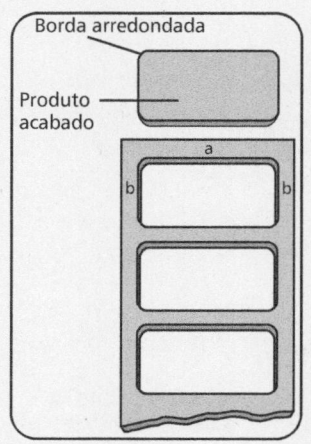

Figura 2.1 • Estampagem da peça.

"O espaçamento entre as peças parece bem grande. Há alguma razão para isso?" perguntei ao supervisor.

"Bem, eu queria tê-los feito menor, mas a borda arredondada dificultou isso."

"As bordas precisam ser arredondadas?"

"Bem, nós apenas as fabricamos aqui, então eu realmente não sei."

Depois dessa conversa, segui para a área de montagem para verificar como essas peças eram realmente utilizadas. Ali, descobri que as peças eram usadas como isolantes elétricos embutidos em lugares nos quais não poderiam ser vistas de fora. Assim, a forma das bordas não era importante.

A estamparia mudou o projeto. Como resultado, os espaços entre as peças e os espaços nas laterais da lâmina foram eliminados, aumentando seu rendimento em 30%.

Se os supervisores da estamparia tivessem feito perguntas como "Por que há tanto material desperdiçado?" ou "As peças precisam realmente de bordas arredondadas?" o problema teria sido identificado e solucionado muito mais cedo.

Todos nós somos acostumados ao que nos circunda. Muitas vezes nos tornamos complacentes em relação a como as coisas são e deixamos de ficar insatisfeitos com elas. Perguntar a nós mesmos se "Existem quaisquer problemas que precisam ser abordados?" ou "Existe algo que possa ser melhorado?", até mesmo uma vez por dia, é um exercício consciente cuja prática poderia beneficiar a todos.

A dimensão do desconhecido

A Indústrias G tem uma fábrica que produz placas de compensado. Nesse processo de produção é essencial manter um alto rendimento, já que ele afeta diretamente o preço do produto.

Foi nessa fábrica que tive a chance de observar o processo de descascamento de toras. A tora é descascada em lâminas de madeira compensada conforme gira em um torno mecânico. A centralização e a montagem corretas da tora determinam quanta madeira compensada pode ser produzida e, equivalentemente, quão elevado será o rendimento. O aspecto técnico da montagem da tora visando o rendimento máximo foi feito por trabalhadores experientes. Aqui segue como eles determinaram o centro da tora:

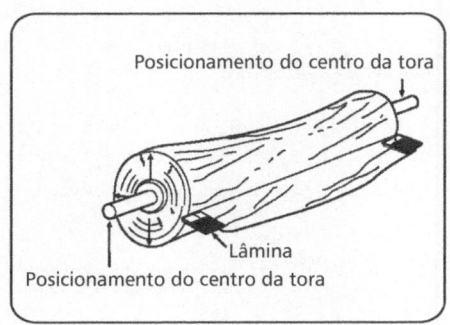

- Medir o maior e o menor diâmetros da tora e calcular o centro

FIGURA 2.2 • Eixo da tora.

- Ajustar o centro, dependendo da curvatura da tora
- Apertar a tora na máquina para travá-la no eixo de rotação central

Como um técnico estava prestes a iniciar o descascamento, comecei a imaginar se o eixo era realmente preciso. Pedi a ele que parasse e fizesse as seguintes medições:

- Dividir a circunferência da extremidade da tora por oito
- Dividir o comprimento por seis

Depois disso, estender os oito pontos da circunferência no sentido longitudinal da tora, fazendo interseção com as seis seções transversais, e utilizar os pontos resultantes para calcular seis centros que, posteriormente, poderiam ter a sua média calculada visando fornecer um centro global para a tora.

Como consequência dessa medição mais precisa, ficou claro que a medição original estava errada em 20 mm. O uso de um eixo de rotação errado produzirá uma chapa de compensado descontínua, inadequada para um material de primeira linha. Além disso, como demonstram os cálculos a seguir, o erro ocorre numa área crítica onde a circunferência é maior, comprometendo bastante o rendimento potencial.

Medição convencional: $\pi/4\ (410-150)2 - \pi/4\ (260)2 = 100\%$

Nova medição precisa: $\pi/4\ (410-150)2 = \pi/4\ (300)2 = 134\%$

Na realidade, 34% do rendimento se perdia na medição convencional. Essa descoberta levou à adoção do novo método de medição.

Esse exemplo proporciona uma boa ilustração da dimensão de um problema desconhecido e de como ele permanece desconhecido até que seja questionado.

Uma vez que profissionais experientes estavam encarregados de calcular o eixo central, a fábrica simplesmente confiava no método convencional de obtenção desse eixo central. Apesar da perda de 34% de madeira, ninguém sabia na verdade se o método era ou não apropriado. Até alguém questionar o método convencional, foram desperdiçadas grandes quantidades de material e recursos.

Aqui temos outra história. A Indústrias M registrava em livro a compra de materiais. Um contador me falou sobre um problema com o sistema:

"O método do livro (custo) é inconveniente quando se trata de contabilidade de custos."

Então, sugeri a mudança para o método de fatura (vendas), mas o contador não concordou.

"Não podemos fazer isso."

"Por que não?"

"Seria um problema se as faturas fossem perdidas."

"Então, como seria se um problema assim acontecesse?"

"Bem, você sabe ... apenas seria um problema."

"Como assim?"

O contador estava lutando para dar uma resposta a seu próprio cenário vago. Ambos fomos ficando desconfortáveis enquanto ele vasculhava a sua mente em busca de palavras. Então, lhe dei essas possibilidades: "Acho que seria um problema por dois motivos: número um, como você sabe que as faturas serão perdidas e, número dois, como você recupera o conteúdo de uma fatura perdida?"

"Exatamente!" exclamou o contador aliviado.

"O primeiro problema pode ser solucionado registrando os números sequenciais das faturas. Desse modo, quando elas voltarem você pode verificar se algum número está faltando. O segundo problema pode ser resolvido fazendo-se uma cópia, a despeito de ser um problema raro, caso venha finalmente a ocorrer."

Logo, o método da fatura foi introduzido na empresa, não resultando em nenhuma confusão maior, e a contabilidade de custos ficou muito mais simples e eficiente.

Mais uma vez, esse exemplo destaca os contratempos desnecessários que podem ocorrer ao nos conformar com o que conhecemos. Na verdade, o contador sabia que seria um problema *se* as faturas fossem perdidas, mas o *porquê* disso vir a ser um problema não estava claro.

Quando tentamos solucionar problemas, primeiro precisamos fazer as seguintes perguntas:

1. O que sabemos?
2. O que não sabemos?

O maior obstáculo na descoberta dos problemas e na melhoria do status quo é a crença cega de que sabemos tudo e de que nada precisa ser modificado. Mesmo nas questões em que julgamos ter uma boa compreensão dos fatos, esses questionamentos nos ajudarão a expor questões despercebidas e a nos colocar no caminho da melhoria, esclarecendo o desconhecido e, por fim, solucionando os nossos problemas.

Agimos sobre o que julgamos "verdadeiro"

Como seres humanos, muitas vezes baseamos as nossas decisões no que percebemos como verdade, ao contrário do que realmente é.

Não aja com base em suposições

Com bastante frequência, concluímos que "descrever o que constatamos em primeira mão" e "descrever o que ouvimos de alguém" são a mesma coisa.

Por exemplo, "Eu vi cupins nas pilastras do banheiro" transmite o que você constatou em primeira mão. Por outro lado, dizer que "O Sr. Takemoto me contou que os cupins estão nas pilastras do banheiro" relata apenas o que você ouviu.

A primeira frase se baseia em fatos, enquanto a última nos exige uma suposição do fato.

Quando vou a uma fábrica e pergunto como anda o seu processo de melhoria um encarregado pode dizer: "Eu acho que a nossa programação de produção está razoável. O coordenador de programação deve estar fazendo reuniões diárias e mantendo-a sob controle."

Isso me faz imaginar por que eles ainda assim me pedem para examinar o seu gerenciamento de processos em primeiro lugar; especialmente quando vou ao chão de fábrica e vejo que existem muitos produtos em fase de produção, assim como peças em estoque – sinais típicos de má administração.

Entretanto, quando falo com o coordenador ele pode dizer: "Não temos uma programação de produção padrão ultimamente porque sua elaboração toma muito tempo" ou "Eu sei que deveríamos manter reuniões diárias, mas estou ocupado cuidando das faturas da fábrica. Não tenho muito tempo para fazer qualquer outra coisa; de fato, não há uma reunião há cerca de seis meses. "

Com isso, a resposta do encarregado se baseou na "verdade imaginária" de que as coisas estavam indo bem. Porém, a realidade da fábrica mostrou o contrário.

Quando as pessoas agem com base em noções que creem ser verdadeiras, os aprimoramentos ficam para trás e os problemas assumem a direção.

Uma vez ouvi alguém dizer: "As pessoas não querem passar todo o tempo gastando a energia necessária para descobrir o que é verdadeiro para elas, logo, elas confiam muitas vezes no que ouvem sem confirmar se é correto ou não."

O resultado do próximo experimento justifica essa afirmação. A seguir, temos a distribuição percentual das reações das pessoas quando perguntadas sobre o que não sabem.

TABELA 2.1 Respostas sem conhecimento

Resposta baseada em palpite	62%
	(Talvez 23%)
	(Deve ser 39%)
Resposta com "Eu não sei"	35%
Sem resposta	3%

Isto mostra que, quando as pessoas são questionadas sobre o que não sabem, seis em cada dez respondem com adivinhação e, dentre essas seis, quatro respondem com afirmação e, basicamente, acabam mentindo.

Suas mentiras não são intencionais e vêm quase subconscientemente. Além disso, isso torna o seu tipo de resposta ainda mais problemático. Particularmente é o que acontece quando as coisas ditas se mostram irreais e tentamos nos colocar fora das mentiras.

Tentar descobrir os problemas com base num palpite ou adivinhação imputa riscos. Ao tentarmos discernir problemas é importante basear o nosso julgamento na realidade.

Às vezes, durante as reuniões, ouvimos conversas como essa:

"Ouvi falar que isso aconteceu."

"Eu não acho que tenha acontecido."

Se ambos os lados não conhecem a verdade, acaba virando um argumento do tipo "ele disse – ela disse". Precisamos lembrar que diagnosticar problemas é, com frequência, um processo permanente de separação do que é verdadeiro e do que parece ser verdadeiro.

As coisas mudam com o passar do tempo

O Dr. Tanaka recebeu um telefonema no meio da noite. Era Riku, que vive numa fazenda a cerca de 30 minutos de distância.

"Alô, Doutor. Eu sei que é bem tarde, mas eu gostaria de saber se você pode vir até a minha casa."

"O que aconteceu?"

O Dr. Tanaka, cujo sono foi interrompido, não estava com o melhor humor.

"Bem, minha esposa está doente."

"Fale-me mais sobre o estado dela."

"Ela diz que a parte baixa do seu abdome dói. Suspeitamos que seja apendicite."

"Apendicite? Isto não pode ser, Riku; eu retirei o apêndice dela na primavera passada. Você não lembra?" Parecia que o doutor ia desligar.

"Espere, espere ... foi a minha ex-mulher que você operou. Agora, é a minha atual esposa que está doente."

Se não pensarmos na passagem do tempo, podem ocorrer confusão e problemas como essa anedota nos alerta com humor.

Na fábrica R de produção de artigos de papelaria um dos processos demandava a secagem dos produtos. Enquanto outros processos consumiam apenas 12 minutos, a secagem levava 40 minutos, criando um gargalo.

A temperatura, a umidade e a circulação do ar são os três fatores principais que influenciam a secagem. Fui ao chão de fábrica e vi que incubadoras de ovos eram utilizadas nesse processo. Entretanto, as incubadoras possuíam apenas pequenas saídas de ventilação e, portanto, tinham uma circulação de ar muito limitada. Percebi imediatamente as deficiências desse método e fui procurar um secador de cabelos, exatamente como o que você vê num salão de cabeleireiro.

Coloquei os produtos numa caixa e os sequei com o secador. O resultado do experimento foi este: o tempo de secagem foi reduzido para 13 minutos, ou seja, um terço do anterior. Além disso, esse processo não mais atrasava todo o processo de montagem.

Mais tarde me disseram que o material anterior, feito de celuloide, exigia um processo de cura para estabilizá-lo (aquecimento do material numa determinada temperatura por um período de tempo), de modo que a introdução das incubadoras foi realmente correta. Porém, depois de adotar um novo material e mudar para a secagem em vez da cura, eles continuaram a usar o mesmo método sem pensar muito sobre ele.

Numa outra fábrica sugeri o uso de liga sinterizada para um determinado componente. A chefia do departamento de fabricação se opôs imediatamente.

"Não, nós não podemos fazer isso."

"Por que não?"

"Porque o custo é proibitivo."

"Você sabe quanto custa?"

"Isso não custa em torno de US$ 20 por libra?"

"Não, você pode conseguir por cerca de US$ 7 por libra."

"É assim?"

"Por que você achou que era tão caro?"

"Bem, porque verifiquei o preço antes e era extremamente elevado."

"Sei."

"Na verdade, isso foi há cerca de três anos. Eu não sabia que o preço havia mudado tanto."

Como esses exemplos demonstram, podemos negligenciar os problemas facilmente se não percebermos que as coisas mudam com o passar do tempo. Ao abordarmos os problemas, precisamos lembrar que nem o passado nem o futuro são gravados em pedra.

O AMOR É CEGO

Às vezes se diz que "O amor é cego." Para uma pessoa apaixonada, frequentemente isso é a única coisa que importa na vida e ela não consegue enxergar mais nada. Da mesma forma, ocasionalmente somos prisioneiros de outras formas de "cegueira" dentro de nossas mentes.

Numa revista que saiu por volta de 1935, havia um enigma:

Uma vaca escapou do seu pasto e correu na direção de um antigo canteiro de flores. Um vaqueiro se apressou e capturou a vaca. O canteiro de flores estava arrumado de maneira circular com um poste em seu centro. Como o vaqueiro tinha uma corda com 2 metros de comprimento, ele amarrou a vaca.

O poste estava a cerca de 5 metros de distância dos canteiros. Concluindo que a vaca não seria capaz de alcançar os canteiros, ele saiu para buscar ajuda. Quando voltou, porém, os canteiros estavam destruídos.

FIGURA 2.3 • Ponto cego mental.

O que você acha que aconteceu ali?

A resposta? Nada foi dito sobre amarrar a corda no poste. Embora seja uma pergunta tola, ela aponta para um "ponto cego" na mente das pessoas – nesse caso, ao ouvirmos que uma corda de 2 metros foi amarrada à vaca tendemos a concluir que a corda também foi amarrada no poste.

DOMINANDO O ÓBVIO

Vejamos a próxima pergunta. Você pode responder quantos quadrados existem na Figura 2.5? Muitas pessoas não pensariam muito nisso e responderiam rapidamente: 16.

Outras pessoas dedicariam mais tempo e incluiriam o grande quadrado externo, dizendo: 17.

A resposta certa é 30, como ilustrado pela Figura 2.5 e pela Tabela 2.2.

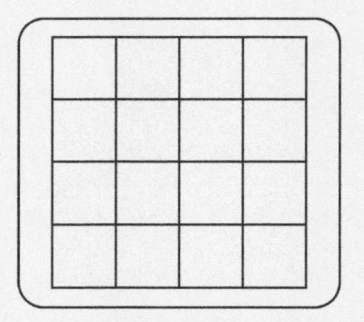

FIGURA 2.4 • Dezesseis quadrados?

Esse é outro exemplo de ponto cego mental; existem coisas que vemos, ainda que não compreendamos a sua existência.

Uma vez inspecionei o estaleiro da Mitsubishi em Nagasaki, não muito depois de a linha de ônibus local ter sido estendida até Tategami, no final da fábrica. Até então as pessoas tinham que usar a balsa municipal para chegar à área, logo, foi uma grande melhoria.

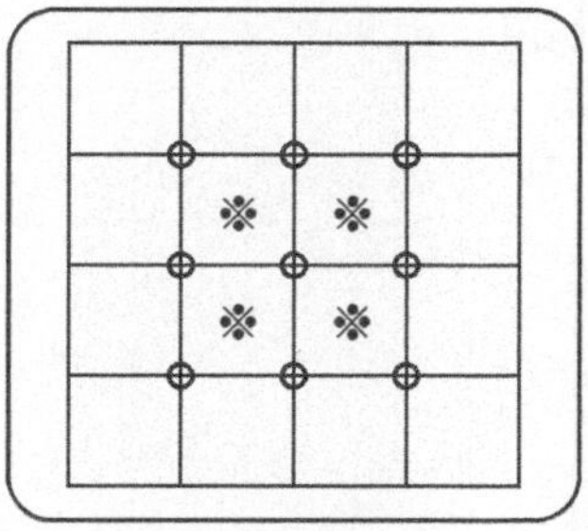

FIGURA 2.5 • Trinta quadrados.

Havia novas paradas de ônibus na seguinte ordem partindo de Akunoura, o ponto final anterior: Akunoura, Centro Comunitário, Doca Seca N° 1 e Tategami. Existe uma entrada para o abastecimento do estaleiro numa área chamada de Hachikenya, entre o centro comunitário e a Doca Seca N° 1. Pela manhã, eu via muitas pessoas descendo dos ônibus no centro comunitário e correndo em direção a Hachikenya para trabalhar.

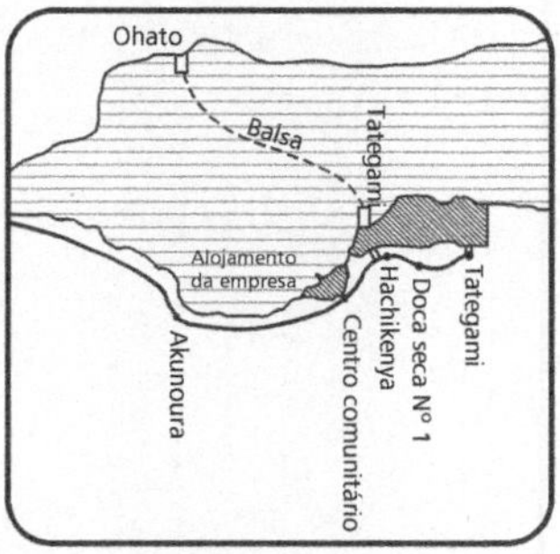

FIGURA 2.6 • Linha de ônibus.

Então, pensei comigo mesmo: "Seria mais conveniente se houvesse uma parada em Hachikenya. Mas, o centro comunitário é perto do alojamento da empresa, logo, pode ser que muitas pessoas o utilizem. Além disso, a distância entre as paradas seria pequena demais."

Cerca de 15 dias após a linha de ônibus ter sido estendida, porém, surgiu uma nova parada de ônibus, Hachikenya, e os ônibus começaram a parar lá. Só então percebi o meu próprio ponto cego mental – pensando

TABELA 2.2 Pensando de forma criativa ou não

O maior quadrado	1
Quadrado com 9 blocos (❉ como centro)	4
Quadrado com 4 blocos (o como centro)	9
Quadrado com 1 bloco	16
Total	30

que as paradas poderiam estar próximas demais. Esqueci que a prioridade de um serviço de ponta para uma empresa de ônibus é a conveniência dos usuários.

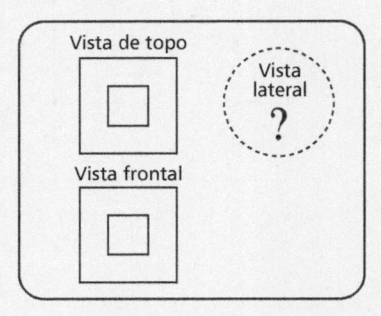

FIGURA 2.7 • Processo dentro de um processo.

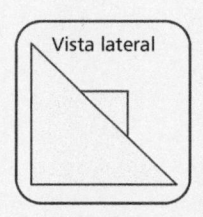

FIGURA 2.8 • Representando a configuração.

A Figura 2.7 é a vista de topo de um objeto. A figura abaixo dela é a vista frontal do mesmo objeto. Você consegue adivinhar como se parece a vista lateral?

O que confunde a todos é o pequeno quadrado no meio; se fosse um buraco pelo qual se pudesse passar, as linhas seriam pontilhadas. Então, percebemos que, para o pequeno quadrado estar no meio de ambas as vistas, o quadrado maior deve ser a inclinação de uma caixa triangular.

A Figura 2.8 exibe um exemplo de um objeto como esse. Repare que a saliência no meio poderia ser substituída por uma denteação.

A dificuldade da questão surge do pressuposto que estamos olhando para algo quadrado contendo um buraco quadrado. Olhar para a coisa sem qualquer tipo de suposição torna muito mais fácil achar a resposta.

Durante a Segunda Guerra Mundial, na Inglaterra, mãe e filha ficaram abandonadas na zona rural após a gasolina do seu carro acabar. A gasolina era cara e mesmo que elas tivessem um tíquete de racionamento teriam de voltar para casa e buscá-lo. Como escureceu, a filha de 15 anos teve uma ideia:

"Mãe, você acha que o carro funcionará com álcool?"

Elas foram à loja e compraram uma garrafa de álcool e, para sua surpresa, o motor funcionou.

Todos nós temos a pressuposição de que os automóveis só podem funcionar com gasolina, mas eles funcionarão enquanto for empregado um combustível aplicável à combustão interna, embora a eficiência varie.

Esses exemplos nos indicam a armadilha das pressuposições em nosso pensamento. Quando acreditamos que não existe problema, devemos questionar se a crença é construída sobre falsas pressuposições.

CAPÍTULO 2 • DESCOBRINDO OS PROBLEMAS   45

Além disso, se pudermos descrever o problema em palavras, registrá-lo ou ilustrá-lo, isso ajudará a descobrir mais problemas. Se nos fizermos perguntas como: "O que não sabemos?", "O que sabemos?" e "O que estamos buscando?" elas nos permitirão ter uma compreensão mais consistente dos problemas.

ESCLARECENDO OS PROBLEMAS

Mesmo que um problema seja identificado, a solução não virá, a menos que a natureza desse problema seja esclarecida.

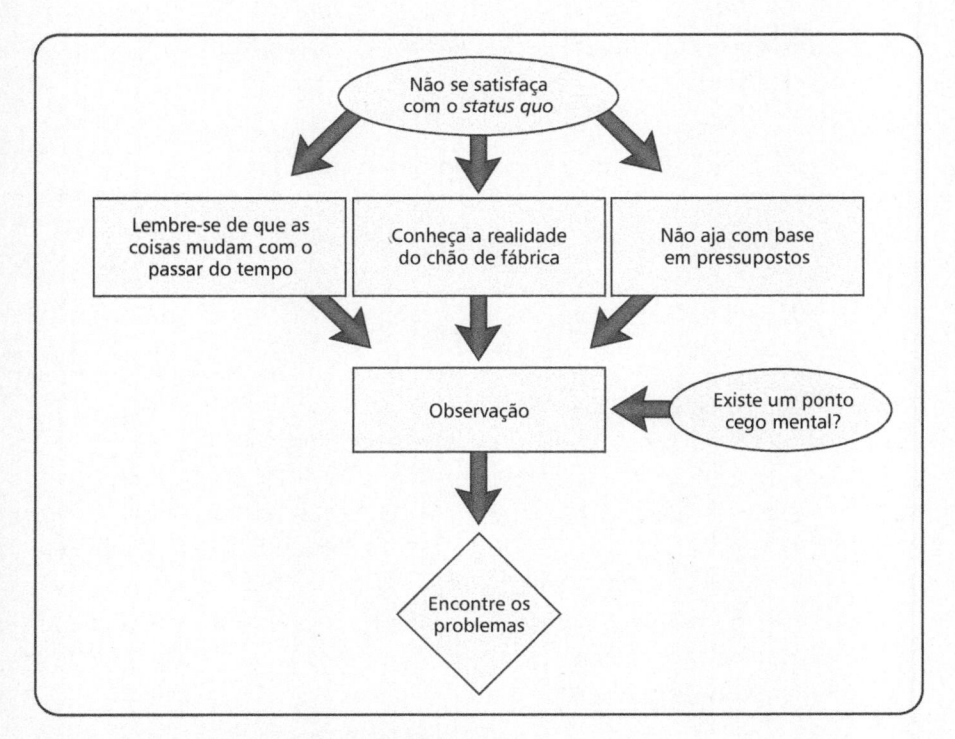

[Fluxograma: "Não se satisfaça com o *status quo*" → "Lembre-se de que as coisas mudam com o passar do tempo" / "Conheça a realidade do chão de fábrica" / "Não aja com base em pressupostos" → "Observação" ← "Existe um ponto cego mental?" → "Encontre os problemas"]

FIGURA 2.9 • Esclarecendo os problemas.

Descrições ambíguas

Por que o trabalho na fábrica toma tanto tempo?

Eu tive a seguinte conversa quando visitei uma *job shop:**

"O tempo de produção parece um pouco longo. Você tem alguma ideia de como podemos encurtá-lo?"

"Quanto tempo?"

"Cerca de 10 meses. Acho que poderíamos diminuir um pouco."

Os chefes de departamento que estavam por perto também deram as suas opiniões.

"Provavelmente, poderíamos encurtá-lo em meio mês."

"Acho que até um mês seria possível."

Então, lhes perguntei: "Quando vocês falam em dez meses, a que estágios da produção estão se referindo?"

"Os dez meses abrangem o projeto, a fabricação, a montagem e os testes de funcionamento."

TABELA 2.3 Divisão da linha do tempo da produção

Projeto	4 meses
Fabricação	3 meses
Montagem	2 meses
Teste de Funcionamento	1 mês

Também foram fornecidas outras razões ambíguas para o excessivo tempo de produção: "Às vezes terceirizamos a fabricação de componentes"; "Os testes de funcionamento frequentemente podem ser cansativos devido ao projeto, materiais ou processamento inadequados." Uma pessoa disse simplesmente: "O tempo de projeto é longo demais."

Descrições de problema vagas como essas nunca estimularão a formulação de uma solução. Em vez disso, devemos raciocinar analiticamente e fazer perguntas como as seguintes:

---

* N. de R. T. O termo *job shop* é utilizado para designar um sistema de produção com arranjo físico funcional, no qual os equipamentos são agrupados por processo ou função em áreas determinadas (exemplo: todas as prensas na mesma área, todas as furadeiras na mesma área, etc).

- O projeto básico está consumindo muito tempo?
- As negociações com o cliente visando à coleta de especificações estão demorando demais?
- Se for este o caso, o atraso diz respeito à funcionalidade ou à estrutura?
- Se for relacionado à estrutura, que parte dela?

Abordar os problemas no modo cronológico ajudará a eliminar a ambiguidade. Mesmo assim, muitas vezes quando visito uma fábrica especializada em produção customizada (uma *job shop*) as pessoas fazem comentários que não evidenciam o xis do problema.

Como se já estivessem desistido de melhorar, um encarregado poderia dizer: "Apenas fazemos produção customizada aqui, logo não há muito que mudar." De qualquer modo, esse não é o caso. Embora não haja muita margem para ação no que eles produzem, certamente há espaço para melhorias no modo como produzem.

Tome como exemplo a construção naval. Tipicamente, as embarcações são construídas com base em pedidos customizados. Entretanto, 60% da fabricação das peças consistem em marcação e corte a fogo. O restante envolve a prensagem em máquina e a laminação. Portanto, se o foco for o método de produção (e não o produto em si) o sistema do fluxo de produção, reservado usualmente para a produção em massa, pode ser igualmente aplicável à construção naval.

Uma vez me disseram ser impossível estabelecer um tempo padrão para o processo de laminação de chapas para o casco, já que o tamanho das chapas e o grau de curvatura variam de uma embarcação para a outra. Sugeri o estabelecimento de uma faixa de tempos padrão para cada tarefa, dependendo do tamanho da chapa, do grau de curvatura e da espessura das mesmas. Mais tarde, eles implementaram essa ideia com sucesso.

Claramente, dizer apenas que "não podemos mudar porque fazemos produção customizada aqui" ou "não podemos fazer isso porque existem muitos tipos de chapa" seria uma conclusão imprecisa e de pouca visão. Como demonstram os casos aqui exemplificados, ao analisar os componentes elementares do problema não só o esclarecemos, como também enxergamos intuitivamente a sua solução.

TABELA 2.4 5Ws e 1H*

Quem? (sujeito)
O Que/Qual? (objeto)
Quando? (tempo)
Onde? (espaço)
Por quê? (propósito)
Como? (método)

Os 5 ELEMENTOS DOS PROBLEMAS

Um método básico de categorização empregado para analisar problemas é conhecido como "5Ws e 1H"*:

Quando um problema é identificado, é útil subdividi-lo nos elementos "quem, o que/qual, quando, onde, por que e como?" Muitos desses elementos ainda podem ser divididos novamente, algumas vezes indefinidamente. Por exemplo, considere as seguintes perguntas "o que/qual" (objeto) neste exemplo que envolve máquinas elétricas.

"Qual parte da máquina elétrica? Que estágio da produção-projeto da máquina elétrica, fabricação da peça, montagem ou testes de funcionamento? A fabricação das peças pode ser dividida entre as de fabricação própria e as terceirizadas? Se for terceirizada, podem ser feitas divisões subsequentes em relação ao tipo de peça, região e quantidade encomendada.

Repare que a pergunta "por que" pode ser dirigida a cada uma das categorias elementares acima da mesma, tal como "Por que (objeto) é um problema?" ou "Por que essa pessoa (sujeito) realiza uma determinada tarefa?" Como tal, "por que" em si não constitui um elemento fundamental de um problema, embora seja uma ferramenta útil para descobrir o que esses elementos poderiam ser.

Devemos observar que a designação de objeto (nas questões "o que/qual") e sujeito (nas questões "quem") poderia ser utilizada como um rótulo alternativo para esses elementos em determinadas situações. Por exemplo, uma má-

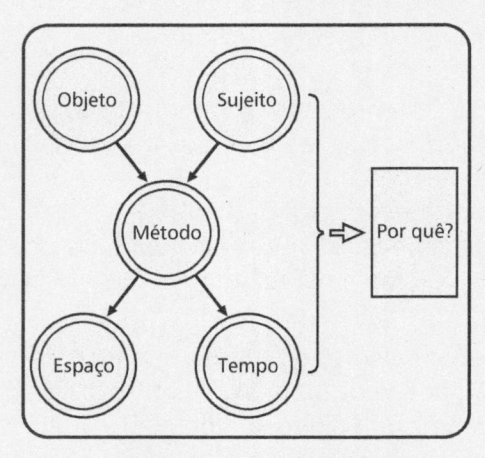

FIGURA 2.10 • Os 5 elementos dos problemas.

---

* N. de T. 5Ws se refere a *who* (quem), *what* (o que/qual), *when* (quando), *where* (onde) e *why* (por que); 1H se refere a *how* (como).

quina elétrica é considerada "o que/qual" numa fábrica desse tipo de equipamento, ainda que seja considerada "quem" numa fábrica de automóveis.

Poderíamos pensar no mesmo conceito em termos de uma viagem de empresa. Nesse exemplo, "o que/qual" são as pessoas participando da viagem, enquanto "quem" é o veículo que as transporta, tal como um ônibus, trem, navio etc. Isso pode ser um tanto contraintuitivo. Nos casos como o anterior, empregar os termos "objeto" ou "sujeito" no lugar de "o que/qual" e "quem" ajudará a diminuir a confusão.

Considere o seguinte problema numa fábrica: recentemente, a quantidade de sugestões de melhorias parece estar diminuindo.

TABELA 2.5 Aperfeiçoando as ideias de melhoria

Objeto:	Que tipos de sugestão, método de trabalho, segurança, ambiente de trabalho, administração etc.?
Sujeito:	Quem traz sugestões: engenheiros, encarregados, administradores etc.?
Método:	A quantidade de sugestões está diminuindo devido à falta de ideias? Deve-se aos procedimentos complicados? Dá-se porque leva tempo para criar desenhos de produto? Há um problema com o método de avaliação? Há um problema associado às recompensas? As pessoas estão preocupadas com as críticas dos outros?
Espaço:	Onde as pessoas trazem ideias: no chão de fábrica ou no escritório? Existe uma caixa de sugestões no escritório? Onde fica essa caixa?
Tempo:	Quando as pessoas sugerem ideias? Sempre, em determinados dias, uma vez ao mês, duas vezes ao mês etc.? Quando as ideias são debatidas? Quando as pessoas decidem se as ideias serão adotadas ou não?

Fazer essas perguntas esclarecerá os problemas e nos levará às soluções corretas.

2 EIXOS DA PRODUÇÃO

Como foi dito no início desta seção, existem cinco elementos que constituem os problemas. Na realidade, porém, esses elementos estão entrelaçados numa rede* fluida e dinâmica composta inteiramente por objeto e sujeito (Figura 2.11). O fluxo de objetos se move numa direção, convergindo com o fluxo de sujeitos da outra direção. O fluxo global desses dois eixos é afetado por mudanças nos outros três elementos: método, espaço e tempo.[1]

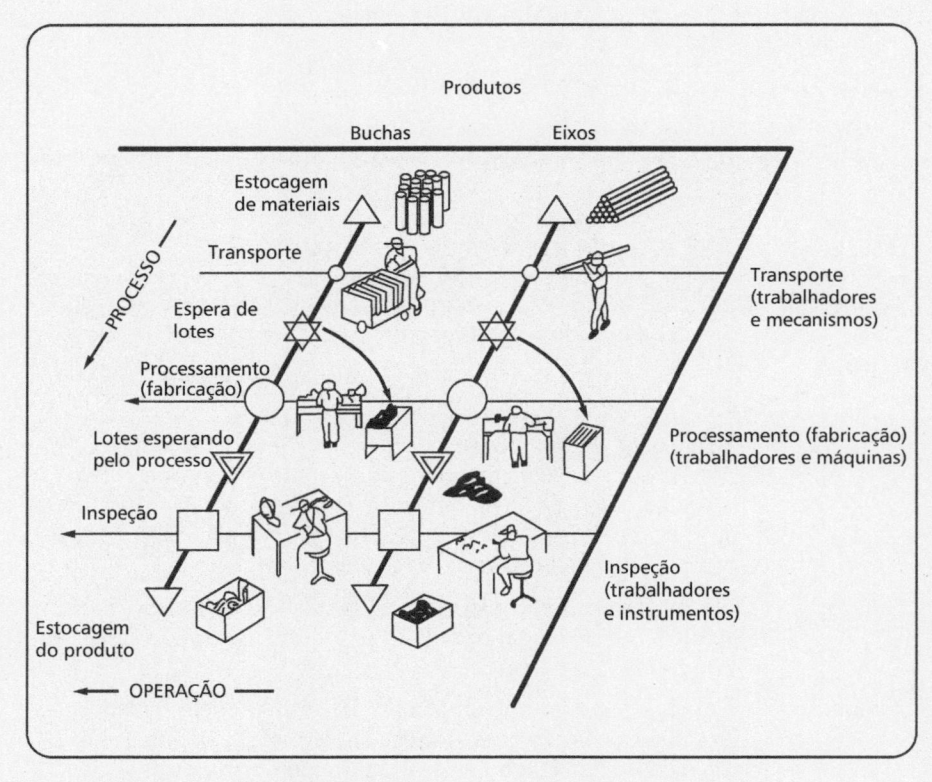

FIGURA 2.11 • 2 eixos da produção.

---

* N. de R. T. Shingo denominou de Mecanismo da Função Produção a rede de processos e operações formada por dois eixos que se interseccionaram: o eixo do processo que se constitui no fluxo dos materiais/matérias-primas (objeto do trabalho) ao longo do tempo e do espaço e o eixo das operações que se constitui no fluxo de pessoas, máquinas e instalações (objeto do trabalho) ao longo do tempo e do espaço.

[1] O Dr. Shingo começa a fazer uma distinção clara entre operações, máquinas de produção individuais e o fluxo do processo global. Antes dessa descoberta, quase todas as fábricas otimizavam cada operação para produzir cada vez mais estoque, sendo que enormes áreas provisórias para esse estoque entulhavam o chão de fábrica. Isso foi a centelha de reconhecimento que deu origem ao Sistema Toyota de Produção.

As máquinas e ferramentas auxiliam os trabalhadores, de modo que são consideradas como sujeitos. Portanto, devemos levar em conta como as máquinas operam no espaço e no tempo.

TABELA 2.6   Fluxo de fabricação

Fluxo de Objetos	Fluxo de itens (Processos)
Fluxo de Sujeitos	Fluxo de pessoas (Operações)

O fluxo de objetos na fabricação é chamado de "processo" e consiste nas quatro atividades principais a seguir:

TABELA 2.7   Fluxo do processo

Processamento (apenas atividade com Valor Agregado)	Alterando a forma e/ou a qualidade, montagem, desmontagem
Inspeção	Comparação com padrões
Transporte	Mudança de posição
Espera	Nenhuma atividade; apenas o tempo varia

Dentre essas quatro atividades, apenas o processamento agrega valor aos produtos. A inspeção limita-se a garantir se o processamento está sendo feito corretamente ou não e é considerada, portanto, uma atividade que não agrega valor.

O transporte ocorre tantas vezes quantas forem as etapas reais de processo. Porém, um processo como esse contribui para o aumento do preço dos produtos. Por essa razão, a eliminação do transporte é parte integrante da melhoria da fábrica. Para tanto, a melhoria do leiaute das instalações é a primeira coisa a se considerar. A melhoria do método de transporte em si só ocorre depois. As áreas de armazenamento temporário são projetadas para funcionar como proteção contra a produção instável. Se reconsiderarmos essa premissa, normalmente eles podem ser reduzidos. Cada uma dessas quatro atividades, chamadas de "operações", constitui um ponto de intersecção com o fluxo de objetos e podem assim ser subdivididas:

TABELA 2.8   Fluxo de operações

Operações Principais	Operações principais e casuais
Concessão de tempos adicionais	Tempo adicional para fadiga, necessidade física ou operacional e incidentes inesperados
Preparação e Limpeza	Preparação antes do trabalho, limpeza depois do trabalho

Preparação, limpeza

Preparação para o trabalho e limpeza após o trabalho; também chamada de tempo de preparação ou tempo de *setup*.

Operações principais

Operação essencial:
    Moagem (processamento)
    Medição (inspeção)
    Carregamento do produto (transporte)
    Colocação no depósito (armazenagem)

Operação auxiliar:
    Colocar o produto no moinho (processamento)
    Medição (inspeção)*
    Carregamento do produto (transporte)
    Colocação no depósito (armazenagem)

Concessão de tempos adicionais

Tempo adicional para fadiga: descansar durante o trabalho
Tempo adicional para higiene: ir ao banheiro, beber água

---

*   N. de R. T. A operação essencial de inspeção se constitui na atividade da própria inspeção (por exemplo, realizar uma análise química) enquanto que a operação auxiliar de inspeção se constitui nas atividades necessárias para a realização da operação essencial (por exemplo, apanhar o equipamento de inspeção e reagentes para realizar a inspeção).

Tempo adicional para operações: lubrificar máquinas etc.

Tempo adicional para o local de trabalho: interromper o trabalho por falta de material, defeito nas máquinas etc.

Dentre esses diferentes tipos de trabalho, apenas a operação principal é o verdadeiro trabalho que agrega valor. Ao melhorar as operações, a preparação, a limpeza ou os tempos adicionais, a eficiência do trabalho pode ser tremendamente aumentada.

Essa ideia de dois eixos da produção pode ser aplicada facilmente aos fenômenos que ocorrem fora das fábricas, como é demonstrado pela seguinte análise do nosso exemplo de viagem de empresa. Suponha que a sua tarefa seja a de levar os empregados ao seu destino.

- Objeto: 50 empregados participando da viagem
- Sujeito: ônibus (motorista) ou trem (condutor)

As operações da viagem podem ser comparados às quatro atividades de produção, ou seja:

1. Levar os empregados ao destino: transporte
2. Esperar por um ônibus ou trem: espera
3. Verificar se não falta ninguém: inspeção
4. Fazer esportes ou almoçar: processamento

Supondo que o meio de transporte seja ônibus, a subdivisão das atividades das "operações" seria:

- Preparação: inspeção e manutenção antes da viagem
- Operação essencial: dirigir
- Operação auxiliar: carregar e descarregar as pessoas
- Tempo adicional para fadiga: intervalo de descanso para o motorista
- Tempo adicional para necessidade fisiológica: paradas para o banheiro
- Tempo adicional para necessidade operacional: parar o ônibus para ajustar o retrovisor
- Tempo adicional para assuntos inesperados: ficar congestionado no tráfego

Como podemos ver agora, todo fenômeno compreende os cinco elementos supracitados: objeto, sujeito, método, espaço e tempo. Todos esses elementos contribuem diretamente para os eixos da produção, consistindo no fluxo de objetos (ou processos) e no fluxo de sujeitos (ou operações).

Essa percepção da estrutura dos fenômenos diários constitui uma ferramenta cognitiva poderosa que pode ser empregada para elucidar eficazmente qualquer problema.

Os 18 Therbligs[2]* de Gilbreth

No sistema japonês de escrita, o caractere (*kanji*) para o trabalho pode ser dividido em duas partes, significando respectivamente a pessoa e o movimento. Na verdade, há uma tendência de pensar que, quando as pessoas estão se movendo, elas estão trabalhando. Entretanto, isso nem sempre é verdade.

Dando outra olhada, o mesmo kanji poderia ser dividido em três partes: Pessoa + Peso + Força

Este é um significado mais preciso para o trabalho: "uma pessoa usando força numa tarefa pesada." Em outras palavras, não devemos presumir isso apenas porque o fato de um homem estar se movimentando não significa que esteja trabalhando. Em vez disso, devemos confirmar que ele está usando a sua força de modo produtivo. No contexto da fabricação, esse é precisamente o tipo de ação que deveria ser maximizada na movimentação do nosso pessoal. Para conseguir isso, primeiro devemos estabelecer os meios para analisar o movimento e avaliar como ele contribui para a produtividade global. Um sistema como esse foi criado por Frank B. Gilbreth.

Figura 2.12 • **Kanji para o trabalho.**

Segundo a pesquisa de Gilbreth, todos os movimentos humanos podem ser reduzidos a elementos básicos. No nível abstrato, esses movimentos são

---

[2] "Therblig" é um jogo de palavras de Gilbreth; significa Gilbreth soletrado de trás para frente com a transposição do "th". Como o Dr. Shingo e a sua Troca Rápida de Ferramentas-TRF (em inglês: Single Minute Exchange of Die – SMED), Frank Gilbreth criou um método de economia de tempo no assentamento de tijolos que ainda se encontra em uso. Como um testamento da natureza científica do sistema de Gilbreth, os estudos sobre o therblig ainda são aplicados nos dias de hoje em áreas que variam da melhoria de processos à robótica.

* N. de T. Therblig é o nome de um conjunto de movimentos fundamentais necessários para que um trabalhador execute uma operação manual ou tarefa.

CAPÍTULO 2 • DESCOBRINDO OS PROBLEMAS   55

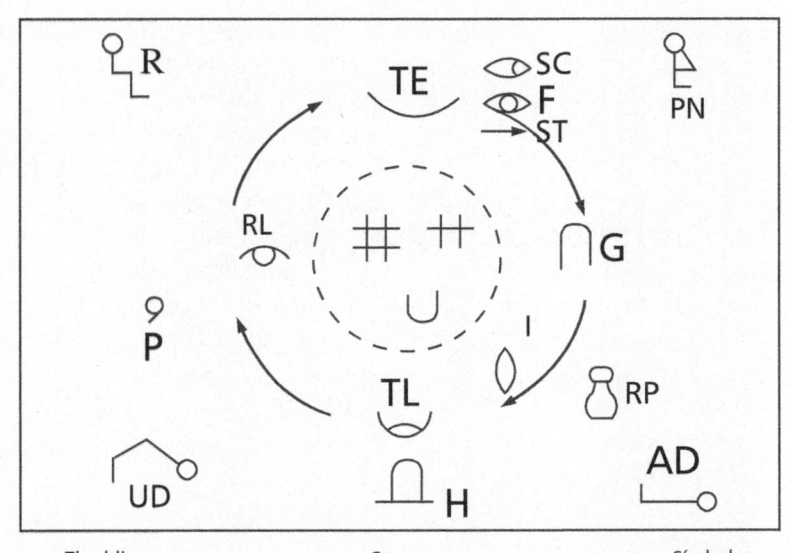

Therblig	Cor	Símbolo
Montar	Roxo-escuro	#
Utilizar	Vermelho-escuro	U
Desmontar	Roxo-claro	++
Procurar	Preto	👁
Focalizar	Cinza	👁
Selecionar	Cinza-claro	→
Apanhar	Vermelho	∩
Segurar	Ocre	∩
Transportar	Verde	⌣
Apanhar novamente	Azul	⚲
Inspecionar	Laranja-escuro	◊
Preparar	Azul-claro	8
Soltar	Carmim	⌒
Espera inevitável	Amarelo-limão	⌒₀
Pensar	Marrom	🯅
Descansar	Laranja	🯅
Transportar	Verde	⌣
Espera evitável	Amarelo-limão	└₀

FIGURA 2.13 • Dezoito Therbligs.

repetidos do nascimento até a morte. Gilbreth chamou esses movimentos elementares de therbligs e os organizou, em termos de produção, naqueles que agregam valor e nos que são um desperdício. Observe na Figura 2.14 que apenas os elementos de montar, desmontar e utilizar agregam valor; todos os demais são simples "movimentos do corpo" e, como tais, não agregam valor, devendo ser minimizados ao máximo. Gilbreth não estava preocupado com o Estudo do Tempo, nunca tendo atribuído prazos a cada um dos elementos básicos do movimento; ele estava interessado apenas em eliminar os movimentos desnecessários, acreditando que assim reduziria os prazos.

A visualização do movimento humano dessa maneira é uma forma eficaz de descobrir os problemas. Como mencionado anteriormente, os cinco elementos dos problemas são objeto, sujeito, espaço, tempo e método. Além disso, como as ferramentas e máquinas contribuem com o método, os therbligs também se aplicam a elas.

Qual é o tópico?

Durante o almoço, um dos trabalhadores, o Sr. K, iniciou uma conversa:

"Ouvi dizer que uísque com soda é um bom drinque para as mulheres, mas não para os homens."

"Por que isso? Parece um drinque legal para um cara", sustentou o outro.

Outras pessoas aderiram à conversa e a argumentação prosseguiu. Então, alguém perguntou: "O que no drinque é ruim?"

O Sr. K respondeu: "Ouvi dizer que o uso de uma bebida gasosa para diluir o uísque tem um efeito negativo na virilidade masculina."

O outro homem não precisou ser convencido e a discussão acabou ali.

Como está demonstrado nesse exemplo, muitas vezes mantemos uma conversa sem nunca esclarecer qual é realmente o sujeito ou assunto. Considere a frase comum: "Vamos." É completamente obscura em relação a quem, o que ou onde se refere. Nas conversas diárias isso habitualmente não é uma questão. Um colega poderia dizer: "Vamos tomar outro drinque" e a outra pessoa normalmente entende o que isso significa.

No trabalho, porém, esse tipo de ambiguidade pode ser perigoso. Portanto, é extremamente importante comunicar-se com frases claras e completas.

Perdendo de vista a floresta

Como mencionei anteriormente, falar de modo muito geral sobre os problemas ou de forma ambígua não levará às soluções. Todavia, concentrar-se apenas em um aspecto da questão, sem ver o quadro inteiro, também é uma armadilha que pode ser difícil de evitar.

Chamado da natureza

Num ambiente amplo de trabalho, como um estaleiro, não é surpresa que às vezes surjam questões relacionadas a banheiros.

Certa vez os operários de um estaleiro reivindicaram à administração a instalação de mais banheiros (neste momento, não existia algo como um "penico" e os operários usavam um balde). Poucos dias mais tarde, a pessoa encarregada dessa questão disse que havia sanado o problema.

Entretanto, as reclamações continuavam. Então, a administração decidiu verificar o que realmente havia sido feito. No final, as medidas tomadas eram mal pensadas, deixando muito espaço para a melhoria:

Baldes sem as devidas tampas foram usados, sendo poucos e distantes uns dos outros.

A pessoa encarregada mudava frequentemente e, por conseguinte, também era alterada a maneira de tratar a questão. Os baldes eram colocados em áreas expostas demais.

Os baldes eram retirados depois da hora.

A pessoa responsável pelos banheiros pensou que seria suficiente apenas colocar mais baldes no pátio. Mas, no final das contas, não foi o caso. Como não foram considerados outros fatos – se os colegas podiam utilizá-los confortável e convenientemente, por exemplo – a questão continuou sem solução.

Como esse exemplo ilustra, não podemos corrigir os problemas mantendo um foco estreito em apenas um aspecto da situação; devemos dar um passo atrás para observar todo o quadro. Fazer isso nos permite ver o máximo de causas possível.

Pátio de fundição com pouco espaço

Uma vez visitei uma fundição em Yamaguchi que produzia rodas de aço para carrinhos de carvão.

"Os pedidos aumentaram recentemente e estamos ficando sem espaço no pátio. Estou pensando em comprar o prédio vizinho, mas o preço pedido é ridículo. Não estou certo do que fazer," disse o administrador da instalação.

A fundição tinha aproximadamente 400 metros quadrados, com centenas de moldes espalhados pelo chão. Os operários estavam ocupados passando o ferro fundido do forno para os moldes.

Perguntei ao administrador: "Por que há tantos moldes no chão?"

"Por quê? Bem, porque temos que fazer muitas rodas por dia."

"Sim, é claro, eu entendo isso. Mas só porque você tem que produzir 300 rodas não se justificam os 300 moldes no chão ao mesmo tempo."

"O que você quer dizer?"

"Bem, vamos ver se eu acerto as suas etapas de produção. Primeiro, você faz os moldes e depois despeja o ferro fundido. Então você espera o ferro esfriar e solidificar antes que possa retirar o produto. Uma vez retirado, você deve eliminar todas as rebarbas do produto e do molde. Por fim, você deve tratar a areia para reutilização.

"Atualmente, o intervalo entre a produção do molde e o derramamento do ferro é muito grande. Por isso você necessita de uma grande quantidade de espaço no chão de fábrica para maximizar a produção. Entretanto, se eliminasse esse intervalo e tornasse o processo mais repetitivo, não precisaria de todos esses moldes esperando no chão de uma só vez.

Na realidade, muitas fundições introduziram esteiras para fazer isso. Não estou dizendo que uma esteira é obrigatória, mas vale a pena pensar nisso. Enquanto você puder realizar completamente um ciclo de produção 300 vezes por dia, você pode criar 300 produtos. Logo, na verdade o tamanho dessa instalação não é o problema.

O administrador respondeu: "Eu nunca havia olhado dessa maneira. Vou ver quanto custa introduzir um sistema transportador aqui."

Até esse ponto, como a solução do administrador considerava apenas o espaço no chão, ele ignorou outras opções mais razoáveis sem ao menos percebê-las. Esse exemplo enfatiza a importância de levar em conta todos os cinco elementos – objeto, sujeito, método, espaço e tempo – quando nos deparamos com problemas.

Abordagem da lista de verificação

Outra maneira eficaz de analisar um problema é fazendo uma lista de suas características e das falhas associadas a elas.

Pegue como exemplo uma moldura de quadro.

Características possíveis:

A. forma – quadrada, circular, oval, triangular, tridimensional, multifacetada
B. cobertura – vidro, plástico, nenhuma
C. moldura – madeira, alumínio, plástico, nenhuma
D. como as imagens são inseridas – por trás, pelo lado ou pelo topo
E. como as molduras são montadas – gancho de arame, ventosa, ímã
F. cor da moldura – cores e padrões diferentes

Vamos pensar sobre as possíveis falhas associadas a cada característica:

- a moldura acomoda uma imagem de apenas um tamanho
- a parte de cima e a de baixo são indistinguíveis
- o vidro é brilhante demais
- a moldura é pesada demais
- é chato mudar as figuras
- as figuras escorregam com facilidade
- desequilibra depois de pendurada
- o mecanismo para pendurar é indiscreto
- a pintura da moldura sai facilmente
- a parte de trás acumula poeira demais
- só pode ser pendurada em uma única direção
- é cara demais

Às vezes, elaborar uma lista de verificação das características pode ser um método útil para analisar um problema, como exemplificado na Tabela 2.9.

As características irão variar de acordo com o problema. Porém, a finalidade é sempre a mesma: deixar claro o que se sabe, o que não se sabe e o que precisa ser conhecido. Essa abordagem garantirá uma compreensão sólida de qualquer problema.

TABELA 2.9   Lista de verificação das características

Comprimento	Custo	Quantidade
Largura	Frequência de uso	Tempo
Profundidade	Gosto	Temperatura
Peso	Som	Umidade
Volume	Vida útil	Preço
Ângulo	Espessura	Qualidade
Viscosidade	Altura	Aroma
Densidade	Firmeza	Odor
Velocidade	Tamanho	Eficiência
Voltagem	Resistência	Cor
Ventilação	Falta de estabilidade	

Conhecimento qualitativo e quantitativo

"Os números estimulam o cérebro", diz uma expressão. Isso demonstra a importância de analisar as coisas quantitativamente, com números. Acredito que esse conceito é verdadeiro e eficaz em muitos aspectos para a realização de melhorias nas instalações.

A análise de um minério produziu os dois resultados seguintes, que realçam a diferença entre a análise qualitativa e a quantitativa:

Análise qualitativa – "Contém cobre, ouro, chumbo e enxofre."

Análise quantitativa – "Contém 5% de cobre, 0,5% de ouro, 5% de chumbo e 3% de enxofre."

Quando achamos que "sabemos" das coisas, podemos conhecê-las qualitativamente ou quantitativamente: na verdade, o modo como as conhecemos muda o modo como agimos.

Economias quantitativas

Quando visitei a fábrica T, muitas máquinas estavam ociosas.

"Por que elas não estão trabalhando?", perguntei.

O administrador da fábrica disse: "As lâminas de corte estão sendo afiadas."

"Parece que isso está afetando muitas máquinas. Por que você não introduz um sistema central de afiação?"

"Bem, às vezes as máquinas ficam paradas por isso, mas não acho que este seja o problema. Apesar de tudo, esta não é uma grande fábrica. Um sistema central de afiação parece um exagero."

No final de nossa conversa, ele disse que precisava ir rápido ao banco para obter um empréstimo visando à compra de mais duas máquinas. Perguntei se eu poderia analisar a taxa de operação de todas as máquinas da fábrica antes de ele partir. Por fim, revelou-se que o tempo de parada total devido à afiação correspondia a 6,7% do tempo de operação total. No total, havia 32 máquinas que precisavam de afiação. Logo, fiz o seguinte cálculo:

$$32 \times 0{,}067 = 2{,}144 \text{ máquinas}$$

Passei esse valor ao administrador da fábrica.

"Calculei que o tempo de parada devido à afiação era equivalente à perda de duas máquinas."

"É mesmo tanto assim? Poxa, eu acho que no final das contas um sistema central de afiação vale a pena."

Antes do término da semana destinaram num canto da fábrica uma área apropriada para afiação.

Nesse exemplo, o administrador conhecia o problema qualitativamente. Até ouvir o resultado da minha análise, porém, ele não enxergou o problema quantitativamente – no decorrer de um ano, o tempo gasto com afiação era equivalente à perda de duas máquinas. Coincidentemente, esse era o mesmo número de máquinas que ele pretendia comprar. Assim, o uso da análise quantitativa na sua tomada de decisão ajudou a impedir gastos desnecessários.

Guindastes insuficientes

No estaleiro G, onde atuei como consultor, sugeri a redução do tempo de montagem de embarcações de quatro para três meses. Na época, o mesmo processo consumia 10 meses na Inglaterra e sete meses na Alemanha. Então, quatro meses de tempo de montagem já era impressionante, mas insisti em tirar mais um mês.

Explicar um tempo de montagem menor não foi fácil. Testar a sua exequibilidade antes da construção real não era uma opção, uma vez que estávamos falando de um petroleiro com capacidade de 60 mil toneladas. Além disso, uma vez declarado, atrasar a programação estava fora de cogitação, já que quase sempre era agendada com muita antecedência a cerimônia de lançamento com os proprietários da embarcação.

Em meio a nossa ansiedade de planejar a entrega para um lançamento em três meses, nos foi dito que, se o estaleiro lançasse uma embarcação a mais no final do ano, nós quebraríamos o recorde mundial de produção anual. Quando a administração ouviu isso, insistiram para que avançássemos e terminássemos a embarcação antes do final do ano, anteriormente agendada para o lançamento no próximo mês de janeiro. O Sr. N, engenheiro-chefe de construção, rejeitou teimosamente essa sugestão:

"Pode ser exequível na teoria, mas na realidade é inviável."

Visitei o estaleiro e falei com o Sr. N muitas vezes, esperando convencê-lo.

"Por que acha que não podemos fazê-lo?" perguntei.

"Nós simplesmente não temos guindastes suficientes."

Naquela época, normalmente adotava-se um método chamado de Construção em Blocos para fabricar petroleiros de 60 mil toneladas. Cerca de 400 seções de casco pré-fabricadas, cada uma pesando cerca de 40 toneladas, eram transportadas para a doca de construção, erguidas para os seus locais por guindastes e soldadas no cais.

O engenheiro sustentou que reduzindo o tempo de construção o número diário de seções a serem erguidas ultrapassaria a capacidade dos guindastes.

"É isso ... ultrapassar a capacidade dos guindastes", pensei comigo mesmo. No dia seguinte comecei a analisar a operação de todos os guindastes e descobri que a porcentagem de tempo que os guindastes gastavam levantando os materiais era de apenas 25,4%.

Disse isso ao Sr. N: "Os guindastes estão se movendo apenas 25,4% do tempo, ou três meses por ano. Além disso, em 27,6% do tempo os guindastes estão segurando materiais, mas não se movendo. Isso se traduz em 3,5 meses de inatividade por ano."

"Hum...", o engenheiro murmurou e ficou calado.

No dia seguinte ele realizou uma investigação completa das causas da baixa taxa operacional e começou a implementar várias medidas para melhorá-la.

Em um mês ele veio a mim e disse: "Três meses é possível. Vamos fazer."

Com esse estímulo do engenheiro-chefe, embarcamos em nossa missão de quebra de recorde.

Na manhã de 30 de dezembro de 1956, o superpetroleiro de 60 mil toneladas, montado em apenas três meses, foi lançado ao mar com sucesso.

Durante o banquete, o Sr. N olhou para mim e disse: "Eu suspeitei que os guindastes não estivessem operando em sua capacidade total. Mas, o número que você me forneceu – apenas três meses por ano em operação – foi uma incrível chamada para despertar. Naquele instante eu disse a mim mesmo: "Você tem que tomar uma atitude em relação a isso." Agradecido, ele o fez e, como resultado, o estaleiro G quebrou o recorde mundial de construção anual de embarcações.[3]

Um remédio numérico para a linguagem ambígua

Toda vez que visito chãos de fábrica eu penso com frequência que as palavras que usamos não são bastante claras. Embora por vezes a ambiguidade seja preferível à clareza, isto nunca deveria acontecer no trabalho, especialmente no chão de fábrica.

Quando visitei a fábrica B de discos de vinil, perguntei a um operário que estava inspecionando os discos: "O que você está inspecionando?"

"Várias coisas," ele respondeu.

FIGURA 2.14 • Fábrica de discos de vinil.

---

[3] Como um testemunho da filosofia de insatisfação com o status quo do Dr. Shingo, em 1958 ele baixou o tempo de produção para dois meses. Em pouco tempo todos os estaleiros japoneses adotaram os seus métodos.

"Você poderia ser um pouco mais específico?"

"Bem ... Estou me certificando de que não há poeira."

"Sei. E?"

"E estou me certificando de que não há arranhões."

"Mais alguma coisa?"

"Não, isso é tudo."

"Várias coisas" nesse caso significa, na verdade, apenas duas coisas.

"Vários" e "apropriado" são palavras úteis, a bem da verdade.

Se questionado por que os defeitos estavam aumentando, um operário poderia dizer: "Há vários fatores. Tomaremos medidas apropriadas." O problema por trás dos defeitos será apontado ou tratado? Ninguém jamais saberá.

"Mais ou menos" é outra expressão versátil e tão clara quanto lama. A limitação do conhecimento derivado desses termos ambíguos sobe direto para a cadeia de comando da empresa.

Se um operário de fábrica diz que "A produção vai indo mais ou menos bem," um chefe de divisão pode repetir isso numa reunião. Um gerente assistente, também presente na reunião, pode transmitir esta informação aos clientes, porém, ele está completamente incapaz de fornecer quaisquer detalhes em relação à produção real. O administrador da fábrica, a quem todas essas pessoas se reportam, não faria a menor ideia do que realmente está acontecendo no chão de fábrica.

O âmago da questão está além dessas palavras equivocadas, só podendo ser encontrado se mobilizarmos tempo e esforço necessários para isso. Como mencionado antes, a apresentação dos fatos com números nos ajuda a conseguir isso.

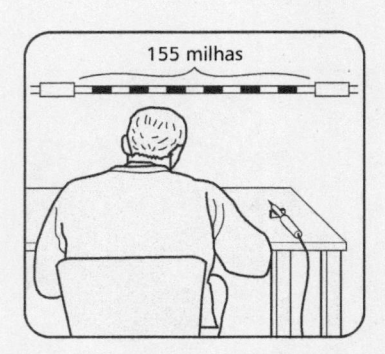

FIGURA 2.15   Distância anual.

Na fábrica B, que produz televisores, o administrador da instalação reparou que os eletrodos ficavam muito distantes de alguns operários. Ele calculou a distância entre um eletrodo e o operário que estava sentado mais distante dele, multiplicando a distância pelo número de dias de trabalho anuais. Revelou-se que o operário caminhava 155 milhas por ano! O administrador da instalação decidiu otimizar imediatamente o posicionamento dos eletrodos para minimizar essa ineficiência. Apesar de o administrador da instalação estar ciente do problema, a amplitude do mesmo só ficou aparente quando verificou os números.

Vamos a outro exemplo onde valores numéricos ajudam as pessoas a enxergar os problemas. No estaleiro G havia uma função na qual os operários colocavam chapas de cobre de cinco toneladas adequadamente no pátio de montagem usando guindastes. A seguir temos o detalhamento do trabalho:

TABELA 2.10 Subdivisão do tempo do estaleiro G

Operação de posicionamento básico	15,0%
Andar	17,0%
Prender e soltar ganchos	22,5%
Aguardar um guindaste	11,2%
Reuniões	11,8%

Depois que esses resultados foram divulgados, o chefe da seção implementou as mudanças de uma só vez, tais como posicionar as pessoas no pátio de montagem e no pátio de materiais, assim como evoluir para ganchos mais convenientes.

O ditado "Os números estimulam o cérebro" realmente é verdade. Todos nós deveríamos ter em mente esse pequeno trecho de sabedoria ao tentarmos elucidar problemas.

PENSANDO ANALITICAMENTE

Os cientistas descobriram há bastante tempo que o ar é composto principalmente por oxigênio e nitrogênio, uma descoberta que estimulou grandes avanços para a compreensão dessa substância.

Como foi dito na abertura do primeiro capítulo, a ciência trata da categorização sistemática do conhecimento. Esse conceito pode ser aplicado à resolução rápida e precisa dos problemas, empregando as seguintes etapas como ferramenta:

- Reduza um problema a seus componentes principais
- Estude cada componente
- Remonte os componentes numa estrutura lógica

Embora estejam expressas de um modo diferente, essas etapas produzem a mesma ênfase conceitual já proposta nas seções anteriores, isto é, a eliminação da ambiguidade e o reconhecimento das muitas facetas de um problema. Sendo nada mais do que uma redução das ideias anteriores, essas etapas representam uma fórmula sistemática e simplificada para o pensamento analítico, um assunto que discutirei especificamente nesta seção.

Quem precisa do número do vagão de carga?

O episódio a seguir ocorreu na Empresa Turbina K quando, durante a construção de uma usina, um gerente do canteiro de obras pediu notícias sobre partes do maquinário antes de sua chegada via trem de carga.

Este era o método de envio preexistente usado pelo fabricante de peças da Turbina K:

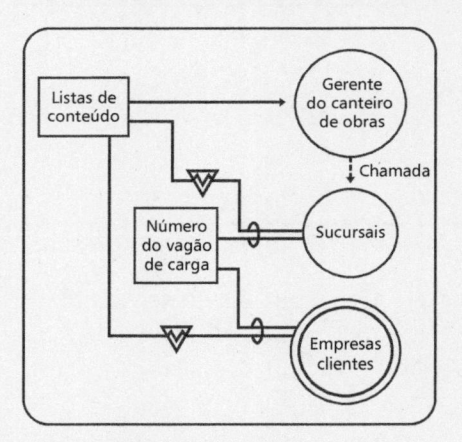

FIGURA 2.16 • Gargalo.

1. As peças eram divididas aleatoriamente e embaladas para envio.
2. Eram elaboradas listas de conteúdo.
3. Os produtos eram despachados e uns dois dias mais tarde o fabricante recebia da companhia ferroviária a notificação do número do vagão de carga.
4. Nesse momento, a lista de conteúdo e o número do vagão de carga eram digitados numa carta de confirmação oficial de envio. Esse processo levava de 3 a 7 dias.
5. A confirmação do envio era encaminhada então às partes envolvidas.

Os processos 3 e 4 provocavam um grande gargalo, atrasando a disponibilização das listas de conteúdo no canteiro de obras.

Para solucionar esse problema, a fábrica analisou cuidadosamente o processo de envio e o dividiu em três componentes: quem recebe a confirmação, de que tipo de informação as pessoas realmente precisam e quando elas precisam. Os destinatários são:

1. Empresas clientes
2. Escritórios relevantes da Turbina K
3. Sucursais
4. Gerente do canteiro de obras

Como se descobriu, a única pessoa que precisava das listas de conteúdo antes de os produtos realmente chegarem era o gerente do canteiro de obras; a preparação adequada do local era difícil, a menos que eles soubessem exatamente que peças de maquinário estavam para chegar. Os números dos vagões de carga, por outro lado, eram de importância secundária. As empresas clientes e as sucursais precisavam de um registro dos números dos vagões de carga. Essa necessidade, porém, independia do tempo.

Após descobrir isso, a fábrica mudou os procedimentos de envio para os seguintes:

1. Após o conteúdo ser embalado, elaborar múltiplas cópias das listas de conteúdo.
2. Enviar uma cópia ao gerente do canteiro de obras imediatamente.
3. Após receber a notificação, acrescentar os números dos vagões de carga às listas de conteúdo e enviá-las às empresas clientes e sucursais.
4. Se o gerente do canteiro de obras precisasse saber os números dos vagões de carga, ele poderia simplesmente telefonar para uma sucursal.

A chave para a solução foi o pensamento analítico. O pessoal da fábrica dissecou o assunto da confirmação atrasada em três componentes diferentes: quem recebe a confirmação, de que tipo de informação as pessoas realmente precisam e quando precisam.

Como resultado, foram feitas melhorias que permitiram ao gerente do canteiro de obras receber as listas de conteúdo antes da chegada dos produtos, facilitando, assim, o funcionamento do canteiro de obras.

Por que divulgar certidões de óbito?

Na fábrica de máquinas Y, o gerente da instalação disse: "Nosso percentual de defeitos é alto, cerca de 35%. Temos que tomar uma providência em relação a isso."

"Que tipos de defeito vocês têm?", perguntei. "São três tipos: defeitos de material, projeto e processamento." A seguir, temos o detalhamento que ele me forneceu:

TABELA 2.11 Análise de defeitos

Material defeituoso	18%
Projeto defeituoso	10%
Processamento defeituoso	7%

No material defeituoso, grandes peças de ferro fundido produzidas na fundição própria contribuíram com 18% dos defeitos. Logo, visitei a fundição. Na fundição, todos, do chefe de seção para baixo, tinham plena consciência disso e se sentiam responsáveis pela alta taxa de defeitos ali presente. Gráficos de estatísticas diárias dos defeitos foram divulgados por todas as paredes dos escritórios da fábrica.

Disse ao chefe da seção: "Existem duas maneiras de informar o pessoal sobre os defeitos: você pode lhes mostrar os 'defeitos' ou 'as causas dos defeitos.'"

"Por exemplo, uma bolha formada nos materiais fundidos, um macho não centralizado ou a espessura desigual são todos defeitos. Por outro lado, a areia mal misturada e os machos mal posicionados são causas de defeito.

"Divulgar as estatísticas de defeitos não é diferente de exibir certidões de óbito. Embora isso possa incutir medo e inspirar cuidados entre os trabalhadores, certamente os efeitos ainda vão ocorrer, uma vez que medidas concretas não tenham sido adotadas para combatê-los. Em vez disso, comece a se concentrar na causa do problema. Toda vez que ocorrer um defeito, a história de como ele aconteceu deve ser compartilhada com as outras pessoas. Desse modo, todos podem aprender sobre o que causou o defeito. Além disso, todos podem contribuir com ideias para as soluções. Uma vez que a causa principal e a solução estejam claras, o mesmo erro não será repetido."

Em três meses a porcentagem de defeitos nessa fábrica despencou de 18% para 7%. Logo depois eles aplicaram esse conceito ao projeto e também aos aspectos da produção com uma alta incidência de defeitos e obtiveram resultados semelhantes. Seu sucesso recém-descoberto serve como um pungente lembrete de que, para resolver problemas, devemos olhar além da superfície; precisamos analisar profundamente – só então podemos decretar a mudança real.

Três cegos descrevem um elefante

Durante uma discussão sobre a melhoria da gestão de custos, o gerente de uma empresa sugeriu o envio de alguém da contabilidade para colaborar com alguém da produção.

O gerente de produção, o da contabilidade e o de planejamento começaram a falar sobre gestão de custos. Porém, a conversa rapidamente chegou a lugar nenhum porque os três estavam falando com base em três perspectivas de custo ligeiramente diferentes:

- O gerente de produção estava falando sobre o *custo* em si: "O pessoal do chão de fábrica deveria tomar a iniciativa do movimento de corte de custos."
- O gerente de contabilidade estava falando sobre *sistemas de gestão de custos*: "O que fazermos para encontrar um equilíbrio entre a contabilidade administrativa e a contabilidade financeira?"
- O gerente de planejamento estava falando sobre *a papelada exigida pelos sistemas de gestão de custos*: "Devíamos simplificar a papelada para a gestão de custos."

Cada um deles tinha uma interpretação diferente quanto ao significado de "melhorar a gestão de custos", o que impedia a comunicação clara sobre o tópico. Depois de chegar a uma compreensão através da análise, eles abordaram cada aspecto de cada vez e logo chegaram a um consenso.

Administrando o cronograma da produção

A Indústrias S é uma *job shop* que fabrica equipamentos de mineração, produzindo-os individualmente. A diversidade de fabricação era imensa e incluía de 2 mil a 4 mil peças diferentes. Como as peças prontas para montagem saíam da produção em momentos diferentes, a administração do seu cronograma de produção era um pesadelo. Para combater esse problema, a fábrica embarcou numa missão para melhorar o monitoramento da produção no chão de fábrica.

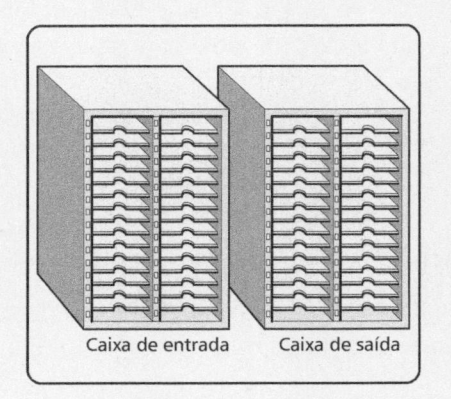

FIGURA 2.17 • Cartões de tarefa.

Na época, seu sistema de monitoramento girava em torno do uso de "cartões de tarefa." Para cada tarefa na fábrica havia um cartão correspondente com todos os detalhes do trabalho, todos mesmo, exceto um: o cronograma de produção. Obviamente, a equipe administrativa concordou imediatamente que a inclusão dessa informação era crucial para monitorar a produção adequadamente. Entretanto, teria de ser incluída de um modo que fosse compreensível para os operários e acessível aos que gerenciam o cronograma.

Um encarregado sugeriu a elaboração de um sistema onde cada mês seria dividido em duas caixas: "entrada" e "saída". Quando chegasse um pedido, um cartão de tarefa seria criado e colocado na caixa de entrada do mês. Então, os operários poderiam retirar os cartões de tarefa conforme necessário, completar a tarefa e depois devolver o cartão na caixa de saída.

A ideia certamente era simples o bastante para que os operários entendessem. Mas, com o único registro das tarefas na mão dos operários, a administração ainda sentiria falta das informações necessárias para manter o cronograma.

"Então, por que não criamos dois conjuntos de cartões de tarefa?", alguém sugeriu.

A pessoa encarregada de criar os cartões rejeitou a ideia. "Produzimos mais de 2 mil tipos diferentes de peças aqui, mas, muitas vezes, uma ou duas de cada. Isto significa que em qualquer momento teremos 2 mil cartões de tarefa em circulação ou mais. Dobrar esse número apenas criaria confusão."

Então, que tal o seguinte: os operários ficam apenas com o desenho técnico no chão de fábrica enquanto que os cartões de tarefa podem ser colocados na caixa de saída?

"Esse método funcionaria bem," respondeu alguém, "com peças em grande escala. Porém, as peças pequenas, cerca de 30%, têm os desenhos técnicos indissociavelmente impressos diretamente no cartão de tarefa. E, uma vez que dois conjuntos de cartões estão fora de cogitação ..."

Parece que a administração se encontrava num dilema. Contudo, isso ocorreu apenas porque estavam limitando o escopo de sua análise. Até esse ponto, a sua busca por soluções se focou apenas nos cartões de tarefa e nas peças fabricadas. Outros aspectos relevantes do problema, tal como os operários ou as máquinas que fazem os produtos, nem sequer foram considerados.

Alguém observou isso e sugeriu a introdução de "cartões de máquina", os quais exibiriam as informações sobre o nome, número, nome do operário, dentre outras informações, de cada máquina. Havia apenas 87 máquinas em comparação com os 2 mil tipos diferentes de tarefas. A colocação desses cartões na caixa de saída não somente tornaria clara a evolução da produção, mas também seria significativamente reduzida a quantidade de cartões a monitorar, tornando o cronograma mais eficiente. Além disso, os operários ainda poderiam ficar com os cartões de tarefa e todas as informações necessárias para completar a produção no chão de fábrica.

A ideia era exatamente o que estavam buscando. A administração e implementação do novo sistema de monitoração da produção deu-se da seguinte forma:

1. Os cartões de tarefa são colocados na caixa de entrada
2. Quando um operário começa a fabricar uma determinada peça, eles inserem um cartão de máquina mostrando a data de conclusão para a tarefa na gaveta da caixa de saída
3. O operário pega o cartão de tarefa correspondente e volta ao pátio para completar a tarefa

Sem ampliar o escopo de sua análise, a concepção bem-sucedida desse novo sistema não seria possível. Sua história serve como um lembrete importante de que ao resolver problemas, uma abordagem verdadeiramente analítica não deixa brechas para o pensamento polarizado.

Ajustando as válvulas

Quando prestava consultoria para a fábrica R de viscose, quatro operários estavam montando válvulas usadas para modular o fluxo de uma solução viscosa através do seguinte procedimento:

- Colocar um parafuso de ancoragem através do corpo da válvula e no regulador de fluxo
- Colocar uma arruela metálica
- Apertar a primeira porca
- Apertar a segunda porca
- Apertar firmemente as duas porcas com uma chave

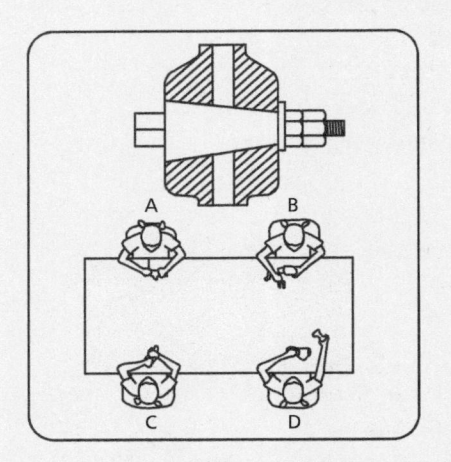

Figura 2.18 • Fábrica de viscose.

Eram necessárias duas porcas para impedir o afrouxamento involuntário causado pela vibração de eixos de alta velocidade funcionando nas proximidades. A perda de tensão do regulador poderia alterar potencialmente as configurações do fluxo, resultando num náilon desigual. Porém, apertar demais as porcas dificultava os ajustes manuais. Assim, era apropriado apenas uma estreita faixa de torque.

Como não havia nenhum protocolo oficial detalhando a especificidade da etapa de aperto, os quatro operários tinham que confiar em sua intuição para realizar a tarefa. Consequentemente, sua precisão variava bastante, dependendo do seu nível de experiência. A lista a seguir mostra o percentual de montagens em que cada operário fez o aperto corretamente.

Tabela 2.12   Precisão da montagem

A	100%
B	80%
C	60%
D	60%

Falei com o operário A. "Parece que os seus ajustes são sempre perfeitos. Como você faz isso?"

"Eu apenas aperto até sentir que está bom."

"Hum, até sentir que está bom ..."

Obviamente, essa resposta não esclareceu nada. Mas, como eu assisti ao trabalho dele, me veio à mente um pensamento: "Talvez existam duas partes separadas às quais ele preste atenção: o aperto do parafuso contra o regulador e o aperto das porcas contra o parafuso."

Após alguma inspeção no chão de fábrica, observei que as porcas e parafusos eram montados juntos originalmente. Ainda por alguma razão anterior à montagem da válvula, eles eram desnecessariamente desmontados. Pedi para que interrompessem esse procedimento, o que por sua vez simplificou o processo de montagem da válvula. Os operários passaram a se concentrar menos na montagem e mais no ajuste adequado do torque.

Uma vez que um aspecto do seu trabalho foi padronizado, isso deu ao operário A a liberdade de ensinar o seu método aos demais.

1. Apertar a primeira porca até a 12ª volta
2. Apertar a segunda porca até a 10ª volta
3. Reajustar ambas novamente (a primeira até a 10ª volta e a segunda até a 12ª volta)

Em uma semana a precisão dos operários B, C e D aumentou substancialmente:

TABELA 2.13   Melhoria da montagem

B	100%
C e D	80%

O método que o operário A desenvolveu ao longo de anos de experiência se baseava unicamente num palpite. Mas na realidade aprendemos que o método consistia em dois elementos-chave: 1) ajustar o aperto do parafuso no regulador e 2) ajustar o aperto das porcas contra o parafuso. Essa observação simples estimulou uma melhoria importante na eficiência da produção. É a prova de que o impacto positivo do pensamento analítico pode ser profundo quando aplicado às tarefas de rotina.

O dilema da pedreira de calcário

Uma vez visitei uma pedreira de calcário das Indústrias P de fabricação de cal. Enquanto contemplava a vastidão da pedreira, perguntei ao meu guia, Sr. Fujimoto: "Que tipo de problemas vocês têm aqui?"

"As impurezas sempre se misturam com a matéria-prima," ele respondeu.

"O que você chama de impurezas?"

"Por exemplo, se a argila se misturar à matéria-prima a sua qualidade cai. Com isso, chamamos a argila de impureza."

"Então, a argila é a única impureza?"

"Não. Existem outras. O calcário fino, por exemplo, e as camadas finas de calcário, geralmente com menos de 3 cm, também são considerados impurezas," disse o Sr. Fujimoto.

"O calcário também é uma impureza?"

"Tecnicamente não é uma impureza, mas o calcário fino é um problema. Quando queimado, ele entope o sistema de ventilação do forno e aumenta a chance de produzir produtos não queimados ou com defeitos."

"Então, existem dois tipos de impureza: argila e calcário fino," disse a mim mesmo.

Enquanto olhávamos para a pedreira, a argila e o calcário fino rejeitados na fábrica eram carregados e lançados num vale a muitas centenas de metros de distância. Isso por si só parecia acrescentar uma quantidade significativa de trabalho.

Saímos da pedreira e fomos para a fábrica onde havia um forno. A cal, que já havia passado pelo forno, era espalhada no chão e borrifada com água. Meu guia informou que a cal se transforma em pó seco cerca de um dia após o processo de hidratação.

"Se de qualquer modo tudo é transformado em pó, não há uma maneira de usar esse calcário fino?", perguntei.

O Sr. Fujimoto voltou a dizer que isso entupiria o sistema de ventilação do forno e provocaria defeitos."

"E se queimar o calcário fino num outro forno? Caso o sistema de ventilação não funcione, você não poderia usar um ventilador para criar um fluxo de ar forçado?", perguntei.

O Sr. Tokunaga, chefe do setor de pesquisa, aderiu. "Acho que ele tem algo para nós, Sr. Fujimoto. Deveríamos tentar. Vamos começar a pesquisar imediatamente. Isso pode levar a uma maior conservação dos recursos neste país." Embora nesse ponto eu não tenha o resultado da pesquisa, caso tenha sido bem-sucedida, certamente diminuiria a taxa de calcário desperdiçado, a qual era de aproximadamente 10%.

Nesse caso o diagnóstico analítico dos elementos constituintes, chamados coletivamente de "impurezas", ajudou a lançar um projeto de preservação dos recursos.

Controle de qualidade e estatística

Foi introduzido no Japão, através dos Estados Unidos, um novo método de controle de qualidade usando estatística inferencial. Muitas empresas se beneficiaram de sua implementação quando passaram a inferir a população total a partir de uma amostra. Porém, se desenvolveu uma condição de superdependência juntamente com a ilusão de que o controle de qualidade não poderia ser alcançado sem o uso da estatística.

O controle de qualidade é possível sem qualquer conhecimento de estatística – como as pessoas podem raciocinar analiticamente, as causas dos problemas podem ser deduzidas. Afinal, não é disso que trata o controle de qualidade? Além do mais, se a estatística for mal utilizada ou como substituto do pensamento analítico ela pode provocar um estrago.

Houve casos onde a obtenção do controle de qualidade foi medida pelo número de gráficos estatísticos. Em vez de abordar os defeitos conforme ocorreram, as pessoas preferiram esperar um mês e discuti-los em reuniões usando gráficos. Isso não só dificultou o monitoramento das causas dos problemas, como também criou uma distância entre os operários do chão de fábrica e a administração.

Como tenho explicado até agora, os problemas serão mais claros e fáceis de solucionar se soubermos como observá-los analiticamente, separá-los em componentes e considerar mais uma vez cada um desses componentes. A estatística inferencial, ou qualquer nova ferramenta de administração desse assunto, não faz sentido se desviar a atenção do usuário da verdadeira tarefa do controle de qualidade. Quando se trata de solucionar problemas, não existe ferramenta que possa se equiparar ao poder do pensamento dedutivo do nosso próprio pensamento analítico.

Dando forma aos problemas

Dar uma forma concreta aos problemas é um meio muito poderoso para definir a percepção. Esse processo de esclarecimento pode ser feito por meio da fala, escrita e, ainda melhor, da visualização.

O primeiro método, falar, parece simples o bastante. Porém, tentar realmente descrever um problema às vezes pode ser mais difícil do que pensar. Se isso acontecer, é um sinal de que ainda não temos uma compreensão sólida do que realmente é o problema. Todavia, despender energia pensando numa descrição melhor na verdade confere ao problema uma forma mais concreta e, por sua vez, aumenta o nosso entendimento. Ao mesmo tempo, dizer apenas o que queremos não nos levará de modo construtivo a essa finalidade. Portanto, para encontrar o caminho mais direto a uma solução é essencial evitar as expressões vagas. Por exemplo, dizer "Está se sentindo bem hoje? Parece que você está com icterícia," embora brusco, é bem mais específico e útil para a sua solução do que dizer "Não se olhe hoje."

Fiquei surpreso quando me disseram uma vez: "Hoje todo o lote foi perdido." Porém, o problema parecia muito mais administrável quando mais detalhes foram fornecidos: "Entre os materiais que o Sr. Koga preparou hoje, um lote de 50 kg ficou com defeitos."

Na realidade, é extremamente importante tentar fornecer uma descrição detalhada. Ao fazê-lo, somos capazes de esclarecer que aspectos dos problemas nós ainda não entendemos.

Outro modo de solidificar um problema vago é escrevê-lo. Escrever tem certas vantagens em relação a falar:

- Os aspectos duvidosos de um problema se tornam ainda mais claros
- Comparadas com as palavras ditas, as palavras escritas tendem a ser mais concisas e precisas, contribuindo para uma melhor compreensão da verdadeira natureza do problema

Além do mais, nossa compreensão tem a probabilidade de ser mais rápida se pensarmos em termos de:

- O que sabemos?
- O que não sabemos?
- O que estamos tentando descobrir?

Ao pensar desse modo, podemos (a) discernir os problemas das situações gerais, (b) aprender o que o problema realmente é e (c) avaliar o tamanho ou a gravidade do problema em relação à situação como um todo. Quando os problemas surgem, tentar descrevê-los primeiro dessa maneira certamente nos colocará no caminho mais rápido para a sua solução.

Levando esse método de esclarecimento um passo adiante, chegamos à visualização. A maior parte das pessoas concordaria que assistir um jogo de beisebol na TV é melhor do que ouvi-lo no rádio. Ver as coisas quase sempre nos leva a uma compreensão mais rápida e abrangente.

Tome como exemplo essa questão matemática: Existe um número desconhecido de crianças. Se você dá 6 maçãs a uma criança, sobram 15 maçãs com você. Se você dá 7 para cada uma, você fica com um déficit de 10 maçãs. Quantas são as crianças? Embora esse problema pudesse ser resolvido com apenas uma equação, o desenho de um diagrama como o seguinte certamente ajudaria a compreensão.

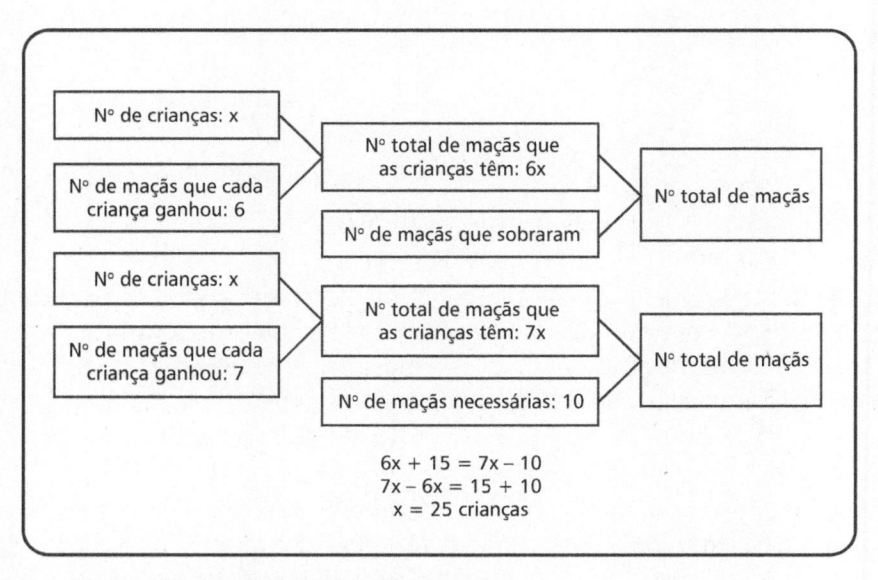

```
Nº de crianças: x
Nº de maçãs que cada criança ganhou: 6
Nº total de maçãs que as crianças têm: 6x
Nº de maçãs que sobraram
Nº total de maçãs

Nº de crianças: x
Nº de maçãs que cada criança ganhou: 7
Nº total de maçãs que as crianças têm: 7x
Nº de maçãs necessárias: 10
Nº total de maçãs
```

$$6x + 15 = 7x - 10$$
$$7x - 6x = 15 + 10$$
$$x = 25 \text{ crianças}$$

Figura 2.19 • Dando forma aos problemas.

Vamos pensar num outro problema: os operários na divisão do Sr. Akita decidiram fazer uma festa de final de ano. Se todo mundo der US$ 10, haverá um déficit de US$ 140. Se cada um deles contribuir com US$ 20, terão um superávit de US$ 60. Quanto deveria se coletado se quiserem obter apenas o dinheiro suficiente?

1. Elementos fornecidos:
   A quantidade de dinheiro coletada de cada um:
   US$ 10 gera o déficit de US$ 140 para a festa
   US$ 20 gera o superávit de US$ 60 para a festa
2. Os elementos que buscamos (resposta): a quantidade de dinheiro que deveria ser coletada de cada um
   Para solucionar esse problema não é suficiente levar em conta apenas esses elementos. Mais um aspecto deve entrar em cena.
3. Elemento obscuro: custo total
   A partir dos elementos fornecidos, o número total de pessoas, x, se torna claro. Porém, essa não é a resposta. Temos que dividir o custo total por x para obter a resposta final, y.
   Número de participantes = x
   $$10x + 140 = 20x - 60$$
   $$10x = 200$$
   $$x = 20$$
   $$y = (10 \times 20 + 140) \times 1/20 = US\$ \ 17$$

Essa questão mostra a importância de levar em consideração os fatores que não são fornecidos ou que não estão claros à primeira vista.

Embora apenas problemas matemáticos sejam usados como exemplos aqui, esse método de visualização pode ser aplicado a várias circunstâncias. A apresentação de um problema com um diagrama visual, como na primeira questão, deixará pouca dúvida em relação ao seu arcabouço subjacente. As ilustrações no final deste capítulo se prestam à mesma finalidade.

Enquanto assegurarmos que todo elemento-chave esteja incorporado, dar aos problemas uma forma concreta falando, escrevendo ou visualizando facilitará bastante a nossa jornada em direção à compreensão e à solução.

Para chegar ao esclarecimento dos problemas, a sua análise deve incluir o conhecimento quantitativo e o qualitativo. É a única maneira de penetrar no nevoeiro da ambiguidade (Figura 2.20).

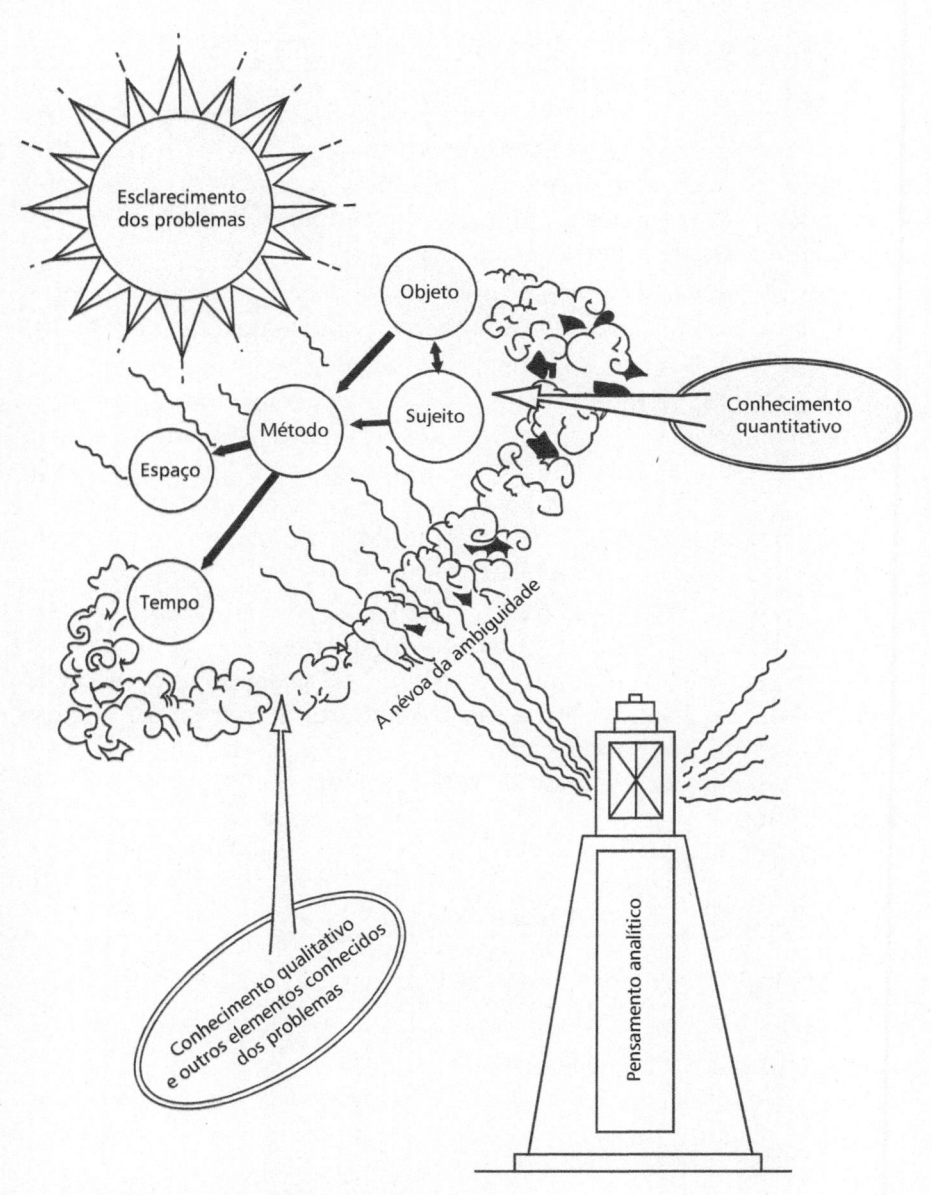

FIGURA 2.20 • Pensamento analítico.

Descobrindo a causa: em busca do propósito

Diz-se que os seres humanos são os únicos animais que agem com base na razão. Na verdade, toda ação no decorrer da nossa vida tem um propósito; pelo menos é como deveria ser. Devido à força do hábito ou à pura preguiça, muitas vezes agimos sem nos perguntar "por que" ou considerar o propósito verdadeiro da ação.

"Por que comemos?" Se essa questão fosse perguntada, muitos responderiam: "Para nos alimentarmos de modo que possamos usufruir de uma vida longa e saudável."

A realidade pode ser diferente. Às vezes comemos apenas porque a comida está ali ou apenas para curtir a satisfação momentânea de ter a comida em nossa boca. Ainda pior, poderíamos comer um determinado alimento porque o vimos num comercial de TV e estaríamos servindo inconscientemente ao propósito de beneficiar os lucros de uma empresa, em vez de nossa saúde em longo prazo.

Para a maioria, a ação do homem se baseia na razão. Todavia, esquecemos muitas vezes do nosso propósito ou entendemos mal qual é realmente a nossa finalidade. A busca consciente do propósito e o raciocínio por trás da ação de uma pessoa são tão importantes na fábrica quanto em nossa vida diária. Na realidade, às vezes a solução de um problema é descoberta apenas no processo de realinhamento das nossas ações com seu propósito real.

Os 4 propósitos da melhoria

Os propósitos da melhoria da fábrica, por exemplo, podem incluir os seguintes:

1. Aumentar a produtividade
2. Melhorar a qualidade
3. Reduzir o tempo
4. Cortar custos

O cumprimento desses propósitos pode agir como um indicador de quão bem estamos melhorando a fábrica. Inversamente, o não cumprimento desses propósitos significa que há problemas a reparar.

Assim, se tirarmos um tempo para refinar as nossas ações com base em seu propósito planejado, os problemas quase sempre irão desaparecer.

O sucesso desse conceito depende da eficiência com que identificamos e definimos o nosso propósito. Pense na busca do propósito como um conceito tridimensional onde:

- X: representa o propósito claro dos objetivos.
- Y: representa um ou vários propósitos. Se forem vários, esclareça cada um deles.
- Z: serve para cumprir o ideal a ser alcançado, tal como uma condição futura de produção sem estoque.

Arranhando a superfície

Conhecer a tarefa e conhecer o propósito da tarefa são duas coisas muito diferentes. Podemos conhecer a nossa tarefa de cor, mas a indiferença ou a falta de consciência de por que a tarefa deve ser realizada pode limitar muito o nosso sucesso.

O verdadeiro propósito da investigação

Eu estava reunido com o presidente da Mineradora N, em Kitakyushu, quando bateram na porta. Era o Sr. Y, o diretor de mineração, e o Sr. K, o diretor de contabilidade. Eles acabavam de voltar de uma investigação sobre a viabilidade de adquirir uma mina da concorrência que estava prestes a desabar (fisicamente falando). Ofereci-me para sair da sala enquanto eles comunicavam os fatos, mas o presidente insistiu para que eu ficasse e ouvisse.

"As coisas estão terríveis, como eu esperava," disse o Sr. Y. "Sua exploração foi imprudente e as estradas e instalações de preparação não foram bem conservadas."

"Suas práticas contábeis também são ruins," aderiu o Sr. K, o diretor de contabilidade. "Há muitas contas pendentes; pagamentos que não foram realizados e recebimentos que não foram feitos. É completamente desorganizada."

"Ao terminar o seu relatório, o presidente, que ficara calado até então, perguntou: "Isso é tudo?"

"Bem ... sim," retrucou relutantemente o Sr. Y.

O presidente levantou uma sobrancelha para mim: "Como todos sabemos, a mineradora se encontra à beira da falência. Não é de se esperar que as suas operações estejam em apuros?"

"Eu não os enviei para confirmar o óbvio. Eu os enviei para descobrir se ainda há algum potencial na mina. É claro que as suas operações estão em frangalhos! Mas, é possível que haja alguma esperança enterrada em algum lugar e espero que vocês cavem um pouco para encontrá-la!"

Figura 2.21 • Mineradora R.

Esse episódio me mostrou a importância de estender os nossos pensamentos além da tarefa e sobre o propósito real do nosso trabalho, especialmente se a mesma não for óbvia a partir das instruções fornecidas. A confirmação do potencial de desenvolvimento da mina antes da aquisição era um fator crucial na decisão sobre a compra da Mineradora N. Consequentemente, a averiguação dessa informação era parte integrante do propósito investigativo da empresa. Apesar de não ter sido orientados para fazê-lo, se os dois homens tivessem considerado isso como o seu propósito na visita talvez tivessem voltado com informações que contribuíssem para o crescimento de sua empresa.

Cortando pela metade o tempo de manutenção

Quilômetros e quilômetros de congestionamento até onde os seus olhos podem enxergar – isso se tornou um fato corriqueiro em muitos lugares devido ao incessante processo de manutenção de rodovias. As estradas são essenciais e não pretendo negar aqui o benefício de sua manutenção. Entretanto, toda vez que vejo uma linha interminável de lanternas traseiras, fico imaginando por que isso não poderia ser concluído mais rápido.

O processo de manutenção demora mais do que o necessário porque existem longos intervalos, muitas vezes de dias, entre cada etapa.

TABELA 2.14 Processo de manutenção de rodovias

Remover as partes da estrada que precisam ser consertadas
Retirar a sujeira/entulho
Fazer concreto misturando areia, pedra, cimento e água
Derramar o concreto e aplainar a superfície
Esperar o concreto solidificar

O conserto completo poderia ser concluído mais cedo se os operários de todos os processos fossem reunidos e mobilizados para trabalhar num único local. Quando sugeri essa abordagem algumas pessoas objetaram. Uma delas disse: "Os projetos de manutenção dão oportunidade de trabalho ao desempregado. Se a duração do trabalho for reduzida, o que eles irão fazer?"

Devo dizer que esse argumento não se sustenta. A redução do tempo de manutenção não é sinônimo de corte de empregos.

Atualmente, reparos em estradas são feitos da seguinte forma: se existe necessidade de reparos em cinco lugares diferentes, 12 operários são atribuídos a cada local por vez, sendo esse o número mínimo necessário para concluir um processo de manutenção. Uma vez concluído o processo, os 12 se deslocam para o próximo local. O trabalho de reparo é interrompido até a chegada dos operários do próximo processo.

Eu sugiro o seguinte: em vez de utilizar 12 operários em locais diferentes, trazer 60 deles a um local e concluir todos os processos em um único dia. Uma vez terminado o trabalho, deslocar os 60 para o próximo local. Esse método não reduz o emprego, ainda que consuma um sexto do tempo.

É mais fácil administrar o pessoal com o método atual, portanto os planejadores não estão ávidos por mudanças. Entretanto, a finalidade básica do conserto é a conveniência daqueles que utilizam a rodovia. Assim, a minimização da inconveniência durante o conserto deveria ser uma preocupação básica.

Li recentemente nos jornais que uma máquina havia sido importada do Japão e que ela podia realizar todos os processos de conserto de uma estrada num curto espaço de tempo. Eu acredito que a duração do conserto pode ser significativamente diminuída sem o uso de uma máquina como essa, contanto que os planejadores de construção, na maioria dos casos os governos federal e local, considerem o propósito verdadeiro da manutenção de estradas e racionalizem o fluxo de trabalho em conformidade.

Quando usar as suas habilidades

Enquanto visitava uma fundição, o Sr. D, um engenheiro veterano, iniciou uma conversa: "Não estou muito feliz com os jovens engenheiros de hoje," ele disse.

"O que lhe faz afirmar isso?", perguntei um tanto surpreso.

"Eles estão envoltos constantemente em detalhes técnicos. Por exemplo, são obcecados por máquinas de fresa. Assim que chegam ao chão de fábrica despejam toda a sua energia na modificação das ferramentas: mudando o material da lâmina, ajustando ângulos etc.

"Eu entendo a importância da boa fresa no acabamento dos produtos," ele continuou. "Porém, é muito mais importante investir recursos na melhoria de nossa precisão de fundição. Desse modo, podemos criar produtos sem ter que fresar; um objetivo que esta fábrica tem há algum tempo."

"Mesmo depois de explicar isso, os jovens engenheiros ainda ficam obcecados pela teoria da fresagem. Pergunto-me se a culpa é de sua formação."

Há uma grande diferença entre ter habilidade e saber quando empregá-la. O objetivo primordial desta fábrica foi o de criar produtos desejáveis mais rapidamente e com menos perda. A melhoria das técnicas de fundição e a eliminação simultânea da fresa seriam um grande passo para se obter isso. Despender recursos da empresa em melhorias desnecessárias certamente não o seria.

Os jovens engenheiros mediram a sua contribuição através de quantas habilidades poderiam empregar, mas as tornaram inúteis ao esbanjá-las em tarefas subalternas. Esse é um bom exemplo para mostrar que saber aplicar as habilidades é muito mais benéfico do que apenas possuí-las.

Soldando fixadores de tela de vigia

Durante uma reunião no Estaleiro R, estava em discussão o processo de soldagem de fixadores de tela de vigia. Para fazer o produto, foi cortada uma tira fina de folha metálica, curvada para formar um anel com a junção soldada (Figura 25). Esse método empregou o material de forma mais eficiente e, portanto, foi o preferido em vez de apenas puncionar o anel da folha, embora a soldagem também tenha suas ineficiências. O processo foi feito da seguinte maneira:

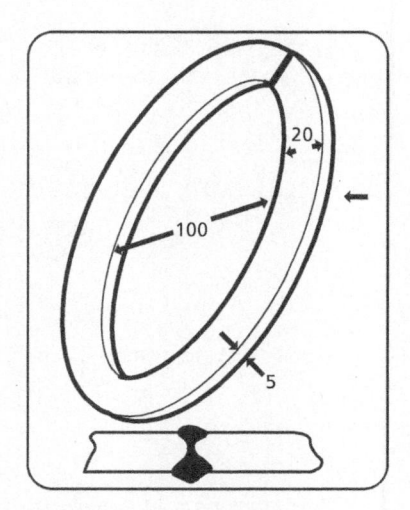

FIGURA 2.22 • Telas de vigia.

TABELA 2.15   Processo de soldagem da vigia

Colocar o anel na bancada de trabalho e soldar um dos lados da junção
Virar e soldar o outro lado
Lixar os dois lados da superfície soldada

Era muito importante lixar a parte traseira, já que ela tinha que ficar plana em relação à tela e qualquer rugosidade poderia resultar em dano. Entretanto, o tempo necessário para essa etapa era exorbitante e os operários queriam discutir maneiras de simplificá-la; surgiram várias ideias.

Alguém disse: "Não podemos criar algum tipo de gabarito que as vire com um pedal?"

Outro disse: "Não podemos soldar os dois lados ao mesmo tempo?"

No meio dessa discussão o Sr. Nishikawa falou: "Nós realmente precisamos soldar os dois lados? A finalidade dos fixadores é manter as telas pressionadas, certo? As telas não são tão pesadas."

Com essa ideia, as pessoas na mesa se entreolharam. Alguém disse: "Parece uma boa ideia. Se funcionar, não precisamos mais lixar a parte traseira."

O teste de viabilidade foi realizado. O resultado foi a soldagem de um único lado que também segurava as telas. O novo método foi adotado imediatamente.

Ela lutou com o gramado

Um dia, uma secretária foi ao escritório do presidente e disse que tinham um problema.

"O que é?", perguntou o presidente.

"É sobre o gramado na frente do nosso prédio. Parece que os alunos da escola próxima caminham por ele o tempo todo. Coloquei um aviso de 'não invadir'."

"E?"

"Bem, funcionou por um tempo, mas eles voltaram a andar sobre ele. Depois disso, coloquei uma cerca, apesar de baixa, pois pensei que uma cerca alta ficaria pouco atraente. Isso deu resultado, mas não por muito tempo. Eles não são crianças, logo eu não quero sair e repreendê-los. Neste momento, eu simplesmente não sei o que fazer."

"Eu tenho uma ideia," disse o presidente. "Parece que a coisa mais simples a fazer seria criar um belo caminho através do gramado."

Às vezes é muito difícil encontrar uma solução de bom senso quando, assim como fez a secretária, nos concentramos em apenas um aspecto do problema. Ela tinha esgotado as suas opções para solucionar o problema porque ele transgrediu o status quo. O presidente, por outro lado, manteve uma visão mais ampla e achou uma solução para o problema instantaneamente.

TEORIA DAS GREVES SENSATAS

A qualidade de vida dos operários melhorou muito nos últimos anos; é inquestionável que os movimentos trabalhistas, especialmente as greves, exerceram um papel importante nesse avanço.

Contudo, algumas greves resultam em importantes rupturas pessoais e econômicas que transcendem as reinvindicações dos primeiros participantes. O efeito das greves de transportes e de usinas, por exemplo, é incalculável. Milhões de consumidores podem ser afetados. Várias indústrias podem ser duramente atingidas, diminuindo as suas margens de lucro, impedindo o seu crescimento e, em última análise, impactando a qualidade de vida de todo mundo, incluindo a dos próprios trabalhadores.

Os sindicatos têm muito trabalho para explicar que as suas ações são voltadas unicamente para a empresa e não para o público em geral. Todavia, muitas vezes não é isso que acontece, resultando na perda do apoio da opinião pública mesmo quando ela concorda com o motivo da greve. Existe uma maneira de os empregados terem êxito numa greve sem fazer com que o público seja uma vítima involuntária?

Pode-se deduzir uma possível resposta usando os conceitos do pensamento analítico e considerando a finalidade. A greve é uma ferramenta utilizada pelos empregados com o propósito de forçar os empregadores a mudar. Novamente, não significa inconveniência para o público. Agora, o método de fazer greve envolve a interrupção do trabalho por parte dos empregados e a interrupção do pagamento de salário por parte dos empregadores. Entretanto, várias vezes esse método está aquém de alcançar o seu propósito.

Com o propósito verdadeiro em mente, foi concebido o método seguinte. Observe que ele preenche as necessidades de ambas as partes envolvidas sem infligir quaisquer danos ao público em geral e às indústrias.

- Uma vez declarada a greve, tanto os empregadores quanto os empregados continuam a trabalhar normalmente.
- Durante a greve, o empregador deve assumir que as operações estão devagar e que, com isso, estão perdendo dinheiro. O volume de dinheiro real é calculado por uma comissão composta por representantes do sindicato, empregadores e por um terceiro mediador. Então, esse dinheiro é pago diretamente ao governo apropriado (municipal, estadual ou federal).
- Os empregados continuam a trabalhar, mas os salários são perdidos durante o período de greve.
- O dinheiro que a empresa pagou ao governo é injetado de volta na economia através de medidas que beneficiem a comunidade em geral.

Essa teoria foi concebida como resultado da análise das greves e do esclarecimento do propósito das mesmas. Esse método não só cria o impacto pretendido em ambas as partes inicialmente envolvidas, mas também transforma a perda econômica aguda resultante numa contribuição positiva para a população em geral.

Orgulho no palanque

Ser um orador eloquente nem sempre significa brilhantismo na comunicação. Ocasionalmente, ouço oradores revelarem a sua história no palanque com grande fluência, interpondo palavras estranhas e termos arcaicos aqui e ali. Sua habilidade com a linguagem é muito impressionante, embora você perceba na audiência que alguns estão segurando os bocejos; outros estão dormindo sem qualquer reserva e cochilando confortavelmente. Os que se esforçam para ficar acordados não parecem estar acompanhando o discurso.

Toda vez que vejo uma cena semelhante, fico imaginando o que faz um grande discurso. Obviamente, apenas a fluência não é suficiente. O episódio a seguir descrito pode fornecer subsídios para a nossa resposta.

Dois engenheiros fizeram um curso sobre tecnologia de produção. Ao retornar à empresa, eles comunicaram as suas descobertas ao chefe.

O Sr. N relatou facilmente todos os detalhes do curso: sua pauta, os instrutores, o ambiente etc.

Por outro lado, o Sr. S, embora não fosse eloquente, falou entusiasticamente com o seu chefe sobre que aspectos da sua produção precisavam ser atualizados e como a melhoria poderia ser executada, com base no que aprendeu no seminário. A informação pode não ter sido agradável para o chefe, uma vez que incluía críticas sobre a operação atual, mas havia uma mensagem clara e sólida derivando do desejo de o Sr. S melhorar a fábrica. O chefe ficou muito impressionado.

O propósito de um discurso não é fazer o orador parecer bom ou esperto. Um discurso com essa intenção acaba cansando a audiência. Ao invés disso, o propósito é tornar os seus pensamentos claros e convincentes para as pessoas, de modo que possam entender e simpatizar com você. Parece que existem muitas pessoas que não conseguem entender essa simples premissa. Os que se orgulham da própria eloquência podem ter que lembrar a si próprios qual é o verdadeiro propósito do seu discurso.

O implacável "por quê?"

Cortando pela metade o tempo de preparação do macho

Na Siderúrgica Z, tive a oportunidade de observar o processo de preparação dos machos que depois seriam inseridos em moldes para criar bicos queimadores de gás.

Os operários estavam colando estampas nos machos (veja a Figura 2.23) para manter o macho no lugar certo dentro do molde quando recebesse o metal fundido. Uma vez solidificado o metal, eles se tornam uma parte do molde sem emendas. O processo de colagem era importante: a menos que as estampas estivessem firmemente acopladas, elas se moveriam quando o metal fundido fosse derramado, resultando em bicos defeituosos.

Na fábrica, a colagem era feita da seguinte forma:

1. Colar as estampas superiores nos machos.
2. Levar os machos a uma sala sem umidade e aguardar 24 horas até que as estampas estivessem firmemente coladas.
3. Tirar os machos da sala e colar as estampas inferiores.
4. Levá-los de volta à sala e aguardar outras 24 horas até que as estampas estivessem firmemente coladas.

Esse método não parecia muito eficiente. "Por que os machos são levados duas vezes para a sala?", perguntei a mim mesmo. Após muito debate, dei uma ideia ao presidente.

"Provavelmente você pode colar as estampas inferiores logo depois de colar as superiores em vez de aguardar 24 horas. Quando um macho é posicionado dentro do molde as suas estampas têm que estar firmemente coladas. Mas quando você está apenas colando as estampas, a cola precisa apenas ser forte o bastante para que se possa virar o macho e trabalhar no outro lado."

O presidente foi cético, mas decidiu realizar o teste seguinte:

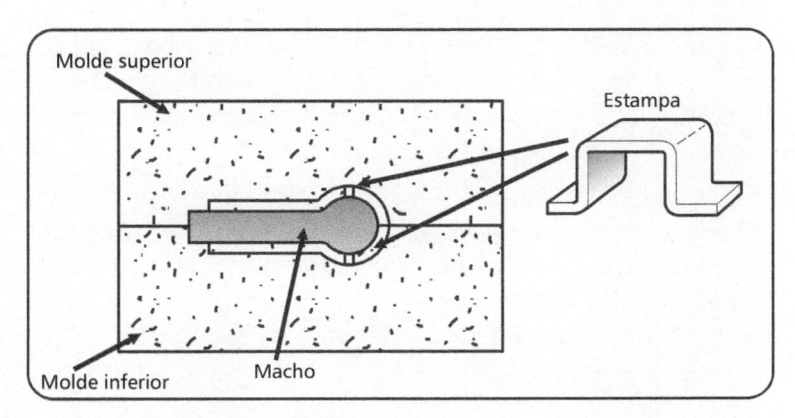

FIGURA 2.23 • Preparação do macho.

- O operário A acopla uma estampa superior ao macho e o envia para o operário B através de uma esteira.
- Depois, o operário B acopla uma estampa inferior cerca de 30 segundos mais tarde.
- Repetir essas duas etapas e depois colocar os machos na sala por 24 horas.

No dia seguinte, as estampas secas ficaram perfeitamente coladas aos machos e prontas para serem usadas nos moldes. Perguntar simplesmente por que e questionar o método atual levaram a um resultado que cortou pela metade o tempo de produção e aumentou bastante a eficiência da preparação do macho.

Aumentando a eficiência das inspeções

Certa vez observei um processo de inspeção de tanques para aquecimento de água, cada um com cerca de 2 metros de altura e 0,6 metro de diâmetro. A seguir, temos o procedimento de inspeção:

1. Usar uma talha para posicionar um tanque de aquecimento de água.
2. Pintar o tanque com uma solução de detecção de líquidos para localizar vazamentos com precisão.
3. Inserir ar comprimido no tanque.
4. Inspecionar em busca de vazamentos.
5. Terminada a inspeção, levantar o tanque.

Enquanto eu assistia a operação, pensava sobre a finalidade de cada procedimento. A aplicação da solução revela a localização de um vazamento. O ar comprimido releva a existência de um vazamento. Perguntei ao encarregado: "Qual é a porcentagem de defeitos?"

"É relativamente baixa, girando em torno de 3%," ele disse.

"Três por cento..." eu devaneei, "Por que então você não tenta este método? Introduza primeiro o ar comprimido e verifique se ao menos existe um vazamento com o manômetro. Se houver um vazamento, posicione o tanque e aplique a solução de detecção para localizá-lo. Se na verdade o percentual de defeitos é de 3%, então apenas três em 100 tanques realmente precisam ser deitados para que se aplique a solução, sendo que o restante precisa apenas do teste com o ar comprimido."

Esse método foi implementado posteriormente e acelerou bastante o processo de inspeção.

Uma reação em cadeia de porquês

Ao visitar uma fundição, observei o processo para a criação de moldes para rolamentos. Os gabaritos de madeira usados para fazer os moldes dos rolamentos pareciam demasiadamente difíceis de remover. Primeiro, um operário batia ligeiramente no gabarito com um martelo. Se não soltasse, ele bateria mais forte até sair.

"É ineficaz se eu não bater forte", ele disse.

"Questionei se isso era realmente verdade,". Enquanto ponderava essa questão, fui a uma fábrica de máquinas que utilizava os rolamentos fundidos. Não muito depois de minha chegada, o gerente me disse: "As fundições que recebemos têm tolerância demais que precisa ser retirada."

Dessa revelação, surgiu uma questão importante. "É melhor afrouxar os gabaritos de madeira para que possam ser removidos com mais facilidade ou é melhor não afrouxá-los demais, de modo que as fundições resultantes tenham menos tolerâncias a remover?"

Sempre devemos procurar respostas considerando a possível existência de múltiplas finalidades para o trabalho. Nesse caso, começamos com um propósito que levou em conta apenas a facilidade de remoção dos gabaritos de madeira. Todavia, existia um outro propósito a ser considerado na redução do desperdício nos procedimentos subsequentes.

Na verdade, existe um propósito em todo processo subsequente.

Por que afrouxamos os gabaritos de madeira? – para facilitar a sua remoção.

Por que removemos os gabaritos de madeira? – para vazar o metal fundido.

Por que vazamos metal fundido? – para produzir objetos fundidos.

Por que fazemos objetos fundidos? – para produzir rolamentos.

Por que fazemos rolamentos? – para sustentar eixos de motor.

Os "porquês" podem continuar numa cadeia como essa até que o propósito final seja atingido. Nesse caso, o propósito final da produção de rolamentos era o de proporcionar "funcionalidade aos eixos de motor."

Para chegar ao cerne dos problemas, devemos continuar perguntando "por que" até alcançarmos um ponto onde possamos olhar o quadro como um todo.

Aumento da produção da fábrica de latas

Durante a Segunda Guerra Mundial, o Japão esteve sob muita pressão para aumentar a produção de muitos itens. Havia uma grande demanda por latas especificamente. Naquela época, elas eram fabricadas calandrando uma placa de estanho num cilindro, fazendo dobras justapostas nas extremidades e enganchando-as para criar uma costura integrada. Depois, essa costura era soldada para torná-la hermética.

Um chefe de produção de latas daquela época me disse que a velocidade de produção era decidida pela velocidade da soldagem.

"No passado," ele disse "podíamos soldar apenas 300 latas por minuto. Quando a demanda explodiu nós já estávamos correndo contra o tempo e a introdução de novas máquinas estava fora de questão. Logo, lançamos um importante projeto de pesquisa para aprimorar nossos eletrodos."

"Quais foram os resultados?" perguntei.

"Após muita tentativa e erro, tivemos sucesso no desenvolvimento de eletrodos que poderiam fazer 350 latas por minuto."

"Isso é ótimo."

"Sim, ficamos muito felizes. Porém, não muito depois a guerra acabou e ouvi de um engenheiro nos Estados Unidos que lá eram produzidas 600 latas por minuto."

"600 ... como eles fazem isso? Eles inventaram um sistema de soldagem ainda melhor?" perguntei incrédulo.

"Eu também não pude acreditar. Especialmente porque havíamos acabado de importar as últimas máquinas dos Estados Unidos logo antes de a guerra começar. Se a taxa fosse de 400, talvez eu pudesse acreditar. Mas, 600! É o dobro da nossa."

"Mas isso era verdade?"

"Sim, era. Embora eu tenha ficado em dúvida no início, percebi aos poucos que era verdade. Tentei descobrir como fizeram isso, mas eles não revelaram seus métodos."

"Acho que era um segredo."

"Provavelmente era. Porém, eu descobri qual era o segredo. E quando eu ouvi, tive que baixar a minha cabeça de vergonha."

"Por quê?"

"Porque era simples demais; as máquinas de produção de latas podem produzir vários tamanhos de lata, de 6 cm a 15 cm de altura. Então, havia uma maior demanda por latas de 6 cm. O método dos norte-americanos era o de fazer latas de 12 cm e simplesmente cortá-las pela metade após a soldagem. Todo o nosso empenho para aprimorar a nossa técnica de soldagem não era sequer necessário.

"A solução deles era tão fácil e, mesmo depois de 30 anos no ramo, eu não pude vê-la."

O fato de não ter lhe ocorrido essa ideia parece ter sido um duro golpe para o chefe de produção. Ele ficou tão envolvido na melhoria da soldagem que não pode ver que havia um modo muito mais fácil de aumentar a produção. Tivesse ele perguntado "por que" e questionado implacavelmente o método atual com mais profundidade e o conceito engenhoso poderia não lhe ter escapado.

Documentos destinados a lugar nenhum

Durante uma reunião na sucursal da empresa N, foram levantadas algumas questões a respeito da documentação das estatísticas de trabalho. No momento, lhes foi requisitado apresentar informações atualizadas sobre a remuneração dos trabalhadores, frequência e carga horária. Era uma tarefa tediosa e exaustiva que usava formulários muito complicados.

Um dos membros sugeriu a simplificação dos formulários para facilitar a entrada de dados e os cálculos. Outro sugeriu a consolidação do documento com outros também necessários. Comecei a querer saber como as estatísticas eram utilizadas, então perguntei. A resposta que recebi despertou a minha curiosidade: "Só temos que enviá-las para a sede regional."

Então, enquanto estive na sede regional, fiz algumas perguntas e descobri que, após mudarem de mãos algumas vezes, os documentos acabaram nas mãos da gerente de recursos humanos. Quando falei com ela, porém, me foi dito que simplesmente os enviava sem ler para a sede da empresa.

Cerca de uma semana depois visitei a sede e decidi monitorar os documentos por lá. Após um tempo, verifiquei que eles viajaram à toa por três departamentos diferentes. Todavia, foi reconfortante ouvir que eles eram realmente utilizados pelo chefe do departamento de estatística. Porém, quando visitei o chefe, ele me disse: "Estatísticas de trabalho? Ah, sim. Eu examino o documento, mas na verdade não o utilizo aqui. Acho que outros departamentos precisam dele."

Em suma, ninguém precisava do documento com as estatísticas.

Comuniquei essa descoberta ao escritório local e os documentos foram cancelados de vez. Mais tarde, soube que a coleta de estatísticas havia começado há cinco anos quando um executivo quis informações para um projeto de pesquisa temporário. Quando o projeto terminou e o executivo se foi, a coleta continuou como um hábito sem sentido.

A melhoria fundamental – a eliminação de documentos – tornou-se possível em consequência da busca do propósito dos documentos através de uma cadeia de porquês. Se o foco não tivesse ultrapassado o escopo dos próprios documentos, esse resultado não teria sido obtido.

Chuva de perguntas num fabricante de freios

A nossa série "por quês" ocorreram até agora na vertical. Entretanto, também precisamos lembrar que essas questões podem se expandir da mesma forma na horizontal.

Nas indústrias K um operário estava desbastando seções curvas de sapatas de freio usando um esmeril. Enquanto eu observava, disse: "Parece uma tarefa cansativa."

"É você quem está me dizendo," ele disse.

"Em vez disso, você não pode usar uma prensa hidráulica?"

"Infelizmente, não. Esta peça metálica atrapalha."

"Por quê?"

"Por alguma razão essa peças metálicas não estão niveladas quando as recebemos do fornecedor e não podemos padronizar o seu tamanho em todas as sapatas de freio."

"Por que não pode padronizá-las?"

"Bem, na verdade, pedi ao meu fornecedor, a Aços T, para padronizá-las, mas parece que é difícil tecnicamente."

Não havia motivo para discutir o problema técnico de uma outra empresa então mudei de assunto.

"Se o tamanho da peça B variar, por que isso lhe impede de vazar a peça com uma prensa?"

"Bem, isso não será bom se a prensa der uma pancada no metal."

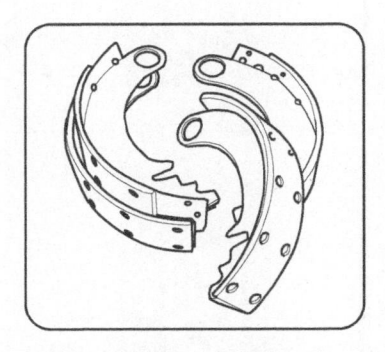

FIGURA 2.24 • Sapatas de freio.

"Por que você não pode apenas evitar o metal?"

"Poderia, mas tenho que terminar a peça de metal mais tarde e isso dá mais trabalho."

"Então, por que você não pode remover primeiro a parte metálica com o esmeril?"

No final, nosso diálogo de "porquês" terminou.

Apesar de ser cansativo continuar esse tipo de questionamento, devemos tentar não interrompê-lo cedo demais para não ficarmos aquém de uma solução fácil.

Quando nos deparamos com a tarefa de melhoria as perguntas baseadas em causa e efeito são extremamente importantes. Na realidade, esse conceito é fundamental para o método de busca do propósito de forma sequencial. Porém, quando se busca soluções usando essa "cadeia de porquês", precisamos lembrar que a nossa linha de questionamento não precisa ter necessariamente uma relação de causa e efeito. Esse tipo de raciocínio horizontal é análogo à relação entre a noite e o dia. A noite vem depois do dia, mas o dia não é a causa da noite. Se expandirmos pacientemente uma cadeia de "porquês", tanto vertical quanto horizontalmente, no final surgirão soluções viáveis.

O QUE ACENDER PRIMEIRO?

Uma vez ouvi por acaso um diálogo engraçado enquanto prestava consultoria em Osaka, o qual ilustra as ideias que estou tentando transmitir.

"As crianças de hoje são muito espertas. Às vezes, elas fazem perguntas que não consigo responder."

"Entendo o que quer dizer. Não é constrangedor quando as crianças sabem mais do que você?"

"Fizeram-me uma pergunta muito difícil outro dia."

"Mesmo? Qual foi? Aposto que consigo responder."

"Ok, foi assim a história. Uma dona de casa estava falando com uma amiga e percebeu que havia perdido a noção do tempo, pois a noite estava chegando. Então, ela correu para casa, mas quando entrou – poof! – a energia caiu; era um apagão."

FIGURA 2.25 • O que acender?

"Então, ela tateou ao redor tentando encontrar algum fósforo e, após uma rápida busca às cegas, encontrou uma caixa de fósforos. Mas, havia apenas um palito dentro da caixa e ela tinha três coisas para acender; uma vela, um bico de gás e um lampião. O que ela devia acender primeiro?"

"Por quê? Ela acende primeiro a vela, certo?"

"Não, não. A primeira coisa que ela acende é o palito de fósforo."

É um diálogo tolo, mas análogo ao que muitos de nós fazemos quando nos deparamos com problemas. Mesmo quando parece que estamos buscando o nosso propósito verdadeiro, muitas vezes negligenciamos aspectos fundamentais que nos permitem alcançá-lo. No decorrer deste capítulo, muitos exemplos demonstraram a importância de buscar o propósito final juntamente com os métodos de como fazê-lo. Entretanto, esse propósito final consiste sempre em pequenos segmentos, cada um com o seu próprio propósito. É a soma dessas partes, em harmonia umas com as outras, que torna possível cumprir esse propósito final. Portanto, a estratégia da nossa busca não pode terminar apenas com a denominação do nosso objetivo global; ela deve continuar passo a passo até que o verdadeiro propósito esteja completamente realizado.

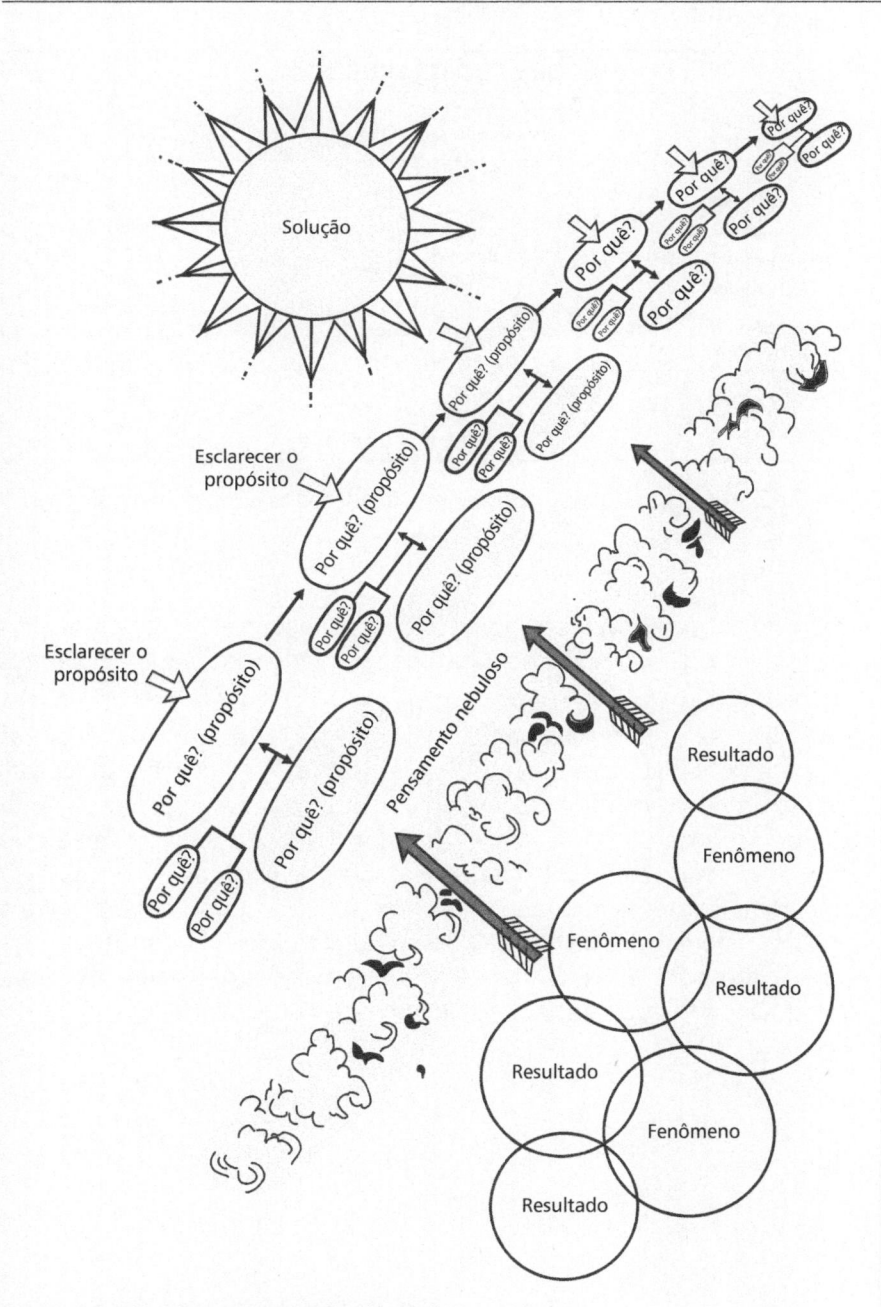

FIGURA 2.26 • Resumo do Capítulo 2.

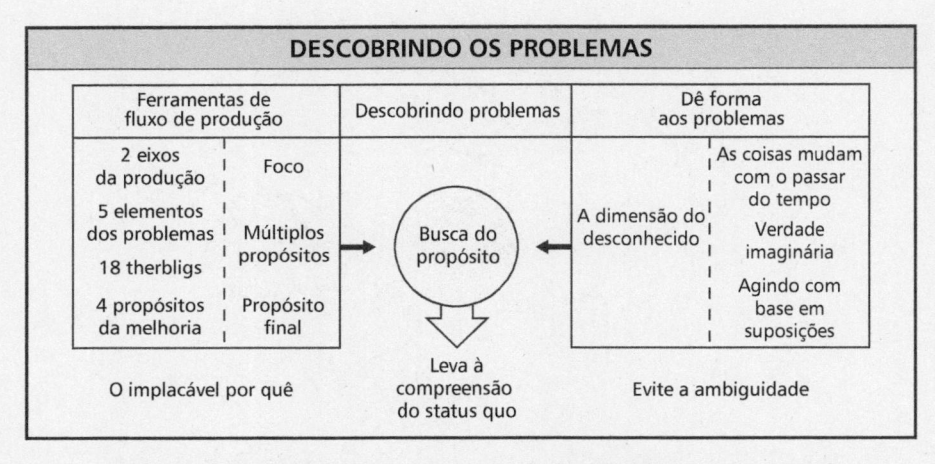

DESCOBRINDO OS PROBLEMAS		
Ferramentas de fluxo de produção	Descobrindo problemas	Dê forma aos problemas
2 eixos da produção 5 elementos dos problemas 18 therbligs 4 propósitos da melhoria	Foco Múltiplos propósitos Propósito final	A dimensão do desconhecido As coisas mudam com o passar do tempo Verdade imaginária Agindo com base em suposições
	Busca do propósito	
O implacável por quê	Leva à compreensão do status quo	Evite a ambiguidade

FIGURA 2.27 • Componentes do mecanismo de pensamento científico no Capítulo 2.

Uma implacável chuva de "porquês" é a melhor maneira de preparar a sua mente para romper o véu nebuloso do raciocínio instaurado pelo status quo. Use-a com frequência.

Para descobrir um problema devemos elaborá-lo, examiná-lo e lhe dar uma forma definitiva para entender o status quo. A Dimensão do Desconhecido é uma ferramenta de conscientização que abrange os aspectos da realidade fáceis de perder, evitar ou ignorar, porque a sua natureza está embutida no status quo. O uso de Ferramentas de Fluxo de Produção proporciona uma compreensão tangível e quantitativa dos problemas e ajuda a focalizar os esforços de melhoria ao manter em mente os propósitos múltiplos e o propósito final. Perguntar "por que" em cada conjuntura ajudará a definir, refinar e focalizar mais o problema em análise.

CAPÍTULO 3

Geração de Ideias para a Melhoria

Uma vez esclarecidos o problema e o propósito, é hora de gerar ideias de melhoria. Como fazemos isso?

Muitos caminhos para um único fim

Se quisermos atingir a melhoria, primeiro devemos ter flexibilidade mental para acreditar que, mesmo havendo um único fim, existem muitos caminhos que podemos percorrer até alcançá-lo. Se pensarmos de modo inflexível que os métodos atuais são melhores e que nenhum outro meio é possível, as ideias de melhoria nunca surgirão.

Se os trabalhadores tivessem a impressão de que o seu modo de trabalhar é falho, seria impossível ter um trabalho de qualidade. Mesmo que as falhas nada tenham a ver com o empregado, ainda assim é um pensamento desestimulante.

Quando perguntadas se "Há alguma coisa que precise ser melhorada em seu trabalho?", cinco entre dez pessoas provavelmente diriam "Não, está tudo bem." As demais poderiam dizer "Pode haver algo a ser melhorado," acreditando ser essa a resposta esperada. Mas, na verdade, muito provavelmente eles considerem bons os métodos utilizados.

Se desde o começo formos relutantes em mudar, a melhoria nunca vai acontecer. Existem sempre alternativas inesperadas e melhores para tudo, mesmo para as pequenas coisas que fazemos sem pensar. A percepção disso é o catalisador que abre nossas mentes às novas possibilidades e o primeiro passo importante em direção à melhoria bem-sucedida.

A maneira mais rápida de dobrar um *furoshiki*

Alguns japoneses usam um pano sedoso, chamado de *furoshiki*, para embrulhar objetos. Quando prontos para ser guardados, como as pessoas dobram esses pedaços de pano tão úteis? A seguir, temos os métodos comuns.

TABELA 3.1 Método do queixo

Segurar os cantos do tecido com as mãos

Segurar o meio com o queixo

Dobrar ao meio, segurar as extremidades com a mão direita e segurar o meio com a mão esquerda

Levantar e dobrar novamente ao meio

TABELA 3.2 Método da mesa

Abrir o tecido na mesa

Segurar os cantos com as mãos e dobrar ao meio

Segurar os cantos pelo lado direito e dobrar ao meio

Levantar

FIGURA 3.1 • Dobrando o *furoshiki*.

Além dessas maneiras, gostaria de sugerir um método mais rápido (Figura 3.1).

Tenha em mente que sempre vai existir outro método para cada tarefa, mesmo que seja algo tão simples quanto dobrar um tecido.

TABELA 3.3   Método de dobradura mais rápido

Enquanto segura o meio de um lado com a mão esquerda, beliscar o centro do tecido com a mão direita e puxar para cima

Ainda segurando com a mão esquerda, alcançar e agarrar o outro lado do tecido pelo meio e puxar para cima

Método fácil de amarrar caixas

Na fábrica de alimentos N, havia uma tarefa que todos tentavam evitar – a tarefa aparentemente simples de amarrar caixas.

O método convencional é apresentado na figura ao lado.

Ao mesmo tempo em que esse método era direto, a tarefa repetitiva de apertar os barbantes era cansativa para as mãos dos empregados. Na estação seca alguns chegavam a sangrar.

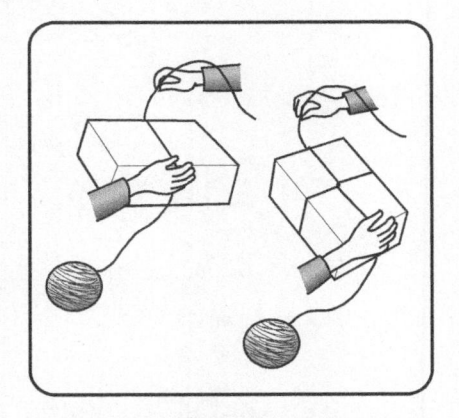

FIGURA 3.2 • Amarração convencional da caixa.

TABELA 3.4   Método convencional para a amarração da caixa

Colocar um barbante sobre a caixa

Virar a caixa, cruzar o barbante e girar 90° para dar a volta na direção perpendicular

Virar a caixa novamente e amarrar as pontas

Certa noite, preocupado com o bem-estar de seus empregados, o Sr. Fujimoto teve uma ideia. O método por ele idealizado (Tabela 3.5) alcançou o mesmo resultado, ainda que tenha eliminado a necessidade de apertar os barbantes, virar as caixas ou girá-las 90°. A principal melhoria foi a de proteger as mãos dos empregados.

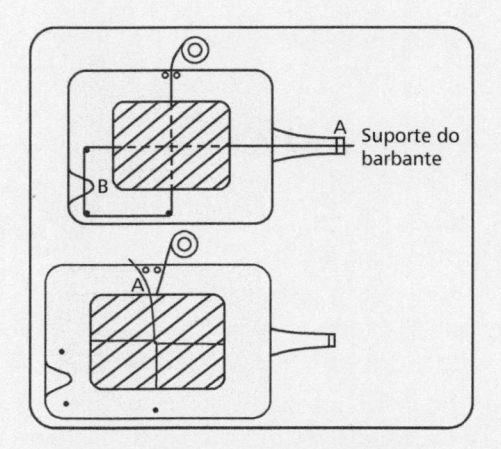

FIGURA 3.3 • Amarração automatizada dos barbantes.

TABELA 3.5   Método mais rápido para a amarração da caixa

Colocar um barbante como na Figura 3.3
Colocar uma caixa em cima
Puxar a parte A até a parte B e amarrá-la ao final do barbante

Achando suas bolas de gude

Eu estava na fábrica K de cabos de alta tensão para observar o processo de revestimento com papel de um arame puxado de uma bobina até uma máquina. Ao sair da máquina o arame pronto era enrolado num tambor. Embora parecesse bastante simples, havia um problema com esse processo. Quando restava pouco arame na bobina, ela não passava suavemente para a máquina. Frequentemente, laços de arame eram puxados, revestidos e depois enrolados no tambor. Sempre que isso acontecia, os operários se viam obrigados a desenrolar o laço, cortá-lo e soldar o cabo.

Até a minha visita, o único método elaborado para lidar com o problema foi o de manter um operário batendo levemente na bobina quando ela estivesse com pouco arame para afrouxar quaisquer emaranhados possíveis. Apesar de isso ter funcionado, era cansativo para os operários, uma vez que cada um era responsável por cerca de 15 máquinas.

"Você não pode criar algum mecanismo que afrouxe o arame?", perguntei ao engenheiro encarregado do processo.

"Temos tentado, mas não descobrimos nada muito eficaz."

Tive a oportunidade de observar o mesmo processo de revestimento de cabos com papel na fábrica H, em Kyushu. Para minha surpresa, não ocorreu nenhum laço nem emaranhamento. Quis ver a fonte de onde saía o cabo, mas estava fechada numa caixa e, portanto, não pude vê-la. Nesse momento, avistei o chefe da seção e logo perguntei: "Parece que vocês não têm problemas com laços ou emaranhamentos de cabos. Que tipo de segredo há na caixa?"

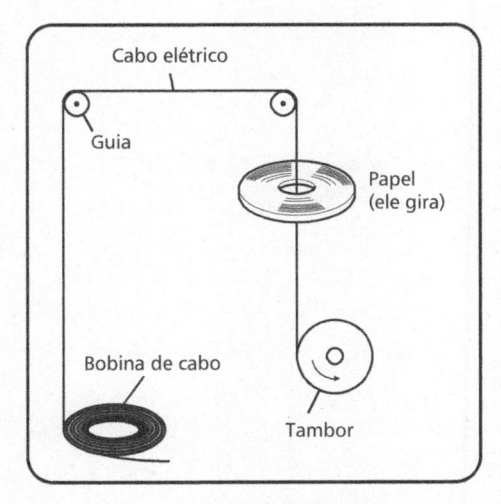

FIGURA 3.4 • **Processo de revestimento com papel.**

"Ah, isso," disse o chefe da seção dando um tapinha em cima da caixa, "tínhamos esse problema até uns dois anos atrás. Porém, nosso gerente da instalação, o Sr. Muto, é muito entusiasmado com o tema melhoria e veio com essa ideia incrível. Vou lhe mostrar o que há dentro da caixa."

Ele abriu a tampa e o que vi dentro da caixa foi uma quantidade incontável de bolas de gude.

"São apenas bolas de gude, não são?", perguntei achando graça.

"Sim, apenas bolas de gude normais. Se um arame emaranhado tentar sair da caixa, essas bolas de gude também serão levantadas e baterão levemente no mesmo. Normalmente, isso é suficiente para desemaranhar o cabo; não é interessante? Parece que as bolas de gude não servem apenas para as crianças."

Fiquei muito impressionado com esse uso extraordinário das bolas de gude, reforçando minha convicção de que sempre existem modos diferentes de fazer o nosso trabalho. Embora exista apenas um fim, há várias maneiras de alcançá-lo. Em outras palavras, existem múltiplos meios para um único propósito.

Planos de melhoria

A seguir temos os estágios pelos quais precisamos passar para elaborar planos de melhoria:

- Traga ideias para fugir do status quo.
- Julgue e escolha a melhor ideia, considerando as necessidades que precisam ser satisfeitas para realmente implementar essa ideia.

Elaboração de métodos de pensamento

Tabela 3.6   Fenômenos da ação humana

1. **Reflexo** Piscar, espirrar, tossir, bocejar
2. **Instinto** Fome, desejo sexual
3. **Reflexo condicionado** Ação involuntária induzida por certas condições (Salivar quando alguém se prepara para comer algo azedo)
4. **Aprendizagem** Ato baseado no conhecimento adquirido a partir de observação, experiência e educação
5. **Pensamento dedutivo** Ato baseado especificamente numa teoria geral
6. **Pensamento indutivo** Induzir uma teoria geral a partir de ações específicas e agir baseado nessa noção
7. **Pensamento criativo** Conceber alguma coisa que não existia antes e agir com base nessa ideia

As ações humanas são induzidas por vários fenômenos. Diz-se que os homens demoraram 2 mil anos para passar da lógica dedutiva aristotélica para a lógica indutiva e apenas 400 anos se passaram desde o surgimento do pensamento indutivo trazido por Rene Descartes. A lógica dedutiva passa de afirmações gerais para afirmações específicas; a lógica indutiva passa do específico para o geral.

Enquanto fizermos pleno uso da lógica dedutiva e indutiva, devemos tentar dominar o aspecto do pensamento criativo da ação humana; ele é idealmente adequado às melhorias.

ATIVIDADES MENTAIS PARA A MELHORIA

Um estudioso explica os estágios de atividade mental necessários para a melhoria como se segue:

1. Foco mental
2. Observação precisa
3. Memorização
4. Pensamento lógico (dedutivo e indutivo)
5. Julgamento correto
6. Associação
7. Pensamento criativo

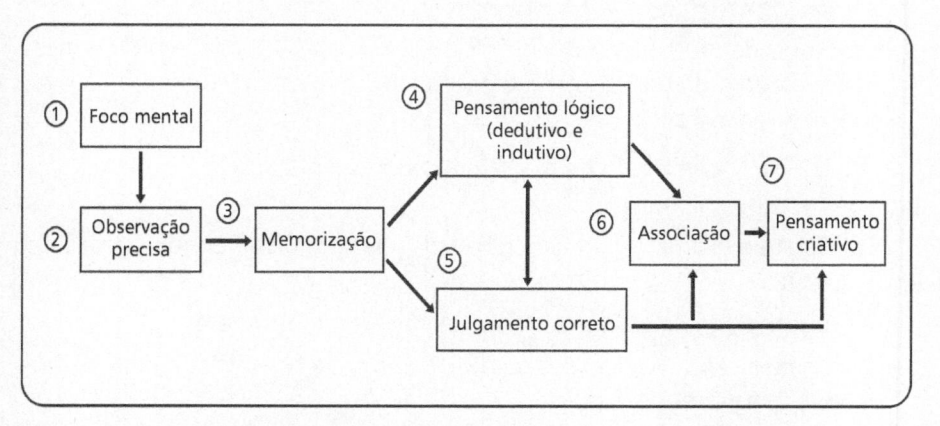

FIGURA 3.5 • 7 etapas do processo mental.

Outro estudioso defende o seguinte método epistemológico[1]:

- Esclareça o problema (analise-o e avalie-o).
- Esclareça o que está por trás do problema (busque e esclareça o objetivo da melhoria).

---

[1] Immanuel Kant é considerado o fundador da filosofia epistemológica. Crítica da Razão Pura, publicado em 1781 via a relação entre o conhecimento baseado na razão e o conhecimento baseado na experiência. A epistemologia investiga a origem, natureza, métodos e limites do conhecimento humano.

- Não pense demais (se a solução definitiva não puder ser encontrada ou se a busca adicional não for necessária, pare de pensar em conformidade com o fato).
- Faça uma lista de todas as soluções possíveis (compare todas as opções e elimine as que considerar inadequadas).
- Examine as que parecem ser as soluções apropriadas e seus métodos de implementação (faça uma lista de todos os meios de implementação e compare-os).
- Tome a decisão final e implemente-a (leve em conta a dificuldade, o custo da implementação e o retorno esperado).

Abordagem do pensamento científico

Um método de melhoria bem conhecido se chama "Abordagem Científica" ou "Abordagem do Pensamento Científico Experimental," que pode ser explicado dessa forma:

- Concentre-se nos fatos a serem avaliados e decida o escopo da investigação.
- Colete e examine todos os registros relacionados e documentos existentes.
- Observe, meça e registre todos os problemas do método atual.
- Analise cada elemento medido e registrado, identificando o problema mais importante.
- Elabore um plano para solucionar o problema.
- Faça um cronograma baseado no plano.
- Implemente o plano.
- Avalie se o resultado pretendido foi alcançado.

Mecanismo do pensamento científico

Com base nos meus 30 anos de experiência prática em melhoria industrial, desenvolvi um sistema que chamo de *Mecanismo do Pensamento Científico.*

Ele abrange técnicas e filosofias defendidas por outros, tais como os supracitados Pensamento Científico Experimental, Pensamento Criativo e métodos de *brainstorming**. Embora cada um desses métodos tenha focado em um determinado aspecto, nenhum deles foi abrangente. Com isso, combinei os pontos fortes desses vários métodos e criei esse sistemático Mecanismo do Pensamento Científico.

Tenho muita gratidão pelos ensinamentos dos meus antecessores, os quais me permitiram desenvolver esse processo; entretanto, sinto orgulho por ter sintetizado esses vários conceitos num único sistema mais consistente.

O mecanismo do pensamento científico forma a espinha dorsal deste livro e se você consultar a Figura 3.6 enquanto o estiver lendo, terá uma valiosa vantagem visual para a sua compreensão.

Como em todos os modelos científicos, o Mecanismo do Pensamento Científico é uma representação sistemática de uma ideia e como ela funciona. Nesse caso, a ideia é a geração de ideias, do começo até a implementação.

De todos os estágios citados na Tabela 3.7, a focalização dos problemas e a geração da ideia exercem os papéis mais importantes para a melhoria bem-sucedida.

Seja no chão de fábrica ou no escritório, acredito que esse Mecanismo do Pensamento Científico pode ser aplicado em qualquer lugar. Além do mais, ele possui vantagens tangíveis sobre todos os demais métodos, pelo fato de poder ser medido pelas mudanças reais no rendimento da produção resultante das melhorias implantadas de forma mais veloz e mais eficaz.

MÉTODOS DE GERAÇÃO DE IDEIAS

Inúmeras pesquisas foram realizadas sobre os diferentes métodos de geração de ideias. Muitos conceitos apresentados no meu método resultam diretamente dessas pesquisas, podendo ser resumidos como a seguir.

Brainstorming

O *brainstorming* foi desenvolvido nos Estados Unidos por A. F. Osborn. Ela se baseia nas seguintes ideias:

---

* N. de R. T. Este termo é usado para indicar um método prático de geração de ideias que consiste na reunião de várias pessoas, as quais coletivamente propõem, analisam e discutem ideias na busca de soluções para um determinado problema.

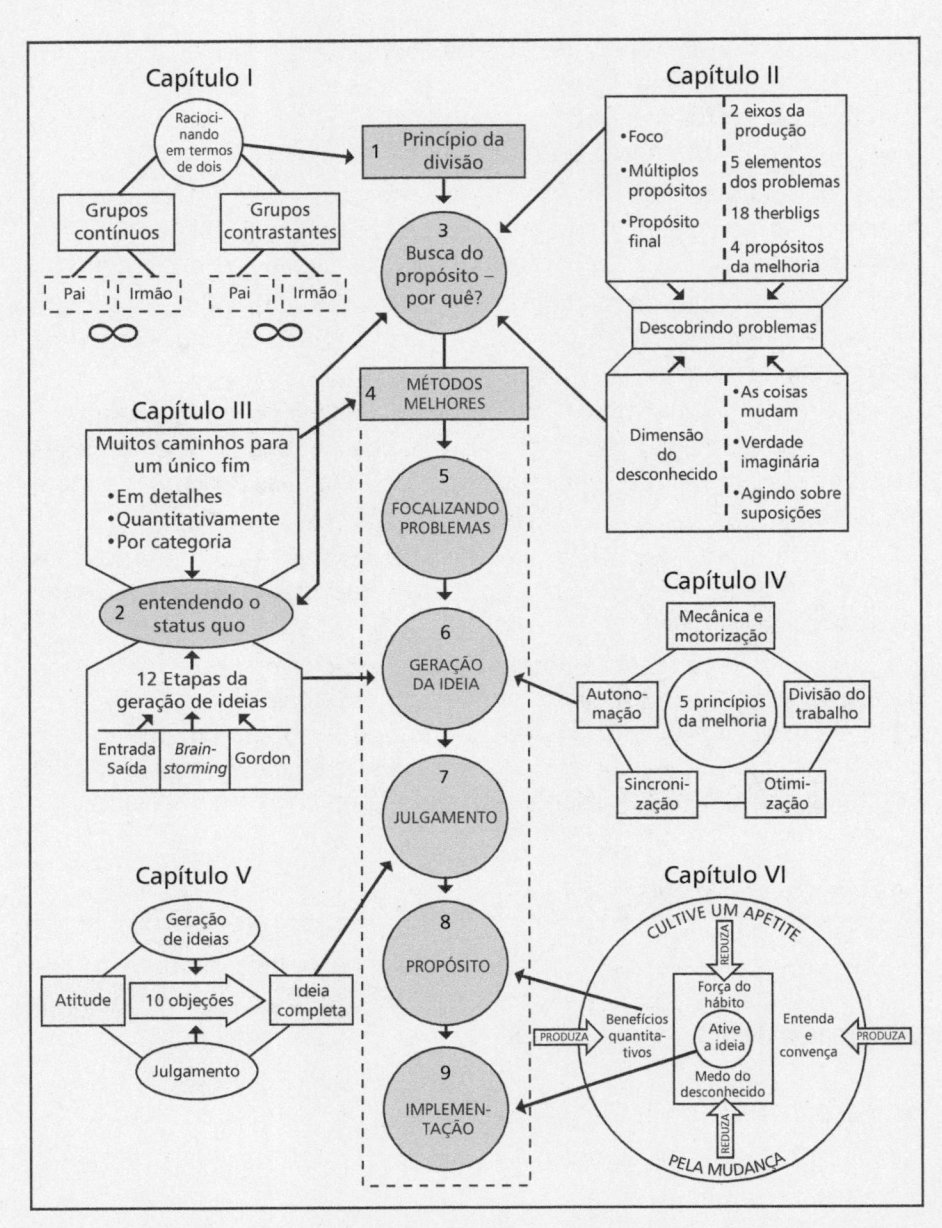

FIGURA 3.6 • Mecanismo do pensamento científico com notações dos capítulos.

- Os seres humanos podem produzir mais ideias em grupo do que individualmente.
- O poder da geração de ideias é maior num ambiente sem críticas.

Segundo um experimento, quando o mesmo tópico é apresentado, são geradas 44% mais ideias pelos grupos do que pelos indivíduos sozi-

TABELA 3.7   Mecanismo do pensamento científico

1. **Princípio da divisão e consciência do problema** É necessário ter uma compreensão sólida do princípio da divisão. Também é importante ter consciência dos problemas.

2. **Entender o status quo** Certifique-se de que entende o status quo e evite aceitar como fatos as suposições baseadas em adivinhação ou em argumentos que possam ter mudado no decorrer do tempo. Mesmo entendedores da situação atual, devemos fazê-lo em detalhes, quantitativamente e por categoria.

3. **Busca do propósito** Certifique-se de que faz as perguntas "Por quê" e "Para quê" a fundo e busque o propósito a partir das três dimensões: X, Y e Z.

4. **Descobrindo métodos melhores** Mantenha a mente aberta e busque novos métodos. O lema é "muitos meios para um único fim."

5. **Focalizando problemas** É importante ter liberdade de pensamento para levantar dúvidas em relação aos métodos atuais. Questione tudo.

6. **Geração da ideia** Use as "Etapas da Geração de Ideias" para ter ideias livremente. Nesse estágio, pense em grupo e tire todas as vantagens do seu mérito.

7. **Julgamento** Mantenha a geração da ideia separada do julgamento; julgue depois que todas as ideias estiverem sobre a mesa. Quando avaliar ideias completas, lembre-se de diferenciar o propósito dos meios. É importante aceitar as objeções como conselhos e entender as "10 Maneiras de Avaliar Objeções."

8. **Proposta** Depois do julgamento, proponha o plano de melhoria, levando em conta seus efeitos e custos.

9. **Implementação** Para traduzir o plano de melhoria em realidade, não basta a compreensão dos outros; eles têm que ser convencidos. Precisa haver esforço para vencer a força do hábito.

nhos. Isso pode ser atribuído à reação em cadeia de pensamentos criada no ambiente de grupo. A ideia de uma pessoa estimula a de outra através do processo de associação. Segundo experimentos psicológicos em adultos, nos ambientes de grupo ocorre uma faixa de 65 a 93% mais associações.

Para o *brainstorming* eficaz é importante manter um ambiente onde seja estimulado o resultado criativo. Durante as reuniões de *brainstorming* devem ser observadas as quatro regras seguintes.

TABELA 3.8   Quatro regras básicas do *brainstorming*

1. Nenhuma crítica
2. Receptividade para as ideias incomuns
3. Gerar tantas ideias quanto possível
4. Combinar e aprimorar as ideias

A primeira regra, nenhuma crítica, fala por si. De longe é a regra mais importante, já que é a base a partir da qual as demais são aplicadas.

A segunda regra, receptividade para as ideias incomuns, provém do fato de que as ideias promovem novas formas de pensamento e, na maior parte das vezes, leva a soluções melhores.

Por exemplo, uma empresa promoveu uma sessão de *brainstorming* para a melhoria de torradeiras. Um participante sugeriu a ideia de acoplar ratoeiras nas torradeiras! A ideia bizarra levou as pessoas a perceberem que o acúmulo de migalhas de pão atraía os camundongos; portanto, deveria ser instalado um mecanismo para remover as migalhas. A empresa passou a produzir torradeiras com bandejas removíveis para as migalhas de pão e, consequentemente, suas vendas cresceram bastante.

A terceira regra, gerar tantas ideias quanto possível, vem do simples fato de que se existem mais ideias, existem mais ideias incríveis.

A quarta regra, combinar e aprimorar as ideias, é um componente essencial da inteligência de grupo que deriva da associação abrangente e da síntese das ideias.

Além de seguir essas regras, devemos considerar o seguinte antes da geração coletiva de ideias:

Problema
- Defina o problema; ele precisa ser claro e não muito grande.
- O alvo deve ser desafiador. Pode-se esperar resultados dinâmicos se o tópico for "cortar as taxas de defeito pela metade" em vez de "reduzir os defeitos em 10%."
- O problema deve ser algo que não requeira caneta e papel. Os problemas que demandam a elaboração de equações ou cálculos não são apropriados.
- O problema precisa ser apresentado de uma maneira clara e simples, de modo que todos possam ter o assunto nas mãos.
- O problema não deve ser revelado de antemão. Se forem necessárias informações de embasamento, pode ser usado material de referência.

Participantes
1. De 5 a 10 pessoas é o ideal.
2. É melhor reunir pessoas com várias formações. Também é uma boa ideia combinar os extrovertidos com os introvertidos.
3. Os grupos podem ser só de homens, só de mulheres ou mistos.

Tempo
1. Preferivelmente, de 30 minutos a uma hora, mas pode ser menor, como 10 ou 15 minutos.
2. Se a sessão for planejada para durar uma hora, adote um pequeno intervalo (cerca de 5 minutos) no meio e tire uma folga para pensar. Qualquer intervalo maior do que 10 minutos não é apropriado, já que diminuirá o ímpeto estabelecido.

Processo da sessão
- O mediador explica as quatro regras básicas.
- O mediador explica claramente o problema e sugere algumas pistas.
- Tenha em mãos uma câmera ou gravador para documentar a sessão. Também é uma boa ideia ter um quadro disponível para apresentar as ideias visualmente.

- Se o fluxo de ideias parar, o mediador deve sugerir mais ideias ou dicas para reacender a sessão. Se a atitude crítica surgir e crescer, o mediador deve alertar e reiterar a primeira regra.
- Se os participantes parecerem cansados, o mediador tem que fazer um esforço para mudar o clima lançando mão de brincadeiras apropriadas ou histórias relevantes.
- A mesa para a reunião não deve ser grande demais. As mesas pequenas criam uma atmosfera melhor para o debate.
- Deve ser criada uma atmosfera relaxante. Se os participantes puderem contribuir com suas ideias de um modo agradável, como se estivessem praticando esportes, a sessão será um sucesso.

TABELA 3.9 *Brainstorming*: Utilidades para o tijolo comum

Peso	Amostra de cor	Marcar posição
Âncora	Trava de roda	Tripé de chaleira
Tripé de bule	Descanso de vaso de flores	Material de instrução
Marcador		Esculpir um cinzeiro
Pilar de portão	Alvo	Apontador de lápis
Placa decorativa	Material de escultura	Usar para argamassa colorida
Arquivo	Fragmentar em pedaços para saibro	
Pedra de afiar		Usar para demonstrar uma forma retangular
Substituto do giz	Moer até virar areia	
Aquecer e usar para esquentar o pé	Usar como arma	Material de isolamento
	Amostra de uma loja de material de construção	Travesseiro
Mostruário para uma olaria		Régua
	Usar para arremesso de peso	Martelo
Degrau		Aparador de livro
Fechar uma toca de camundongo	Escorar mesa instável	Tábua de corte
	Usar para fazer uma parede de tijolos	
Cortar em pedaços para blocos de construção	Moer até virar pó para uso em pavimentação	

O *brainstorming* não é necessariamente um método de pensamento voltado para a melhoria. Em vez disso, é um estilo de pensamento e geração de ideias que pode ser empregado na melhoria, mas que também é aplicável a propósitos mais amplos.

Tabela 3.10 *Brainstorming*: Utilidades para uma folha de jornal

Papel de embrulho	Capa de chuva	Usar como assento
Tapete	Envolver o corpo para aquecer	Embrulhar gelo
Chapéu de origami	Papel higiênico	Revestimento para o assento do banheiro
Capa de livro	Toalha de mesa	Proteger a comida das moscas
Umedecê-lo para limpar	Misturar com argila de modelagem	Fazer papel machê
Material de empacotamento	Secar os sapatos	Tecido
Combustível	Queimar para fazer cinza	Reciclar
Molde de costura	Usar para mostrar os tamanhos de papel	Usar como padrão de medida
Papel para treinar caligrafia	Cortar as palavras para fazer uma carta anônima	Amostra de tamanho de letra
Material para estudo dos tipos de letra	Material de estudo dos caracteres Kanji	Material de estudo da ortografia Kana
Use como protetor de mesa enquanto estiver fazendo colagem	Máscara para pintura	Material para estudo de propaganda
Amostra de propaganda	Material para estudo de escrita	Material para estudo de leiaute
Os batedores de carteira o utilizam para cobrir as mãos	Pegar alguma coisa suja com ele	Mata-mosca
Material para recortes	Material de pesquisa para os tipos de tinta	Limpar facas e lâminas de barbear
Embrulhar uma marmita	Tripé	Acender o fogo
Usar como um fole para alimentar o fogo	Usar como chaminé	Os professores o utilizam para descobrir os alunos que colam (fazem um pequeno furo e fingem estar lendo)
Usar como um exemplo de ângulo reto	Usar como padrão de peso	Usar como um espanador
Fazer confete	Fita de papel	Usar para absorver óleo de cozinha
Papel mata-borrão	Marcador de livro	Material para Shoji*
Abajur	Pá de lixo	Abanador

* N. de T. *Shoji screen* é uma tela oriental de madeira com painéis de papel de arroz.

Existe um ditado japonês bem conhecido afirmando que "da deliberação de três vem a sabedoria." Esse velho adágio imita o *brainstorming* em termos da eficiência do pensamento coletivo.

Às vezes eu uso o *brainstorming* para estimular a criatividade. Certa vez pedi a algumas pessoas que produzissem mais de cem ideias sobre "coisas que podem ser obtidas com 30 segundos de trabalho manual." De imediato, elas pensaram ser impossível. Expliquei as regras do *brainstorming* e pedi às pessoas que debatessem em grupos de três. No final da sessão, foram apresentadas 680 ideias.

Alguns dos participantes disseram: "Agora eu entendo o quanto o julgamento age como um obstáculo para a criatividade em nossa vida diária."

É vital manter os julgamentos fora do processo de *brainstorming*. Na realidade, é a essência do processo. Por essa razão, enfatizo a importância do pensamento coletivo e a separação da geração de ideias e do julgamento no meu Mecanismo do Pensamento Científico.

Método de Entrada-Saída

O Método de Entrada-Saída é uma técnica empregada na General Electric. Ela funciona primeiro esclarecendo o tema em pauta e depois pensando a respeito do seguinte:

- Entrada
- Saída
- Condições

Tome como exemplo as persianas:

- Entrada: Energia do sol, luz e calor
- Saída: Porção filtrada de luz e calor
- Condições:
  - Os produtos acabados devem se encaixar em todos os tamanhos de janela
  - A luz filtrada não pode ter uma potência acima de 20 velas
  - Custo abaixo de US$ 40 por janela

Uma vez definidas essas três variáveis, pense sobre a sua relação com a entrada e a saída, além de como a entrada poderia ser ajustada ou controlada para produzir a saída desejada. Por exemplo:

1. Que tipos de fenômeno a luz e o calor provocam?
   a) O calor aquece a água e a transforma em vapor
   b) O calor expande o gás e o metal; ele derrete alguns materiais sólidos
   c) Certos materiais podem ser transformados ou flexionados pela luz e pelo calor.
2. Como esses efeitos podem ser utilizados nas persianas?
   a) Evaporação produzida pelo calor
   b) Flexão do bimetal*

Os pensamentos podem ser elaborados dessa maneira para produzir novas ideias. Nesse caso, um resultado possível emprega a característica de flexão do bimetal para ligar e desligar a eletricidade e ajustar a sombra eletricamente. Esse método explica o Mecanismo do Pensamento Científico: 1) do entendimento do status quo e 2) dos estágios da busca do propósito, usando o conceito de entrada, saída e condição.

Método Gordon

O Método Gordon é similar ao *brainstorming*, exceto pelos seguintes aspectos:

1. Apenas o mediador conhece o problema, mas os participantes não
2. O assunto tem relação com o problema real, porém num espectro mais amplo; o problema real não deve ficar explícito a partir do tópico fornecido

---

* N. de T. Placa bimetal é uma placa composta por dois tipos de metais diferentes, com um tipo em cada lado da placa. Uma de suas utilizações é em disjuntores. Um desses metais é mais sensível ao calor. Esse metal mais sensível é dimensionado para que no caso de ocorrer uma corrente acima do especificado (consequentemente aumentando a temperatura) o mesmo se curve por dilatação, enquanto o outro mantém sua posição, desconectando o disjuntor do contato onde estava.

Por exemplo, se o problema real estiver relacionado às limitações de estacionamento na área metropolitana, o tópico fornecido aos participantes poderia ser "armazenamento" no lugar de "estacionamento". Também devem ser dadas condições que, nesse caso, poderiam ser:

- Quanto menor o espaço de armazenamento, melhor
- O que está dentro tem que poder sair facilmente

Os participantes podem debater diferentes estilos de armazenamento que existem na natureza, em casa e nas fábricas: "Que tal o armazenamento do tipo colmeia?", "Que tal pendurar como você faria com as roupas?"

Uma vez que o debate tenha avançado, o mediador revela a questão real. Então, a bancada revisa as ideias e pondera se elas podem ser aplicadas.

O lado negativo desse método é a dificuldade de conduzi-lo e, também, que o sucesso depende em grande parte da habilidade do mediador. Além do mais, esse método é consideravelmente mais demorado que o *brainstorming*, muitas vezes exigindo até três horas ou mais.

Entretanto, se essas desvantagens puderem ser superadas esse método pode ter um grande potencial para a criação de ideias completamente novas e únicas.

Esse método corresponde ao estágio da "Busca do Propósito" do Mecanismo do Pensamento Científico.

Outros métodos

Também existem outros métodos como o "Método Focal" ou o "Método de Catalogação". Além disso, quando o número de participantes é grande, o *brainstorming* pode ser feito em dois estágios: o primeiro estágio é o *brainstorming* em grupos de seis, e o segundo estágio, é a discussão das ideias trazidas simultaneamente por esse *brainstorming*.

Seja qual for o método, deve ser observada a regra básica de separação da geração da ideia e o julgamento.

A associação é a mãe das ideias

Às vezes quando temos novas ideias acreditamos que é uma inspiração original, quando na realidade isso não é verdade. Muitas vezes as novas ideias não passam de combinações diferentes ou modificações do que experimentamos antes ou do que aprendemos com os outros. Podemos não perceber isso simplesmente porque as memórias estão aninhadas e escondidas em nosso subconsciente.

As novas ideias são simplesmente produto da associação baseada no conhecimento preexistente. Em psicologia, dependendo dos contextos nos quais as ideias poderiam ser associadas, essas associações são divididas nos seguintes tipos:

1. Similaridade: uma associação de ideias provocada pela semelhança no tamanho, propósito ou tempo – cães e gatos, bicicletas e motos, ameixas e cerejas. Em outras palavras, a lembrança de uma experiência passada semelhante aos estímulos ou circunstâncias atuais.
2. Oposição: lembrança de uma experiência passada oposta aos estímulos ou circunstância atuais – noite e dia, leste e oeste, bem e mal, acima e abaixo.
3. Proximidade: lembrança de uma experiência passada próxima no tempo ou espaço atuais – mesa e cadeira, verão e natação, escola e professor.
4. Causa e efeito: lembrança de coisas que possuam uma relação de causa e efeito – tufões e inundações, toco de cigarro e fogo, crise econômica e desemprego.

Nossa inspiração nada mais é do que uma reencarnação de experiências passadas, invocadas por associações que acontecem na nossa mente. Nesse sentido, é extremamente importante ter um grupo com experiências amplas e variadas. Toda experiência contribui com a fonte de ideias.

As 12 etapas da geração de ideias

Até agora, expliquei vários métodos de melhoria – entender o status quo, buscar o propósito e variar o estilo de pensamento. Entretanto, esses métodos por si só não são técnicas de geração de ideias.

Nesta seção, as formas de elaboração de ideias serão explicadas em detalhes. A base da geração de ideias ainda é a associação; portanto, se soubermos como induzir as associações de um modo construtivo, podemos produzir facilmente as ideias inovadoras para a melhoria. A seguir, temos As 12 Etapas da Geração de Ideias.

1) Eliminação – O processo pode ser descontinuado?

Eliminar processos enquanto alcançamos o mesmo objetivo final – esse tipo de melhoria nem sempre é apropriada. Porém, se for possível, você pode esperar melhorias muito eficazes. Mais uma vez, é importante ter em mente o propósito final.

Gerenciamento do arame de solda

A soldagem é o principal método de construção da indústria naval, demandando uma quantidade enorme de arames de solda. Com isso, o gerenciamento desses arames é uma fonte permanente de dores de cabeça em qualquer estaleiro.

No estaleiro G, quando o Sr. Akiyama se tornou o novo chefe de seção encarregado do gerenciamento dos arames de solda, a empresa marcou uma reunião para implementar o novo sistema de gerenciamento.

O problema principal com o gerenciamento dos arames era que cerca de 35% dos que eram enviados ao pátio voltavam. Havia dois tipos de devolução:

1. Arames de solda usados apenas parcialmente
2. Arames de solda sem uso

Quanto aos arames usados, a empresa optou por conduzir uma pesquisa completa a respeito do uso eficaz dos mesmos. O segundo tipo de devolução, a dos arames sem uso, era uma questão mais complicada.

1. Eles deveriam ser devolvidos aos locais apropriados de acordo com seu tipo e tamanho.
2. Antes de serem enviados ao pátio, os arames de solda eram secados em uma máquina. Naturalmente, os arames devolvidos teriam que ser secados para poderem ser retirados novamente e enviados ao pátio, resultando numa redundância do trabalho.

Além disso, quando os arames sem uso eram devolvidos, muitas vezes não eram adequadamente documentados. Isso criou um excesso de estoque, cuja quantidade inventariada jamais poderia ser especificada.

Na reunião foi proposto que os arames de solda sem uso deveriam ser registrados em um formulário. Várias foram as opiniões sobre o conteúdo desses formulários:

"O formulário seria utilizado no pátio, logo, deveria ser o mais simples possível."

"Ele deveria listar todos os tipos e tamanhos de bastão, para facilitar sua contagem."

"Se o formato for grande demais ele pode ser tornar muito enfadonho."

No meio dessa discussão acalorada, o Sr. Akiyama, que até então apenas ouvia, disse: "Parece que vocês estão se concentrando em como lidar com as devoluções. Não podemos falar sobre como impedir as devoluções? Se todos os arames enviados forem utilizados, isso resolverá tudo."

Com esse comentário perspicaz, todos ficaram calados por um momento. A discussão se concentrava na premissa implícita de que as devoluções eram inevitáveis. Na verdade, porém, elas eram evitáveis, contanto que se fizesse o seguinte:

- Criar um plano claro e detalhado para o dia seguinte
- Estabelecer um padrão para o consumo de arames de solda para cada processo

Criar de antemão um plano claro foi difícil no passado, mas agora o gerenciamento do processo de montagem do casco estava avançado o bastante, de modo que o trabalho do dia seguinte podia ser explicado em detalhes. Os participantes da reunião concordaram e começaram a debater a questão a partir de um novo ângulo. Foi então que a discussão tomou um novo rumo.

Mesmo que os materiais devolvidos tivessem que ser bem gerenciados, não haveria um fim para o trabalho de gerenciamento em si. A eliminação das devoluções em geral era um modo muito mais eficiente de solucionar o problema.

Alma do cabo

Na fundição K, as almas do cabo foram colocadas como tópico de discussão. Na ocasião, os operários que precisavam de cabos tinham que pegar o material no depósito e moldá-lo usando uma máquina de torção operada manualmente no canto do pátio.

Essa ineficiência se tornou tão óbvia que um grupo de chefes de seção começou a sugerir ideias diferentes.

"Por que não designamos uma pessoa para a função e fazemos todos os cabos de uma só vez?"

"Por que não passamos de uma máquina manual para uma máquina elétrica?"

O Sr. Hiromoto, disse: "Perdão, não há uma maneira de obter os cabos de um fabricante?"

"Certo, é uma opção, não é?" Os chefes de seção concordaram e pediram prontamente ao gerente de compras para avaliar a viabilidade junto à uma fábrica de cabos.

O representante da fábrica de cabos disse: "Claro. Podemos fazer isso. É uma produção muito simples para nós." A empresa concordou em prestar o serviço a um custo que ficou 5 mil ienes mensais mais barato.

Esse resultado favorável só foi possível devido à simples sugestão de eliminar o processo interno de fabricação.

Ajuste na montagem da bobina

Na fábrica de rádios R, havia um processo entediante para enfiar eixos rosqueados em bobinas com ajuste de amplitude.

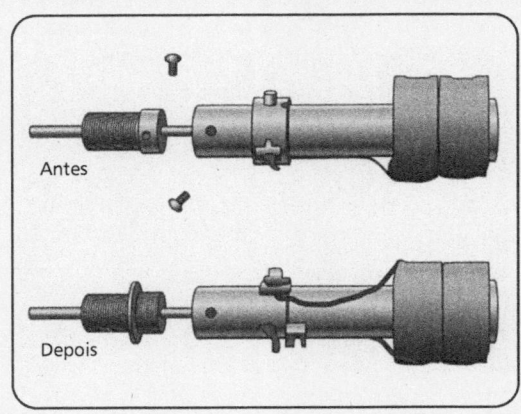

FIGURA 3.7 • Montagem da bobina com ajuste de amplitude.

Como mostrado na Figura 3.7, a tarefa envolvia a colocação de uma arruela de metal e dois parafusos nos lados de cima e de baixo do corpo da bobina para fixar o eixo dentro do mesmo. O trabalho requeria a manipulação de peças minúsculas, além de ser muito cansativo.

Preocupado com essa ineficiência e com a natureza exigente do trabalho, um encarregado decidiu reinventar a tarefa. Após muita ponderação em relação ao propósito do processo, ele percebeu que as arruelas e parafusos de metal não eram realmente necessários; o próprio eixo inserido poderia ser aparafusado diretamente no corpo da bobina.

Essa inovação não só eliminou a necessidade de manipular peças minúsculas, como também aumentou a velocidade e a simplicidade do processo.

Controle de estoque de flanges

A fábrica de tubos H tinha um déficit recorrente de flanges necessárias para a produção. O gerente da instalação, o Sr. Harada, disse: "Antigamente nós tínhamos carências frequentes de flanges e os tubos que aguardavam as peças se amontoavam numa pilha no chão.

Recentemente iniciamos um novo sistema; quando são emitidos os cartões de tarefa, os operários vão ao almoxarifado e fazem com que o gerente assegure que existam flanges adaptáveis suficientes no estoque.

Isso foi bem eficaz e a quantidade de tubos aguardando as flanges diminuiu significativamente. Porém, se houvesse atrasos na fabricação os operários paravam reavendo as flanges poucos dias após a verificação do estoque. Como tal, as flanges adaptáveis ainda iriam ficar zeradas no estoque porque seriam usadas em tubos diferentes."

Claramente, foi um verdadeiro desafio ter a quantidade de flanges em estoque sob controle. Além disso, o almoxarifado no qual os operários iam e voltavam em busca de peças ficava num andar diferente, acrescentando movimentações desnecessárias.

Com base nas opiniões das pessoas envolvidas, a fábrica decidiu formular um plano de aprimoramento. Primeiro, os seguintes pontos foram esclarecidos:

1. Mesmo quando as flanges acabam no estoque da fábrica de tubos, a fábrica principal da empresa normalmente as tem em estoque.
2. Quando um pedido é feito à fábrica principal, demoram dois dias para as peças serem entregues.
3. A saída diária de tubos normalmente não exibe muita oscilação.

Baseado nessas informações foram colocadas em prática as seguintes melhorias:

- Fazer com que a fábrica principal envie flanges suficientes para uma semana, com base no histórico de consumo.
- Quando a quantidade remanescente no estoque estiver na casa dos três dias, o gerente do almoxarifado entra em contato com a fábrica principal e solicita nova remessa.
- Definir um consumo padrão diário de flanges no chão de fábrica. Se forem necessárias peças extras, notificar o gerente do almoxarifado com três dias de antecedência. Então, o gerente entra em contato com a fábrica principal solicitando a remessa.
- O gerente do almoxarifado faz um gráfico do consumo diário de flanges. Se houver uma oscilação importante, ajustar em conformidade com os níveis máximo e mínimo do estoque.

Uma vez implementado esse novo sistema, não só desapareceu o problema de estoque vazio, mas também o estoque global na fábrica ficou significativamente mais enxuto. O sucesso foi alcançado graças à mudança radical de pensamento. A fábrica passou da condição em que os operários confirmavam a disponibilidade em estoque para um sistema apropriado, de modo que esse estoque esteja sempre disponível.

Um consultório médico

Fui consultar o Dr. Koizumi para tratar uma enxaqueca. Olhando para o meu cartão do plano de saúde, ele disse: "Consultor em Eficiência. Que tipo de trabalho você faz exatamente?" Essa pergunta quebrou o gelo e a nossa conversa se estabeleceu rapidamente no tópico da melhoria industrial.

O médico ficou curioso. "Interessante. Eu não sabia que existia esse tipo de trabalho. Você acha que pode fazer algo pelo meu consultório? Ficou muito difícil circular por aqui." O Dr. Koizumi havia machucado a perna num acidente de automóvel e agora sentia dores ao andar. O consultório estava arrumado como na Figura 3.8. Pensei em formas de minimizar as suas caminhadas e sugeri a nova arrumação exibida na Figura 3.9. Este novo leiaute facilitou a circulação do médico entre a maca e a sua mesa. Além disso, a distância que a enfermeira tinha que percorrer foi reduzida em cerca de dois terços.

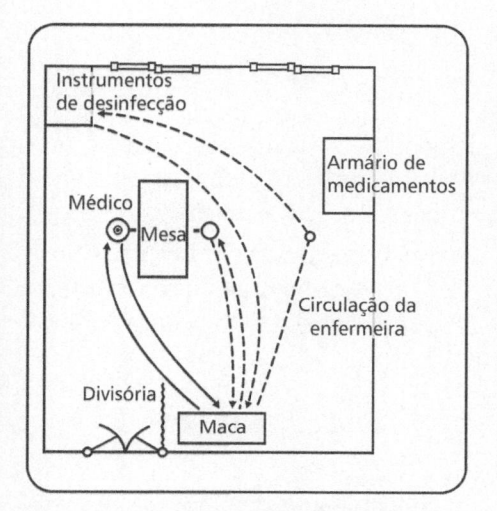

FIGURA 3.8 • Consultório médico antes.

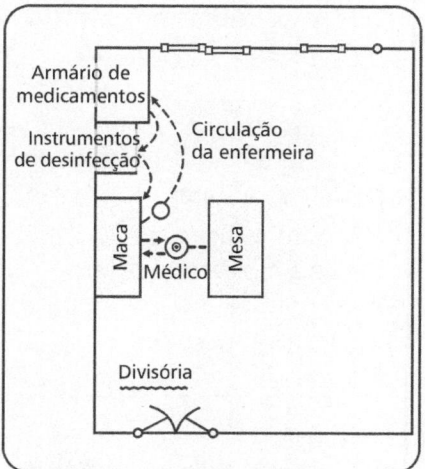

FIGURA 3.9 • Consultório médico depois.

2) Perspectiva – Um ponto de vista oposto

Examinar os métodos atuais a partir de uma perspectiva totalmente oposta é outro método eficaz de formulação de ideias. Considere, por exemplo, Amanohashidate, um dos três lugares do Japão com a paisagem mais bonita. Diz-se que a beleza verdadeira desse lugar só pode ser experimentada ao inverter literalmente a perspectiva de uma pessoa, fazendo-a vê-la de ponta cabeça (entre as pernas).

Pesando objetos fundidos

Depois da fundição, os produtos acabados sempre são pesados e comparados com o peso do material original para verificar o quanto foi perdido a partir da contração ou do desperdício com a remoção de metal. Numa fábrica de componentes para ferrovias existia um processo de pesagem de cilindros metálicos, cada um deles pesando mais de 50 kg. Dois operá-

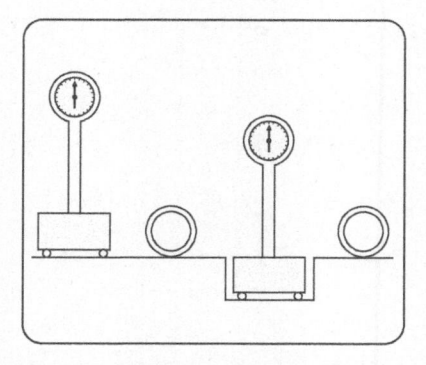

FIGURA 3.10 • Aprimoramento da balança de tubos.

rios colocavam um cano dentro de um cilindro e o puxavam para cima de uma balança. Depois de anotar o peso, eles o içavam para fora da balança.

O Sr. Eto, um gerente assistente, percebeu que havia espaço para a melhoria desse procedimento e sugeriu um novo método: rebaixar a balança de modo que a superfície de medição estivesse no nível do chão.

Ao mudar a maneira de olhar para o processo, o Sr. Eto teve uma ideia que simplificou bastante a tarefa, tornando possível que um único operário rolasse o cilindro confortavelmente para dentro e para fora da balança.

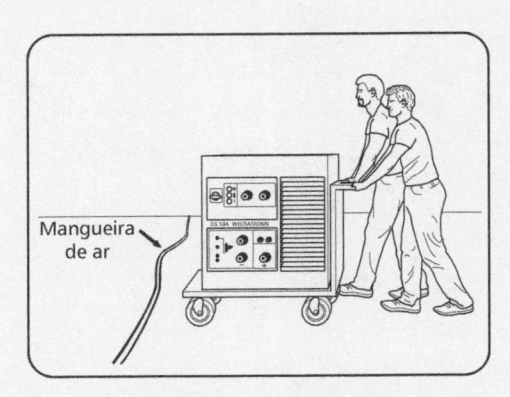

FIGURA 3.11 • Máquina de solda portátil.

Tweedle Dee & Co.

Num cais de construção do Estaleiro G, eu estava conversando com o Sr. Ono, um engenheiro veterano que trabalhava no estaleiro há mais de 40 anos.

Durante a conversa, dois operários vieram em nossa direção empurrando uma máquina de solda portátil. Havia uma mangueira de ar estirada na frente deles e, quando eles a viram, decidiram levantar a máquina sobre o obstáculo. Enquanto lutavam com seu peso, mais dois operários foram oferecer ajuda.

Nisso, o Sr. Ono se virou e andou rapidamente até eles dizendo: "Um momento..." e içou a mangueira de ar sobre a máquina com facilidade.

O problema desapareceu e deixamos os operários desnorteados lá em pé.

O sistema métrico e o preço

Quando o sistema métrico foi introduzido no Japão, a determinação do preço baseado no volume e no peso passou por mudanças abrangentes.

---

* N. de T. Em Kanji, a palavra monme equivale a 3,75 g.

Por exemplo, o que era "100 monme* = 250 iene" se tornou "200 g = 133 iene." Olhando para esse tipo de mudança quis saber por que eles fizeram o preço exato e não o peso.

Se os preços não forem exatos, a troca de dinheiro se torna desnecessariamente complicada. Ajustar o peso dos bens é muito mais simples, "225 g = 150 iene", por exemplo, e também pode ser facilmente adotado nos produtos vendidos a granel, como a carne bovina e o açúcar.

Deparamo-nos com problemas desnecessários como esses todos os dias. As soluções poderiam muito bem estar nos encarando, esperando que invertamos a nossa perspectiva para poder utilizá-las.

Montagem de rádio

Fixar transformadores de frequência intermediária é parte integrante da montagem do rádio. Na fábrica de Minatomachi das Indústrias R, o processo era feito da seguinte forma:

- Inserir as pernas do transformador na base
- Virar a base e aparafusá-lo por baixo
- Inserir o segundo transformador na base
- Virar novamente e aparafusar

Observe que nesse protocolo a base tinha que ser virada duas vezes. Insatisfeito com essa repetição de tarefas, o gerente da fábrica, Sr. Nakamura, foi bem-sucedido ao inventar um gabarito (veja a Figura 3.13) que permitia a colocação de dois transformadores no lugar de cabeça para baixo. Como resultado, a tarefa foi reduzida para duas etapas: (1) colocar os transformadores no gabarito e (2) aparafusar a base, a qual é colocada de cabeça para baixo e em cima dos transformadores.

FIGURA 3.12 • **Montagem do transformador.**

Além dos transformadores, muitas outras peças de rádio também foram instaladas pelo lado de baixo da base. Ao mudar a sua perspectiva para considerar uma montagem completamente de cabeça para baixo, o Sr. Nakamura projetou algo que melhorou não só a instalação do transformador, mas também a velocidade e a facilidade de toda a montagem.

Batalha de Antietam, setembro de 1862

Durante a guerra civil americana, o presidente Abraham Lincoln ordenou ao general George McClellan que levasse o exército de Potomac para se encontrar com o exército confederado da Virgínia do Norte, sob a liderança do general Robert E. Lee, antes que ele pudesse entrar em Washington D. C.

Lincoln tinha 87 mil soldados, todavia McClellan estava relutante em encarar 55 mil confederados fortes. O argumento de McClellan era de que "dois soldados se defendendo eram piores do que três atacando."

Lincoln passou a ponderar como poderia romper esse impasse, quando lhe veio à mente uma anedota de sua infância.

Um dia, quando era criança, ele estava com problemas para colocar as suas meias três quartos. Embora puxasse com força, seus pés não entravam facilmente e as meias ficavam presas nos dedos dos pés.

Ao vê-lo lutar, sua mãe veio ajudá-lo. Ela enrolou as meias ao avesso, colocou seu pé em uma delas e depois desenrolou para cima.

"Tudo o que eu preciso fazer é inverter as meias," pensou Lincoln. Ele voltou até seu subordinado e disse: "General, você disse que dois na defesa são piores do que três no ataque. Isso significa que você pode se defender do inimigo com dois terços de suas tropas. Portanto, lhe darei 29 mil soldados a serem utilizados aqui em medidas defensivas. Os outros 58 mil levarei comigo e farei a ofensiva para romper a barreira inimiga."

O tímido general McClellan ficou lívido com essa ideia e relutantemente saiu para encontrar com o general Lee. Desse modo, Lincoln usou o método do pensamento invertido para solucionar o problema e sair do impasse com McClellan.[2]

---

[2] A União saiu vitoriosa da batalha, mas não sem perdas graves devido à natureza cautelosa de McClellan. Lincoln o dispensou e, na verdade, assumiu o controle do exército por três meses, até encontrar um sucessor adequado.

3) Divergência – Administrando por exceção

A administração por exceções pode se mostrar eficaz em várias situações.

Comparecimento e ausência

Nas Indústrias Y, pediram-me para melhorar o fluxo dos processos burocráticos da folha de pagamento. O primeiro passo envolveu a observação dos deveres matutinos dos membros da equipe, os quais eram feitos na seguinte ordem:

- Organizar os cartões ponto dos operários por ordem de matrícula.
- Carimbar "Compareceu" em cada cartão.
- Pegar os cartões dos que estavam previamente ausentes e carimbá-los de acordo com o tipo de falta: ausência, licença remunerada ou feriado.

O último procedimento parecia um pouco inadequado, então questionei sua necessidade. A resposta que recebi foi "Todo mundo leva seus cartões ponto para casa, então os cartões dos ausentes não estão aqui no dia em que faltam ao trabalho. Não podemos registrar as informações nos cartões até que eles retornem ao trabalho."

Isso parecia muito ineficiente, então sugeri que deixasse os cartões na caixa localizada na entrada da fábrica. Porém, foram imediatamente contra.

A cidade N, onde ficava a fábrica, poderia ser chamada de cidade das Indústrias Y. A empresa era a espinha dorsal de toda a economia local, tanto que seus empregados usufruíam de vários benefícios, como desconto de 20% nos cinemas e outros descontos numa ampla gama de negócios. Alguns comerciantes até mesmo permitiam o pagamento em prestações. Todas essas facilidades estavam disponíveis simplesmente em virtude de ser um empregado das indústrias Y. Entretanto, para ter direito ao crédito os trabalhadores precisavam apresentar comprovante de pagamento, isto é, seus cartões ponto.

Obviamente, isso tornou os cartões ponto muito úteis fora da fábrica. Logo, pensei como os cartões poderiam ser mantidos no trabalho enquanto esses benefícios eram preservados. Após alguma ponderação, percebi que os cartões ponto estavam sendo utilizados basicamente como carteira de trabalho. Os cartões não tinham outras funções, além desta fora da fábrica.

Com base nessa descoberta, mudei o sistema de modo que os cartões do mês anterior poderiam ser conservados para uso como identidade e os cartões do mês atual poderiam ser mantidos no trabalho. Essa mudança trouxe os seguintes benefícios:

- Os cartões dos ausentes poderiam ser atualizados no dia, em vez de esperar até que retornassem.
- As tarefas adicionais que resultavam do esquecimento dos cartões foram eliminadas.

Duas novas caixas de Entrada e Saída foram colocadas na entrada. Quando os operários chegavam de manhã, tudo o que tinham que fazer era inserir os seus cartões nas fendas correspondentes às suas matrículas. Só esse ato liberou a equipe da folha de pagamento de organizar os cartões por ordem de matrícula.

Já tínhamos conseguido uma melhoria significativa. Porém, a questão de carimbar "compareceu," "ausente," ou "feriado" nos cartões ainda era problemática. Afinal, havia 6 mil operários, então só isso já ocupava seis operários por cerca de uma hora diária.

Enquanto eu pensava sobre o propósito dos carimbos, me veio este simples fato: "ausente" é igual a "não compareceu." De modo semelhante, "compareceu" é igual a "não ausente."

Fiz a seguinte proposta ao chefe da seção, o Sr. Ohno: "Que tal carimbar 'ausente' e parar de carimbar 'compareceu'? Então, o comparecimento estaria implícito pela falta de um carimbo. Agora, a taxa de comparecimento é de 97% aproximadamente, significando que os membros da equipe precisariam carimbar apenas 3% dos cartões, ou cerca de 180. Isso acelerou significativamente o trabalho."

"É uma ideia interessante. Vamos fazer uma tentativa." O Sr. Ohno logo adotou a ideia.

A princípio, houve uma ligeira resistência à mudança. Algumas pessoas reclamaram que os cartões sem carimbo pareciam sem autoridade. Contudo, uma vez estabelecido o novo sistema, o resultado foi melhor do que o esperado. Ele reduziu os processos burocráticos em 40%.

Administrar por exceção – nesse caso, administrar o comparecimento pela ausência – se provou muito eficaz. Além do mais, acredito que esse método se aplica a muitas outras situações.

Relógio de ponto

Este é um diálogo que tive durante a minha palestra na Empresa B.

"Reparei que era utilizado um relógio de ponto em sua empresa. Os que chegam às 7h40, 7h50 ou exatamente às 8 horas batem o ponto no relógio. Alguém pode me dizer por quê?"

"É para monitorar o comparecimento," alguém disse.

"Sei. Vocês têm incentivos para chegar mais cedo, talvez 5 centavos por minuto? Por exemplo, se você bate o ponto às 7h40, você ganha 1 dólar ou se for às 7h50, você ganha 50 centavos?"

"Não. Isso não funciona assim."

"Isso é muito ruim. Nas indústrias D, os que chegam às 8 horas simplesmente passam o seu cartão da 'Saída' para a 'Entrada' e não precisam bater o ponto. Uma vez fechado o portão, apenas os que estão atrasados devem passar pela segurança e bater o ponto no relógio."

"Em outras palavras, se as pessoas chegam antes das 8 horas, o seu tempo exato de chegada é irrelevante. O horário se torna importante apenas se estiverem atrasados. Após terem introduzido o novo sistema, desapareceram as longas filas no relógio de ponto, as quais se formavam logo antes do começo de um dia de trabalho."

"Com o sucesso de não ter que bater o ponto e sem a necessidade de incentivos, por que continuar a fazê-lo aqui?"

Três tipos de caixa

Quando se carrega peças pequenas, é muito mais fácil colocá-las numa caixa do que carregá-las na mão. Essas "caixas de transporte" são muito convenientes para lidar com vários tipos de itens minúsculos e delicados no local de trabalho.

Um tipo e caixa de transporte muito útil é um que contém uma quantidade fixa de itens, chamada apropriadamente de "caixa de quantidade fixa". Por exemplo, podem existir caixas que contenham 200 rebites, ou caixas que abriguem quantidades específicas à tarefa, como 200 contrapinos e 200 arruelas.

Se forem utilizadas as caixas de quantidade fixa, a contagem no meio do processo se torna bem mais fácil. Por exemplo, se houver um defeito de material ou de processamento num lote de 200, o número de não defeitos pode ser rapidamente especificado ao contar apenas os defeitos.

Como um passo adiante das caixas de quantidade fixa, temos outro tipo chamado de "caixa de atividade." Elas são caixas de transporte projetadas especificamente para o uso numa estação de trabalho.

Usando bem essas características das caixas, a eficiência do trabalho pode ser aprimorada significativamente.

Estoque indexado

Existem muitos materiais de escritório projetados para racionalizar o trabalho de escritório. Dentre os que existem há algum tempo, estão os organizadores indexados, como mostra a Figura 3.13.

Esses tipos de organizadores são ótimos para estoques. Todos os nomes de peças estão visíveis e, em se tratando do seu uso, é muito mais prático do que o estoque convencional em livro. No estoque convencional, os usuários têm que percorrer página por página para achar a seção em que constam as peças procuradas.

As pessoas encarregadas do estoque e que estão muito familiarizadas com os livros podem não ter problemas para encontrar as informações desejadas. Entretanto, caso estejam ausentes e uma nova pessoa precise acrescentar informações, provavelmente ela terá muita dificuldade de encontrar qualquer coisa: "Que livro é? Em que seção esta parte está relacionada?" A mais simples das tarefas pode tomar muito tempo.

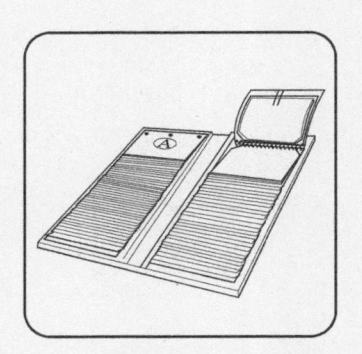

FIGURA 3.13 • **Estoque indexado.**

É desnecessário dizer que o fato de exibir os nomes das peças é definitivamente uma vantagem. Porém, existe outra vantagem muitas vezes ignorada nesses organizadores e que é verdadeiramente mais importante: a facilidade com que podem exibir informações mais essenciais para o controle de estoque, tais como a situação do estoque (incluindo os itens pedidos, os que estão acabando e os que estão em falta) e as datas de entrega das peças.

É essencial para o controle de estoque prestar muita atenção ao seguinte:

- O que precisa ser pedido
- Que itens estão acabando (se estiverem, deve ser emitido um lembrete de remessa)
- Que itens já estão em falta

Também é conveniente informar quando e como esses procedimentos devem acontecer.

Apenas os itens que requeiram atenção imediata ou as ações como as aqui citadas devem se tornar facilmente aparentes. Em outras palavras, se os estoques indexados forem bem utilizados, poderão ser administrados por exceção. Essa abordagem tem muito mais valor do que apresentar todos os nomes de peças de uma vez, ainda que poucos pareçam tirar toda a vantagem de sua funcionalidade.

4) Adaptação – Duas categorias de fenômeno

Neste mundo, todos os fenômenos podem ser divididos em duas categorias: coisas que mudam e coisas que permanecem imutáveis. Um fenômeno com uma natureza variável é naturalmente mais complexo do que um fenômeno com uma natureza invariável.

As soluções podem surgir ao questionar o seguinte:

De alguma forma podemos mudar o variável para invariável?

Há um aspecto de invariabilidade nas coisas que julgamos variáveis?

Pesando leite em pó

Uma fábrica em Hokkaido tinha um processo no qual os empregados pesavam o leite em pó e o açúcar, usando recipientes de metal de vários tamanhos, e os misturavam. Enquanto eu observava o processo, notei que havia uma tabela perto da balança. Perguntei ao chefe da seção, o Sr. Watanabe, como a tabela era utilizada.

"Ah, a tabela. Bem, o peso de cada recipiente é diferente. Nós os pesávamos individualmente antes de cada medição, mas percebemos o quanto isso era ineficiente. Então, nosso encarregado, o Sr. Nishiyama, mediu o peso de cada recipiente, os numerou e fez uma tabela de peso."

"É uma grande ideia."

"Sim, o trabalho ficou muito mais simples, agora que não precisamos pesar cada recipiente a todo momento."

"Isso é bom," concordei. Porém, enquanto observava o trabalho, fiquei imaginando por que a tabela era necessária. Ela só parece ser útil porque os recipientes têm pesos diferentes.

Fiz uma sugestão ao Sr. Watanabe. "O que você acha disso? Uma vez que conhecemos o peso de cada recipiente, por que não acrescentamos peso aos recipientes mais leves de modo que esse seu peso venha a se igualar ao do recipiente mais pesado?"

"Hum, é uma ótima ideia. Vamos colocá-la em prática imediatamente."

Essa melhoria eliminou a necessidade de consultar a tabela a todo momento e tornou o processo ainda mais rápido e fácil.

Latas de biscoito

Quando fui visitar a fábrica de biscoitos T, vi pilhas e pilhas de latas, cada uma com capacidade de 5 galões (19 litros). Elas estavam enfileiradas ao longo de uma parede num canto da fábrica até uma altura de pelos menos 3 metros. Cada lata tinha um número escrito com caneta à prova d'água, tal como 358 ou 339.

Perguntei ao meu guia, Sr. Iwamoto, para que serviam aquelas latas.

"Armazenamos biscoitos em unidades de 5 kg. Essas latas são utilizadas para medir e depois armazenar. Como o peso de cada lata é diferente, pesamos cada uma delas e anotamos o valor na lateral."

Certamente era melhor do que pesar uma lata toda hora, mas mesmo assim, constantemente ter que fazer referência a um peso diferente ainda parecia muito ineficiente.

Então, fiz esta sugestão: "Por que vocês não pesam 5 kg de biscoitos usando uma única lata e depois os transferem a uma outra lata para o armazenamento?"

Logo a ideia foi adotada e posta em prática. A fábrica também trocou a balança por uma balança de dosagem, de modo que os biscoitos deslizassem para baixo facilmente. Essas melhorias aumentaram bastante a eficiência do processo como um todo.

Operação de dobra de barra plana

O processo de dobrar barras planas para a armação dos petroleiros empregava prensas verticais convencionais. Porém, mudar as matrizes de acordo com o tipo de curva era bastante incômodo.

O estaleiro C havia implementado uma melhoria engenhosa para esse processo:

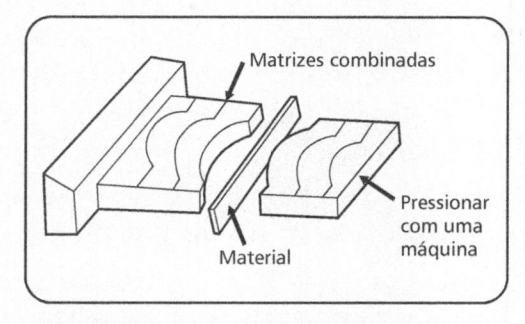

FIGURA 3.14 • **Dobramento de barra plana.**

- Usar uma prensa horizontal para facilitar a troca das matrizes.
- Como exibe a Figura 3.15, usar "matrizes combinadas", de modo que qualquer matriz possa estar pronta para o uso a qualquer momento.

Esse método facilitou extremamente a troca das matrizes e duplicou sua eficiência.

Dedução fixa

As empresas com longas histórias tendem a ter muitos itens deduzidos das declarações de salário. Isso provavelmente se deve ao fato de que elas têm muitas instalações para o bem-estar dos seus funcionários e a empresa por conveniência deduz paternalisticamente alguns itens, mesmo que isso possa não ser oficialmente exigido.

Enquanto o estaleiro B concentrava-se em racionalizar a sua burocracia, foi levantada uma questão relacionada ao complicado sistema de dedução.

Uma inspeção detalhada revelou que havia 35 descontos diferentes. Com 8 mil funcionários, só esse cálculo acrescentava uma quantidade significativa de trabalho.

Na esperança de encontrar algo que reduzisse essa ineficiência, os descontos foram divididos em duas categorias:

- Descontos mensais de uma quantia fixa por empregado
- Descontos variáveis

Como resultado, ficou claro que apenas 18 em 35 eram fixos.

Logo, eles consolidaram esses 18 itens em um e o chamaram de "deduções fixas." Duas vezes ao ano, em abril e outubro, os funcionários recebiam um detalhamento dessa dedução.

O cálculo mensal desses 18 itens foi reduzido para apenas um. Como havia 8.000 funcionários, naturalmente isso tornou mais simples a burocracia.

5) Proporção – Tendo em mente o tamanho

Os itens muito grandes, como uma placa de aço com 1.000 kg, ou os itens muito pequenos, como um minúsculo parafuso ou a ponta de uma caneta, podem dificultar o trabalho simplesmente devido ao seu tamanho extremo.

Minúsculas pontas de caneta

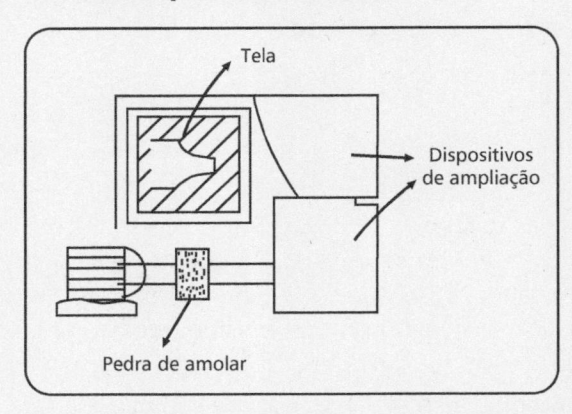

FIGURA 3.15 • Ampliador para caneta tinteiro.

Na produção de canetas tinteiro, o aspecto mais importante é a criação de pontas com qualidade. Se as pontas não forem perfeitamente simétricas, as canetas nunca escreverão bem. Em uma empresa, operários qualificados eram designados para esse processo, visando criar os melhores produtos possíveis.

Entretanto, a miudeza das pontas era um desafio até mesmo para os operários mais experientes.

Naturalmente, as pontas acabadas eram inspecionadas com o uso de uma lupa. Porém, como utilizar lentes de aumento durante o processo de produção era um transtorno, os operários tendiam a confiar em seus olhos, prática que levava a defeitos com mais frequência.

Passado algum tempo após a identificação desse problema, a empresa decidiu inventar um novo equipamento (Figura 3.15). O equipamento iluminaria uma ponta de caneta e depois, usando uma lente e um prisma, exibiria a imagem ampliada da ponta numa tela lado a lado com a imagem de uma ponta de caneta-padrão. É desnecessário dizer que essa melhoria aumentou a velocidade do processo e alavancou em muito a qualidade de seus produtos.

Caixas de papelão e ar

Diz-se que o armazenamento de latas, como as de leite em pó e biscoitos, é como armazenar ar — os recipientes são volumosos demais para o conteúdo. As caixas de papelão possuem características semelhantes. Todavia, elas são um pouco melhores, já que o material é o papel.

Na fábrica R que visitei, fiquei impressionado ao ver que as caixas prontas para o uso eram armazenadas desmontadas (Figura 3.16). Quando visitei a fábrica F, porém, seu método de manusear as caixas me impressionou ainda mais.

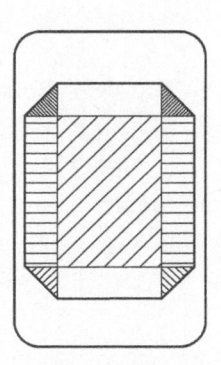

Figura 3.16 • Armazenamento de caixas desmontadas.

O método era o seguinte (Figura 3.17):

1. Fazer as caixas no mezanino do primeiro piso, diretamente acima da área em que o produto seria encaixotado.
2. Enviar as caixas acabadas através de uma rampa, diretamente para os encaixotadores.

Esse arranjo tinha várias vantagens:

a) As caixas eram guardadas desmontadas, logo elas não ocupavam espaço.

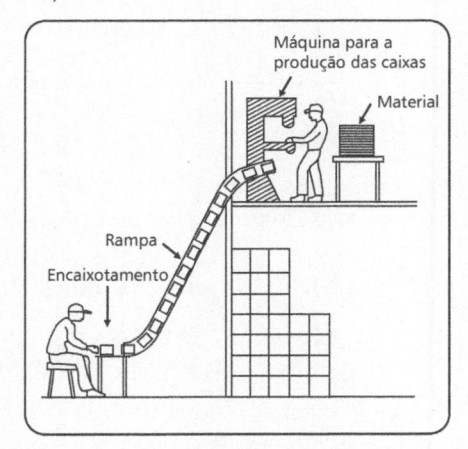

Figura 3.17 • Fabricação de caixas sob demanda.

b) Apenas cerca de 12 caixas montadas ficavam de reserva na área acima da rampa.

c) Apenas as caixas destinadas ao armazenamento conteriam produtos.

Com tantas vantagens, essa abordagem inteligente contribuiu para o uso eficiente do seu espaço de armazenamento.

Esse é um exemplo de como "reduzir itens grandes" pode ser usado como um método para a geração de ideias.

Encaixotando cobertores

Na companhia elétrica Q, as caixas utilizadas em seus cobertores elétricos eram feitas numa fábrica subcontratada. Embora esse método funcionasse de forma satisfatória, o transporte de caixas vazias era altamente ineficiente, já que 90% da carga era ar.

Para contornar essa situação, a empresa reprojetou o sistema da seguinte maneira:

TABELA 3.11 Encaixotando cobertores

No final da linha de produção do cobertor elétrico, instalou uma máquina produtora de caixas cedida pelo subempreiteiro
Exigiu a presença de um operário da fábrica subcontratada, que montava as caixas no local e as enviava numa esteira
Encaixotava imediatamente os cobertores prontos após a sua saída da linha de produção

Essa melhoria beneficiou muito ambas as fábricas: o transporte do subempreiteiro se tornou mais eficiente e eliminou a necessidade de a companhia elétrica Q armazenar caixas vazias.

Uma indústria farmacêutica e a sua localização

Na produção de produtos farmacêuticos ocorre muitas vezes que os recipientes são mais pesados ou maiores do que os produtos em si.

A indústria farmacêutica K tira boa vantagem desse fato. Eles fabricam concentrados líquidos de suplementos vitamínicos em Osaka e depois os transportam em caminhões-tanque para Tóquio – onde se encontra o mercado. Em Tóquio, o concentrado é formulado num complemento em forma de bebida, engarrafado, encaixotado e vendido.

6) Distribuição – Consolidar ou dispersar

Podemos esperar resultados interessantes se olharmos cada fenômeno a partir das perspectiva de consolidar ou dispersar os estágios dos processos.

Requerimento de licença remunerada

Uma empresa usava inicialmente dois formulários para requerimento convencional de licenças remuneradas (Figura 3.18). Num exame detalhado, você observará que as únicas diferenças nesses documentos são os textos inseridos em quadros. Obviamente, isso é um desperdício de papel. Então, a empresa que utilizou este formato introduziu uma folha de requerimento consolidado, como mostra a Figura 3.19. Nesse formato, tanto as informações redundantes quanto as essenciais estão bem consolidadas.

O novo formato traz os seguintes benefícios:

- A quantidade de papel consumida diminui em 95%.

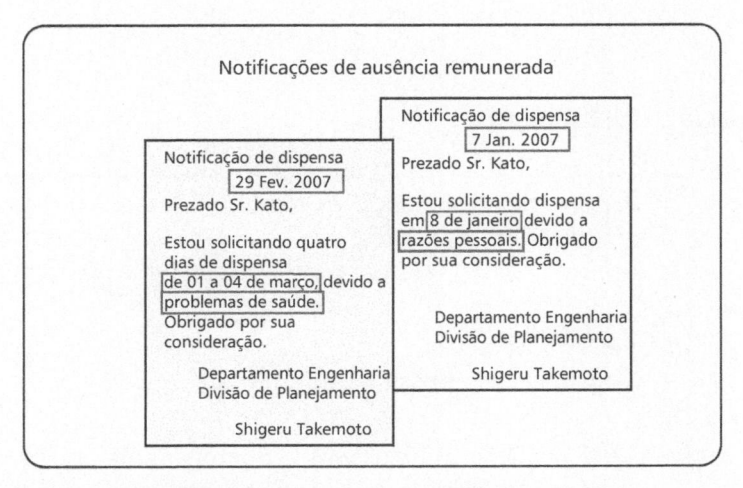

FIGURA 3.18 • Notificações de ausência remunerada.

Notificação com múltiplas entradas

2007		Notificação de dispensa			Empregado Nº: 117				
Data de admissão		Licenças pagas		Função	Nome				
June, 23, 1958	Registrado neste ano	4	24	Secretário	Shigeru Takemoto				
		20							
Data de solicitação	Data	Ausência paga		Ausência	Motivo	Funcionário	Encarregado	Chefe de setor	Chefe de seção
		Período	Saldo						
1/7	1 - 8	1	23		Pessoais	Takemoto	○	○	○
2/28	3 - 1 / 3 - 4	4	19		Doença	Takemoto	○	○	○

FIGURA 3.19 • Notificação com múltiplas entradas.

- Fica evidente quais os empregados estão em licença remunerada, evitando quaisquer equívocos.
- Os que utilizam os formulários podem monitorar facilmente cada histórico de licenças do empregado.

Esse mesmo formato também pode ser aplicado às notificações de ausência. A administração pode entender o tipo de ausência de cada empregado e dar o suporte mais adequado a cada indivíduo.

Removendo deformidades do laminado

Os laminados para motores elétricos eram produzidos usando uma prensa que recortava as peças destacando-as das lâminas de aço silício. Muitas vezes resultavam rebarbas e deformações como um indesejável efeito colateral do processo de corte. Naturalmente, essas falhas teriam que ser eliminadas.

Durante a minha visita ao chão de fábrica da empresa de eletrônicos K, inspecionei uma operação onde os operários faziam exatamente isso; usavam uma calandra para aplainar as peças laminadas.

Observei que, conforme os operários empilhavam as peças, eles viravam algumas seletivamente. Aparentemente, havia um lado de cima e um lado de baixo para cada peça e, quando cada uma saía da máquina, sua orientação acabava sendo completamente aleatória. Se as peças viessem viradas para cima, eram empilhadas como estavam. Porém, se viessem viradas para baixo, tinham que ser desviradas antes do empilhamento.

Depois de algum tempo sugeri que tentassem o seguinte método:

- Se as peças vierem viradas para cima, empilhá-las como estão.
- Se vierem viradas para baixo, empilhe-as assim mesmo, mas numa pilha diferente das que estavam viradas para cima.
- Depois que a máquina parar, desvire as pilhas com as placas viradas de uma só vez.

Logo que os operários mudaram para essa abordagem, sua tarefa, até então realizada com pressa, se tornou muito mais fácil.

7) Funcionalidade – Estimulando a eficiência

Muitos trabalhos envolvem tarefas com movimento repetitivo, tal como pegar um parafuso e apertá-lo; ou enganchar, conectar e cortar fios. Se for possível conceber uma ferramenta abrangente para essas tarefas contínuas, assegura-se um impulso na eficiência do trabalho.

Alicate, chave de parafuso e tesoura

Na produção de calçados havia um processo para prender capas elásticas adesivas nas superfícies expostas das palmilhas. Em uma fábrica de sapatos, o trabalho era feito na seguinte ordem:

- Começando em uma extremidade da palmilha, prender a capa enquanto a estica com o alicate.
- Bater com um martelo na porção colada para garantir a adesão segura.

Devido à elasticidade das capas, a adesão correta só poderia ser obtida minimizando a defasagem de tempo entre prender e martelar. Assim, a cada polegada de avanço os operários alter-

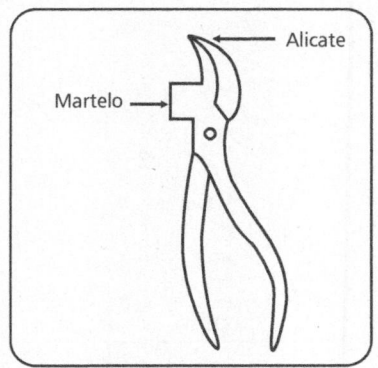

FIGURA 3.20 • Ferramenta alicate-martelo.

navam as ferramentas constantemente para puxar e martelar corretamente a capa no lugar.

Um membro da empresa, o Sr. Ikegami, vislumbrou uma solução para essa repetição problemática ao combinar a funcionalidade do alicate e do martelo numa ferramenta simples, porém eficaz (Figura 3.20). Essa invenção, além de liberar os operários dos movimentos exaustivos usados quando mudavam de ferramenta, duplicou a produtividade.

Um aspecto trabalhoso na montagem de peças pequenas, tais como os componentes para máquinas de costura ou relógios, é o acoplamento de parafusos minúsculos. É muito difícil tentar fazê-lo com as mãos; todavia, leva-se muito tempo para usar ferramentas como as pinças.

Numa empresa, foi adotado o método a seguir, o qual resultou num aumento notável da eficiência:

- Colocar os parafusos numa bandeja organizada com ranhuras estreitas que permitam que os mesmos fiquem suspensos pela cabeça do parafuso (Figura 3.21).

- Inclinar suavemente a bandeja para remover quaisquer parafusos em excesso. Agarrar o parafuso com o condutor extensível de mola de uma chave especial (Figura 3.22) e colocá-lo em seu ponto de acoplamento na peça.

- Uma vez que o parafuso tenha começado a girar, liberar o condutor e apertar conforme a necessidade.

A chave combina perfeitamente as funcionalidades de ambas as ações necessárias para esse tipo de montagem.

Na montagem de rádio e TV, os operários constantemente empur-

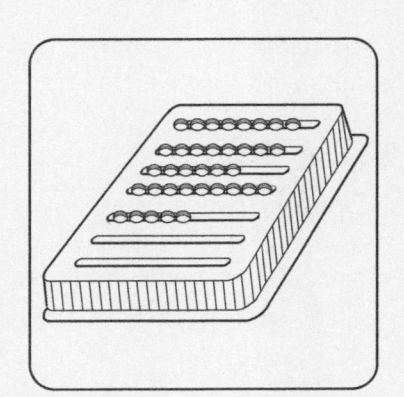

FIGURA 3.21 • Bandeja organizada de parafusos.

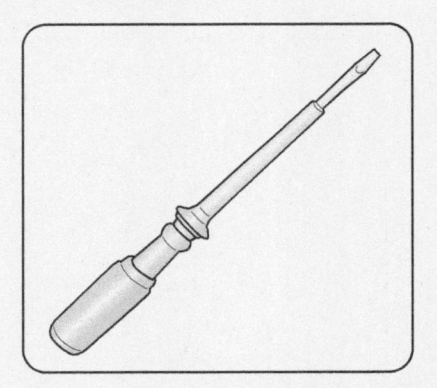

FIGURA 3.22 • Chave com condutor extensível.

ram para o lado os cabos, acoplando novos cabos e cortando o excesso com alicates. Convencionalmente, esse trabalho era feito com o uso de duas ferramentas: um gancho e um alicate. Na fábrica R de produtos eletrônicos, porém, eles projetaram um par de alicates combinados que levaram a um aumento de produtividade impressionante (Figura 3.23).

Recipiente dividido em seções

As ideias de melhoria também podem surgir do conceito inverso de separação. Gerenciar pequenos itens em grandes quantidades é sempre um desafio. Uma maneira inteligente de fazer isso é usar o conceito de separação. Isso é ilustrado no exemplo a seguir por um recipiente seccionado em dois compartimentos chamados de A e B (Figura 3.24).

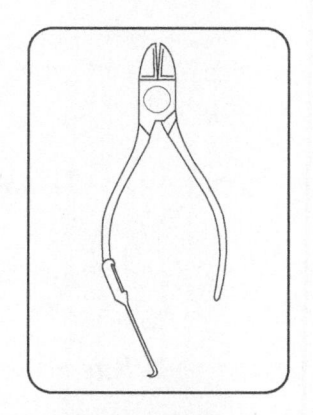

FIGURA 3.23 • Ferramenta com tesoura e gancho.

- Colocar um saco de peças em cada compartimento.
- Pegar as peças do compartimento A, conforme a necessidade, e anotar a sua remoção na etiqueta de estoque.
- Fazer a referência cruzada do estoque quando a quantidade restante em A ficar baixa.
- Quando A acabar, usar o lado B.

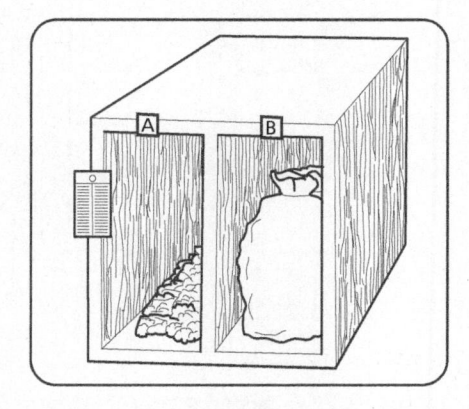

FIGURA 3.24 • Sistema de separação.

Esse sistema de separação simples é uma ferramenta poderosa para o gerenciamento de peças. Facilita o controle de estoque, à medida que as peças antigas não correm o risco de permanecer depositadas embaixo (o que acontece muito quando não se usa a separação).

O emprego da separação também funciona bem para armazenar coisas como placas de aço. Ao empilhá-las verticalmente em duas seções diferentes e ao usar cada seção alternadamente, pode ser evitada a ferrugem nas placas de baixo, muito comum no empilhamento com as placas na horizontal.

8) Economia – Tirando o máximo do movimento

Ao analisar a economia de movimentos e processos, podem surgir soluções eficazes a partir da adição ou da eliminação de um determinado elemento a um processo.

Recarregando baterias

O processo de recarga das baterias numa instalação ferroviária envolvia a transferência das baterias para frente e para trás entre um carrinho e uma bancada de carga (Figura 3.25). Antes, o método de transferência era o seguinte:

- Levantar a bateria do carrinho e colocá-la no chão.
- Transferir a bateria da bancada para o carrinho.
- Levantar a bateria do chão e colocá-la na vaga disponível na bancada.

Repare o movimento de colocar e retirar do chão desse método. Como cada bateria pesava aproximadamente 9 kg, isso era particularmente trabalhoso, sem mencionar o risco imposto pelo potencial de vazamento dos perigosos produtos químicos internos. Entretanto, essas preocupações foram finalmente superadas pelo acréscimo de espaço extra à bancada de carga. A seguir o novo método de transferência:

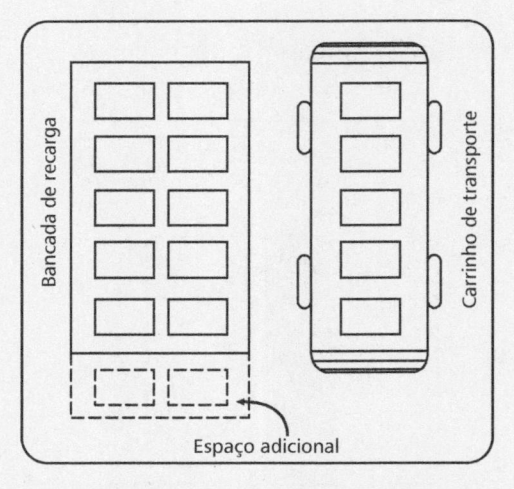

FIGURA 3.25 • **Sistema de transferência de baterias.**

- Mover uma bateria do carrinho para o espaço extra na bancada de carga.

- Mover uma bateria da bancada para o espaço vazio no carrinho.
- Substituir a bateria retirada pela que foi deixada no espaço extra.

Esse pequeno acréscimo eliminou a necessidade de colocar as baterias no chão e diminuiu bastante os riscos de vazamento e lesões nas costas.

Novas chaves de fenda

Ao tentar apertar um parafuso, às vezes a resistência pode provocar o escorregamento da chave se a fenda na cabeça for rasa demais. Irritado com esse problema, Henry F. Phillips modificou uma chave criando uma fenda perpendicular adicional que, juntamente com a ponteira correspondente, proporcionou um aperto muito melhor em relação às ponteiras e chaves com cabeça plana. Isso, é claro, originou a chave Phillips.

Listas numeradas ou com marcadores

A fluência da oração é crítica em qualquer área da composição literária, seja ela ficção ou não ficção. As boas orações de transição quase sempre são essenciais, especialmente quando orações adjacentes transmitem ideias muito diferentes.

Porém, acredito que é mais importante empregar tempo e energia em apresentar claramente as ideias do que fazer aparecer por mágica belas transições. Um modo útil de conseguir isso é através das listas numeradas ou com marcadores.

Relacionar as ideias dessa maneira traz muitas vantagens e funciona muito bem para documentos redigidos no trabalho, visto que:

- O ponto principal é inconfundível.
- A quantidade de pontos é óbvia.
- Os pontos-chave podem ser facilmente diferenciados.
- A estrutura global é simples.

Devo acrescentar, porém, que a desvantagem nas listas está no fato de elas contribuírem para uma leitura um tanto estéril. Portanto, você pode querer evitar a aplicação dessa técnica em suas cartas de amor.

- A primavera chegou.
- Seu calor penetrou meu coração.
- Você é o meu sol, Sr. A.

A conversão das ideias em itens é uma incrível ferramenta de escrita, contanto que saibamos quando utilizá-la.

9) Direção – Encontrando o fluxo

Os circuitos elétricos possuem conexões em paralelo e em série, cada uma com o seu uso apropriado. Rever as modalidades de funcionamento a partir de um ponto de vista similar também pode se provar útil na geração de ideias.

Gabarito de broca rotativa

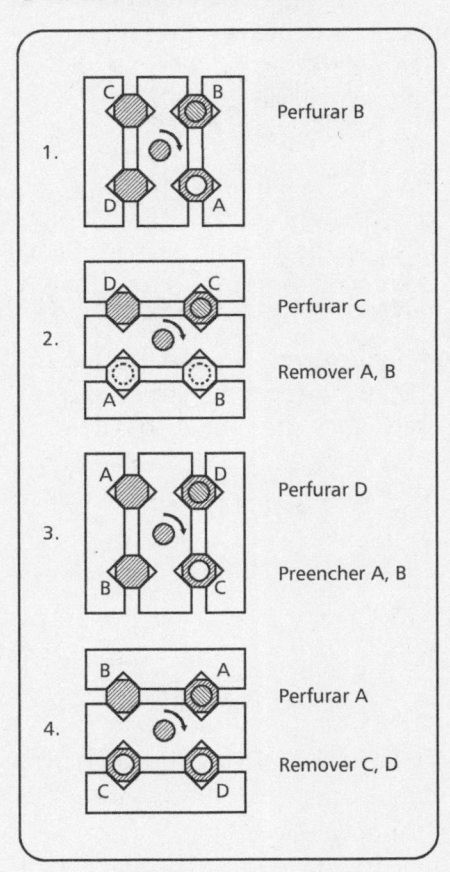

1. Perfurar B
2. Perfurar C / Remover A, B
3. Perfurar D / Preencher A, B
4. Perfurar A / Remover C, D

FIGURA 3.26 • Gabarito de broca giratória.

O método convencional para fazer buchas é o seguinte:

- Fixar um corpo cilíndrico de metal em um torno
- Fazer um furo com uma broca
- Destacar a bucha pronta

Usar um gabarito de broca rotativa pode tornar muito mais fácil essa perfuração. Com o gabarito, o processo de perfuração seria o seguinte:

1. Preencher o gabarito com corpos cilíndricos e perfurar A enquanto ele ocupa o canto superior direito. Então, girar o gabarito 90° e perfurar B.

2. Quando B estiver concluído, girar o gabarito 90° e, enquanto C estiver sendo perfurado, remover as buchas concluídas em A e B.

3. Quando C estiver concluído, girar o gabarito e preencher A e B com novos corpos cilíndricos enquanto D estiver sendo perfurado.

4. Quando D estiver concluído, girar o gabarito 90°, fazer um furo em A e remover as buchas concluídas em C e D.
5. Repetir de 1 a 4.

Esse método permite que vários processos ocorram em paralelo – furar, posicionar e remover. Ele pode aumentar muito a taxa operacional das máquinas de furar e dobrar facilmente a produtividade. Esse método do gabarito giratório se mostra particularmente eficaz quando usado nas máquinas que requerem longos tempos de preparação, tais como tornos, fresadoras e plainas.

Uma mesa de montagem giratória, como mostra a Figura 3.27, é outra ferramenta que permite o processamento paralelo eficiente. Existem oito etapas de montagem necessárias para completar cada bobina. Os operários realizam individualmente essas tarefas em série, completando uma bobina por vez. Entretanto, esse dispositivo permite que os operários se concentrem numa tarefa de montagem de cada vez. Similar à divisão do trabalho, é um método de montagem bem mais produtivo.

FIGURA 3.27 • Mesa de montagem giratória.

Vertendo sabão

Na fabricação de sabão, o processo de solidificação envolvia verter o sabão em grandes moldes ou bandejas. Uma fábrica vertia sabão em moldes com 2 m^2 que ficavam espalhados no chão. Uma vez solidificado o sabão dentro do molde até certo grau, ele poderia ser transferido com segurança para prateleiras durante o processo de cura restante. Esse método convencional tinha alguns inconvenientes:

- Exigia muito espaço no chão.
- Exigia o transporte de cargas pesadas.

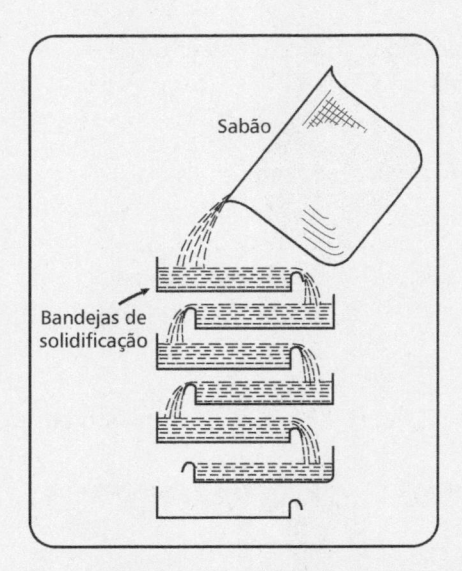

FIGURA 3.28 • Bandejas de sabão.

Para solucionar isso, foi concebido o seguinte método (Figura 3.28):

- Organizar os moldes nas prateleiras.
- Içar o sabão derretido com uma máquina e vertê-lo no molde mais acima.
- Quando o molde estiver 90% cheio, o sabão transbordará através de um bico para o molde imediatamente abaixo.
- Essa cascata continua através de sete camadas de molde até completá-las.

Esse método não requer espaço excessivo nem o levantamento de cargas pesadas. Não é surpreendente dizer que, após a sua implantação, a eficiência do trabalho melhorou dramaticamente. Nesse caso, obteve-se uma melhoria notável por meio da modificação do estilo operacional, passando de paralelo para série.

Disposição dos tanques

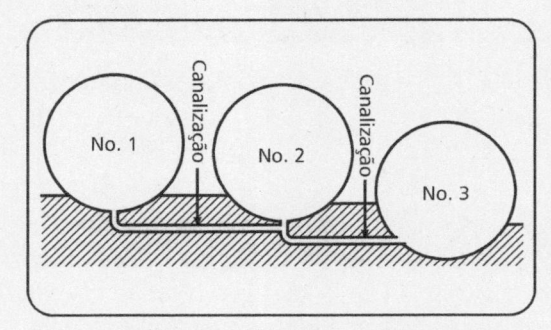

FIGURA 3.29 • Disposição dos tanques de leite.

Tal como sempre fizeram, a empresa de laticínios K dispunha os seus tanques de armazenamento de leite nivelados entre si. Entretanto, ao construir uma nova fábrica eles decidiram introduzir um arranjo em níveis e interconectá-los com uma canalização (Figura 3.29).

Esse leiaute facilitou bastante o gerenciamento do leite. Agora, quando chega o leite, os trabalhadores precisam se preocupar apenas com o tanque mais alto, o de No. 1. Inversamente, quando o leite é descarregado, é importante apenas a situação do tanque mais baixo, o No. 3.

10) Reorganização – Mudando a ordem de operação

As ideias de melhoria podem ser formuladas pela simples reorganização da nossa ordem de operação.

Telas de proteção de aquecedores a querosene

A indústria R produzia telas de proteção para aquecedores a querosene (Figura 3.30). Sua produção era feita na seguinte ordem convencional (Figura 3.31):

- Dobrar a moldura externa (a) e as hastes verticais (b).
- Usando um gabarito, criar uma grade sobrepondo as hastes horizontais e verticais (b e C) dentro da moldura (a) e soldar as conexões.
- Remover a tela do gabarito e corrigir qualquer distorção.

Contudo, reorganizando a ordem de operação nas etapas seguintes a empresa eliminou a necessidade de corrigir distorções (Figura 3.32).

- Sem dobrar, colocar as hastes e a moldura (b, c e a) no gabarito e soldar as conexões da tela.
- Dobrar a seção superior da tela montada com uma prensa.
- O processo de correção das distorções foi eliminado

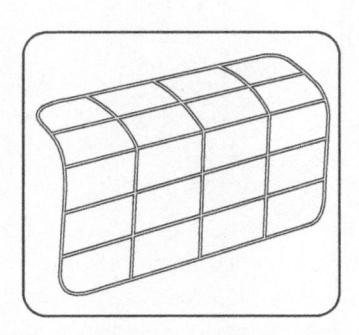

FIGURA 3.30 • Montagem da tela de aquecedor.

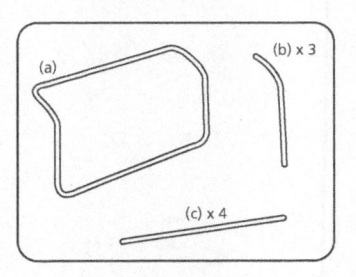

FIGURA 3.31 • Partes da tela do aquecedor.

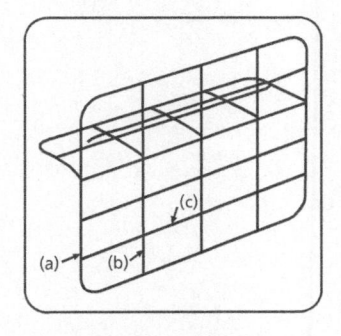

FIGURA 3.32 • Montagem convencional.

Neste novo método, as etapas de dobrar, montar e soldar são invertidas. Com essa simples mudança na sequência de operação, o tempo foi reduzido e a produção aumentada.

Mentolado fresco!

Depois de lavar o meu rosto pela manhã, adicionei algumas gotas de solução bucal concentrada no meu copo de água para gargarejar. Procurei em volta algo para mexer, mas não havia nada à mão.

Fiquei ali pensando: "Devo usar o cabo da minha escova de dente ou talvez apenas o meu dedo?" Depois de pensar um pouco, coloquei uma mão por cima da boca do copo e o sacudi. Não foi a melhor ideia que já tive. Na manhã seguinte, tive uma ideia melhor: primeiro colocar algumas gotas de solução bucal no copo e depois despejar água. O problema de misturar simplesmente desapareceu mudando a ordem.

Rolamentos de debulhadeiras

Os rolamentos de esferas das debulhadeiras de grãos eram montados com o emprego do seguinte método:

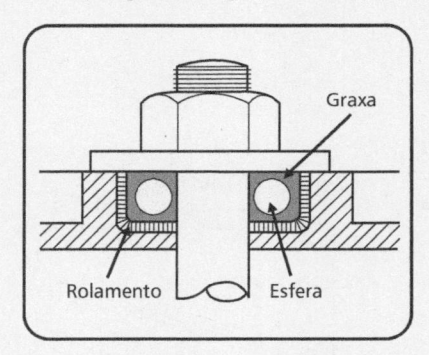

FIGURA 3.33 • **Rolamentos de debulhadeira.**

- Engraxar as esferas
- Colocar as esferas engraxadas uma a uma dentro de um rolamento até que todas as 18 estejam posicionadas, tomando o cuidado de não deixá-las cair.
- Inserir um eixo

Essa operação foi muito melhorada após a mudança para a seguinte ordem:

- Inserir um eixo através de um rolamento
- Colocar todas as 18 esferas dentro do rolamento, em volta do eixo
- Colocar graxa e fechar. A graxa se espalhará por igual com um pequeno giro do eixo.

Com isso, foi obtido o mesmo resultado, apenas de forma mais fácil e mais rápida.

Data de fabricação nas caixas

As caixas de alimentos sempre tem uma data de fabricação carimbada para mostrar quando o alimento foi produzido.

Na fábrica R, os operários inicialmente carimbavam as datas nas caixas enquanto ainda estavam desmontadas. Isto feito, eles montavam a caixa e depois a preenchiam com o produto.

A fábrica mudou a ordem de operação como a seguir:

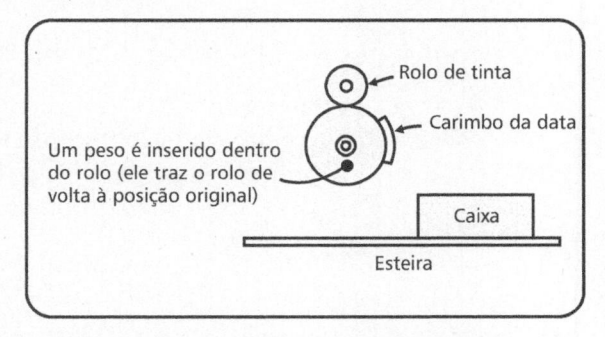

FIGURA 3.34 • Processo de impressão da data na caixa.

1. Dar forma às caixas com papelão sem carimbar as datas.
2. Empacotar os produtos.
3. Conforme as caixas se movem pela esteira, as datas são carimbadas automaticamente por uma máquina.

O trabalho foi simplificado à medida que:

1. A discrepância entre o número de caixas com datas e o número de caixas realmente utilizadas desapareceu.
2. Tornou-se desnecessário o trabalho de carimbar.

Arrombamento eficiente

Ouvi dizer que a mudança na ordem de operação pode ser útil até mesmo na melhoria das técnicas de arrombamento. Diz-se que os arrombadores iniciantes tendem a abrir as cômodas de cima para baixo. Os arrombadores eficientes, por outro lado, invertem a ordem e as abrem de baixo para cima.

A razão é que, se as cômodas forem abertas começando de cima, cada gaveta deve ser fechada antes de abrir a próxima. Se começarem de baixo, não é necessário fechar as gavetas anteriores e isso poupa tempo.

Arrombamento e eficiência – na realidade é uma conexão absurda, ainda que interessante. Deixe-me concluir que não há limites para a aplicação desses métodos de geração de ideias.

11) Comparações – Semelhanças e diferenças

Muitas vezes nos deparamos com a necessidade de diferenciar a frente com as costas, ou de separar automaticamente algo comprido de algo curto. Empregar o conceito de comparar as semelhanças e as diferenças dos objetos e processos é uma maneira muito eficaz de lidar com esses desafios.

Limalhas

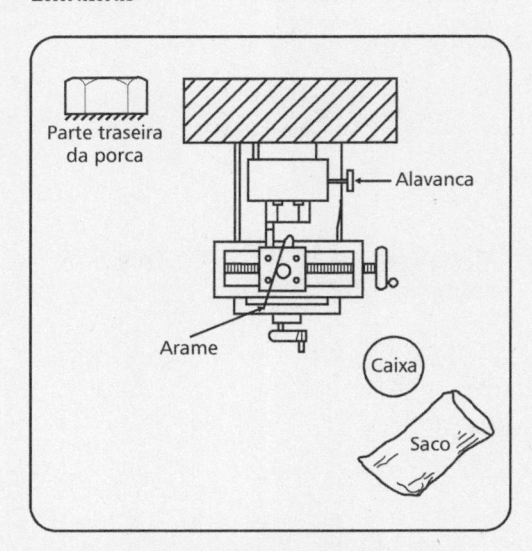

FIGURA 3.35 • **Método convencional para aparar as rebarbas.**

Uma fábrica produtora de peças de máquina necessitava aplainar a parte inferior das porcas para que elas se assentassem bem.

Os operários traziam do depósito sacos com 10 kg de porcas e aplainavam os lados inferiores usando uma máquina apropriada, como a da Figura 3.35. A seguir temos a ordem do trabalho:

1. Prender uma porca na máquina
2. Limar a parte inferior da porca
3. Liberar a porca puxando a alavanca da máquina
4. Pegar a porca com um arame e transferi-la para a caixa
5. Depois de preencher a caixa, transferir o conteúdo para um saco.

Após observar um pouco a operação, ficou claro que esse procedimento não era o mais eficiente. Em primeiro lugar, às vezes o arame não era capaz de pegar as porcas acabadas, e em segundo lugar, parecia redundante acumular as porcas numa caixa e depois transferi-las para um saco.

Então, sugeri uma alternativa (Figura 3.36): uma calha que transfere as porcas liberadas da máquina diretamente para um saco. Com pouco esforço, construí um protótipo e o testei na máquina. Para a minha felicidade, ele funcionou muito bem.

Feliz com a melhoria, voltei ao meu escritório. Entretanto, passados não mais do que dez minutos, meu telefone tocou: "Há um pequeno problema com a calha que você fez. Poderia voltar à fábrica?" disse a pessoa no outro lado da linha.

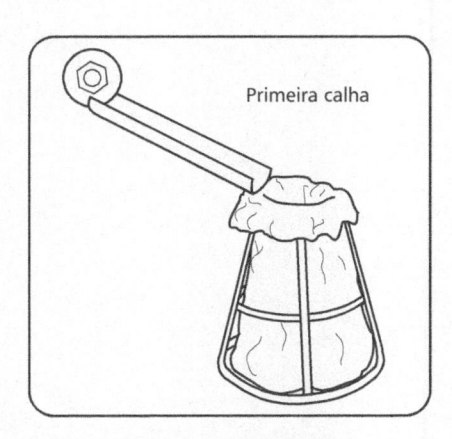

FIGURA 3.36 • **Limalhas, primeira calha.**

Voltei do jeito que eu vim, todo o tempo imaginando o que poderia ser.

De volta ao pátio da fábrica, me disseram que não apenas as porcas, mas também as limalhas, deslizaram pela calha para o saco. "Limalhas no saco; isso é um problema," eu disse e ponderei a minha próxima opinião.

O resultado desejado era transferir apenas as porcas, não as limalhas, para o saco. Com isso em mente, me perguntei: "quais são as diferenças entre as porcas e as limalhas?" A primeira coisa que me veio à mente foi o tamanho: porcas são maiores do que limalhas.

Eu acho que se eu fizer uma calha com tela, as limalhas cairão por ela (Figura 3.37). Fiz uma nova calha com tela e a coloquei no lugar da primeira calha. Como eu esperava, funcionou bem.

FIGURA 3.37 • **Calha feita com tela.**

Aliviado, voltei ao meu escritório. Cerca de 30 minutos mais tarde, porém, recebi um outro telefonema da fábrica – "Ainda temos um problema. As limalhas pequenas caem pela tela, mas as maiores não caem e acabam no saco."

"Bem, o que mais posso fazer agora?" ponderei comigo mesmo. Então, percebi que havia mais uma diferença entre porcas e limalhas: o peso. "Se o peso é diferente, o impacto que provocariam quando batessem em algo também devia ser diferente," pensei.

Para bloquear seletivamente as limalhas com impacto menor, coloquei um disco excêntrico entre a calha e o saco (Figura 3.38). O resultado foi o seguinte:

FIGURA 3.38 • Disco excêntrico.

- Quando as limalhas batiam no disco, ele não se movia e as impedia de entrar no saco.
- Quando as porcas batiam no disco, ele abria caminho com a força do impacto e as deixava cair no saco.

A calha finalmente trouxe o resultado esperado. Nesse caso, levar em conta as diferenças de tamanho e peso me levou gradualmente ao conceito correto.

Separando dobradiças de porta

As indústrias K tinham um processo para separar as dobradiças de porta com base no uso do lado direito ou esquerdo. Como as peças eram moldadas juntas e quase idênticas, ocorriam erros frequentes na separação.

Para solucionar isso, um engenheiro de produção concebeu um gabarito de separação simples, ainda que poderoso, como mostra a Figura 3.39. Com esse gabarito, os operários separavam as dobradiças esquerdas ou direitas simplesmente pela sua colocação na parte superior do mesmo. Esse método de separação era fácil e à prova de erros.

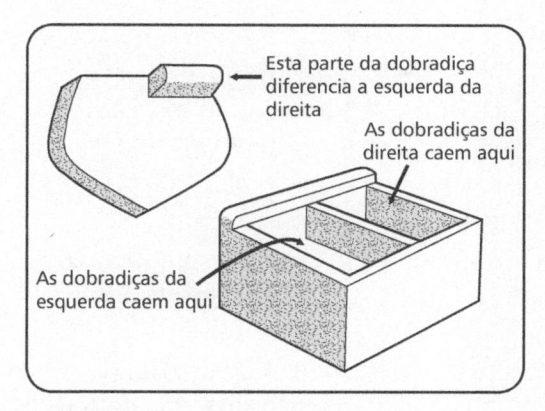

FIGURA 3.39 • Separando dobradiças de porta.

Cortando barras de aço

Numa indústria de moldes, havia uma operação para cortar longas barras de aço em vários pedaços para moldagem. Cada barra, com 5 m de comprimento e cerca de 70 mm de diâmetro, era cortada em seções longitudinais de 270 mm.

Para monitorar quantas seções da barra eram produzidas, um contador foi fixado no braço da máquina de corte, registrando seus movimentos verticais.

Porém, havia um ligeiro problema com esse método de contagem. Sempre havia um pedaço curto no final de cada barra de 5 m e, a menos que a barra seguinte fosse inserida após o final, a máquina cortava o ar, mas o medidor ainda contabilizava isso como um corte.

Neste caso, o operador tinha que corrigir manualmente o contador. Prestar muita atenção no contador, na máquina e no restante da barra era extremamente exaustivo.

A empresa reconheceu a necessidade de mudar o método de operação e me pediu ajuda. O objetivo era fazer com que o contador trabalhasse apenas quando a máquina realmente cortasse o material, não quando cortava o ar. Perguntei-me: "Que parte da máquina está associada ao corte real e mais nada?" Então, tive a ideia de ligar o contador à trava da máquina. A trava posiciona a barra seguinte em seu lugar para assegurar que cada corte seja uniforme. Ao acoplar o contador à trava, ao contrário da lâmina, as peças mais curtas nunca alcançavam o contador.

O método foi testado e se tornou um grande sucesso, uma vez que os operadores não mais precisavam ajustar manualmente o contador.

É isso?

Em minha visita a uma grande fábrica vi engrenagens espalhadas pelo pátio. Sugeri que as organizassem melhor e que mantivessem o pátio arrumado.

O chefe respondeu-me, dizendo: "Tentamos várias sugestões de melhoria antes, tais como empilhar ou encaixotar as engrenagens. O fato é que são muitos tamanhos de engrenagem e nenhuma sugestão surtiu efeito."

Nisso, repliquei: "Então, por que você não usa os buracos das engrenagens para pendurá-las em barras?" Essa ideia aproveitou o que as engrenagens tinham em comum, e não as suas diferenças, para criar uma solução que resolveu rapidamente o problema do pátio desarrumado.

12) Redefinição – Aproveitando o tempo de espera

Seja por reuniões ou por congestionamentos, esperar é um aspecto da vida inevitável e muitas vezes inconveniente. Apesar de não ser possível eliminá-lo completamente, é importante formular ideias para minimizar a espera e pensar em maneiras de redefinir esse tempo e reivindicá-lo para o bom uso. Ao fazê-lo, o que antes era uma inconveniência, pode passar a ser uma oportunidade para a produtividade.

Existem vários tipos de espera nos pátios:

1. Tempos de espera que surgem do fato de ter que esperar outro trabalhador.
2. Tempos de espera que surgem da má coordenação entre os trabalhadores.

Independentemente do tipo de espera, ela sempre estará associada a um dos seguintes tipos:

- Espera de mãos cheias.
- Espera de mãos vazias.

Colando selos de papel

Em uma fábrica de tabaco, selos de papel eram afixados na parte superior dos maços de cigarro. Como mostra a Figura 3.40 (A), os trabalhadores seguravam uma bandeja de selos adesivos com a mão esquerda, pegavam um selo de cada vez com a mão direita e colavam-no no maço de cigarros.

A eficiência da operação dobrou facilmente quando a bandeja de selos foi deslocada para frente dos cigarros, como mostra a Figura 3.40 (B), permitindo que as duas mãos fossem utilizadas simultaneamente para selar os maços.

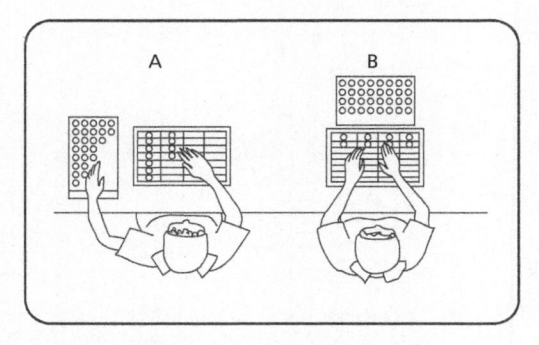

FIGURA 3.40 • **Bandeja de selos.**

Usando os nossos pés

Muitas vezes a eficiência aumenta bastante ao incorporarmos os nossos pés à operação. Em particular, usar um pé quando há muito trabalho manual durante a montagem pode aumentar significativamente a facilidade das operações (Figura 3.41).

Estampando painéis

Em minha visita à S equipamentos agrícola, observei uma operação para estampar painéis laterais com uma prensa. A sequência da operação era a seguinte:

- Selecionar uma chapa da pilha de peças de trabalho à esquerda e colocá-la na prensa.
- Estampar o painel.
- Colocar o painel na área de armazenamento do produto à direita.

A separação de duas pilhas de materiais gerou um tempo de espera desnecessário na produção ao deixar o operário de mãos vazias até que pudesse virar e repetir a operação. Para minimizar a espera, os materiais

Torno comandado com os pés

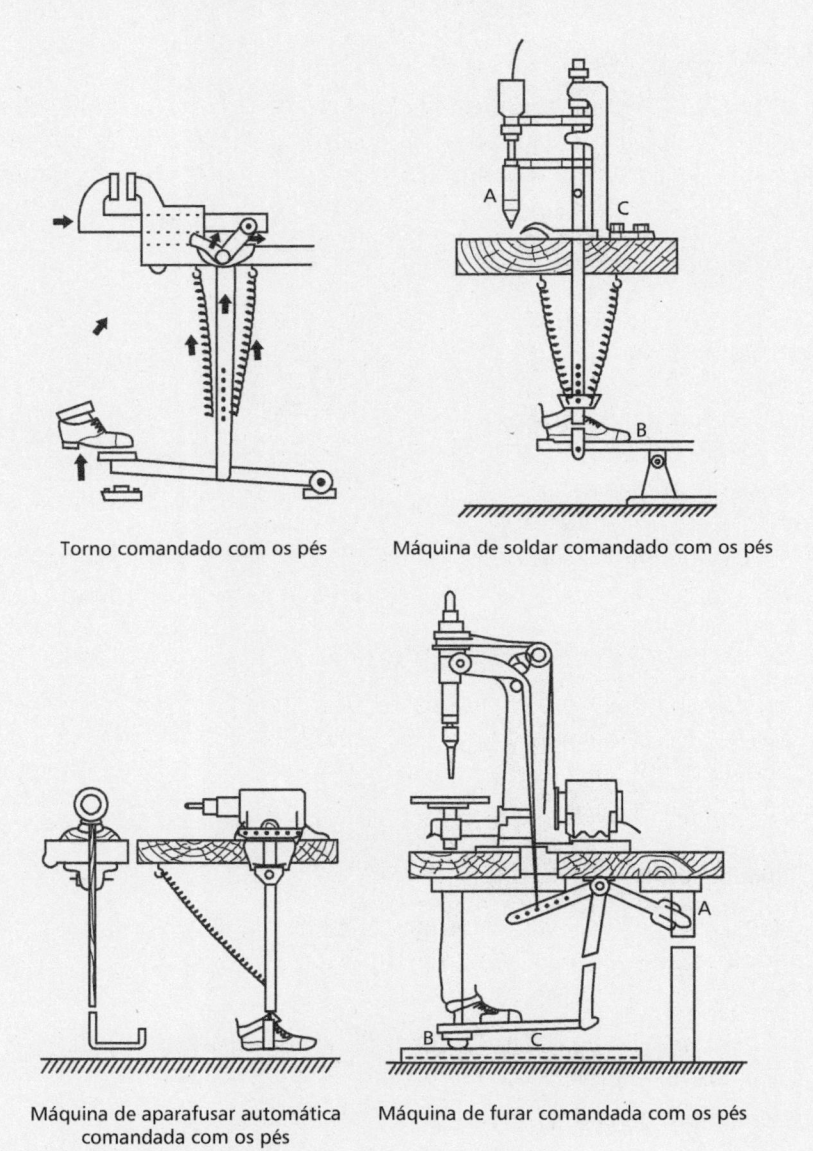

Máquina de soldar comandado com os pés

Máquina de aparafusar automática comandada com os pés

Máquina de furar comandada com os pés

Figura 3.41 • **Máquinas comandadas com os pés.**

foram colocados ao lado da prensa, como mostra a Figura 3.42. Agora, os trabalhadores podem simplesmente enviar os painéis acabados, através de uma guia, para uma caixa de armazenamento. Além disso, tão logo uma peça de painel acabado sai da prensa é inserida uma nova peça. Devido à minimização do tempo de espera ocioso, a produtividade aumentou em 70%.

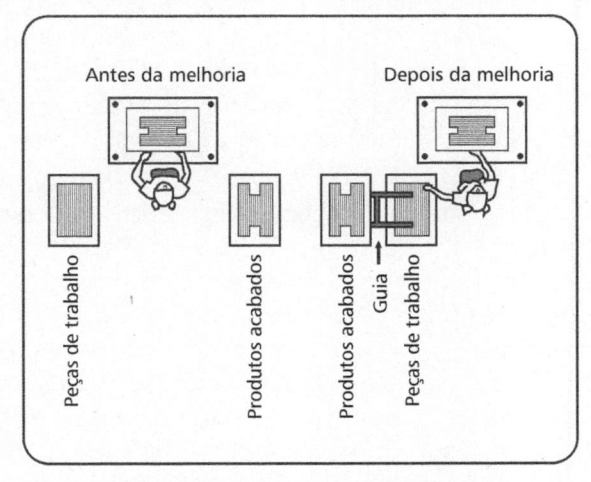

FIGURA 3.42 • Melhoria da célula de trabalho.

X marca o local

Quando as pessoas são solicitadas a produzir novas ideias de melhoria, essas ideias podem se esgotar muito rapidamente. Isso não quer dizer que não tenham ideias. Muitas vezes, o que está faltando é uma instrução adequada sobre as estratégias para a geração de ideias. Tentar descobrir novas ideias na ausência de uma orientação estratégica é tão inútil quanto atirar no escuro. Contudo, conhecer as estratégias para a geração de ideias e aplicar as técnicas apropriadas pode suscitar facilmente a elaboração de novas e poderosas ideias.

Até aqui, apresentei 12 estratégias para a geração de ideias. Devemos observar que existem muito mais estratégias tão úteis quanto essas e que vale a pena conhecer. Essas estratégias são como chaves de uma cômoda trancada; quanto mais chaves você tiver, maiores as suas chances de abrir uma preciosa cômoda de ideias.

Condições ideais para a geração de ideias

Em geral, as ideias não podem surgir como por encanto em qualquer lugar, a qualquer momento. Na seção seguinte são delineadas algumas condições ideais que contribuem para a geração de ideias.

Concentrar nossas mentes

Se quisermos gerar ideias, a primeira coisa que precisamos fazer é nos concentrar no que desejamos realizar. Por exemplo, se estreitarmos o nosso foco, dizendo: "Vou aprimorar este método de soldagem," em vez de esperar indefinidamente pela mudança, a chance de realmente gerar ideias é muito mais alta.

Segundo um neurocirurgião, existe uma área dentro de nossa mente, não relacionada ao movimento físico ou aos sentidos, chamada de "área silenciosa." É dentro dessa parte do nosso cérebro que as ideias nascem. Logo abaixo dela existe uma área, o tálamo, responsável pelas emoções humanas básicas. Se o tálamo for estimulado, a área silenciosa também o será e, juntamente com isso, a formulação das ideias. O ato de focalizar a nossa mente serve como um catalisador para esse estímulo e aumenta bastante a probabilidade de inspiração.

Fornecer objetivos mais concretos como a determinação de prazos ou atribuir tarefas individuais distintas também aumentam o estímulo ao cérebro para gerar muitas ideias melhores.

O momento é tudo

Diz-se que a melhor parte do dia para a geração de ideias é o período da manhã, já que o nosso cérebro está renovado após uma boa noite de sono. Por essa razão, é uma atitude sábia reservar a primeira hora do dia de trabalho para pensar.

Examinar documentos é um processo muito crítico. Embora possamos nos perguntar coisas como: "Será que eu devia mudar o formato desse documento?" Isso não é pensar criativamente – é uma crítica. Começar o nosso dia dessa maneira pode tornar impossível a tendência para uma mente criativa. Por essa razão, tentar experimentar o pensamento criativo enquanto estamos no trabalho geralmente não é considerado a melhor coisa a fazer.

O momento mais apropriado para formular ideias é quando estamos num estado mental relaxado. Existem muitas atividades que estimulam uma atmosfera como essa, como passear, tomar banho ou sentar no banheiro. Para os homens, até mesmo o tempo gasto se barbeando pode ser bom para a geração de ideias.

A noite também é adequada para a indução de ideias porque dormir reabastece a nossa energia mental. Às vezes temos novas ideias quando acor-

CAPÍTULO 3 • GERAÇÃO DE IDEIAS PARA A MELHORIA   159

damos no meio da noite. Para registrá-las recomendo manter uma caneta e um papel à mão para escrevê-las antes que se rompa o laço da consciência e voltemos para os nossos sonhos. Na realidade, a importância de escrever as ideias não pode ser suficientemente enfatizada, independentemente do inter-

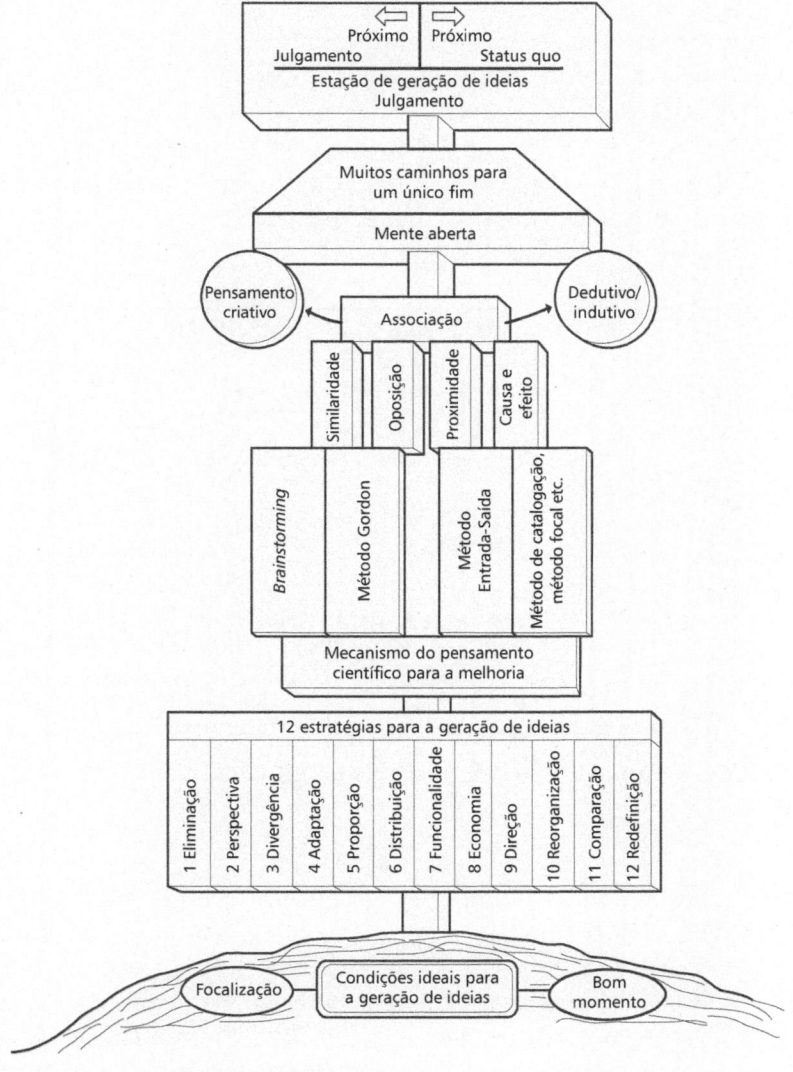

FIGURA 3.43 • Resumo do Capítulo 3.

valo de tempo. Quando formos assolados por novas ideias, devemos escrevê-las imediatamente. Escrever esclarece a ideia nova e, por sua vez, inflama a formulação das ideias associativas. Ainda mais importante, como já mencionado, anotar assegura que as nossas ideias nunca são perdidas e impede-as de desvanecer, deixando para trás apenas a lembrança de tê-las tido.

Acima de tudo, lembre-se de que estimular a área silenciosa do nosso cérebro através do foco mental e da concentração é o ingrediente básico necessário para criar condições ótimas à geração de ideias. Ao enfrentarmos a tarefa de gerar ideias, quando e onde alcançamos mais esse estímulo mental deve ser de extrema consideração.

Aqui temos um gráfico de resumo para abordar a geração de ideias usando uma maneira organizada e metódica.

GERAÇÃO DE IDEIAS PARA A MELHORIA				
Abordagem lógica	Em detalhes	Quantitativamente	Por categoria	Condições ideais
				Atividades mentais para a melhoria
	Muitos caminhos para um único fim			Lógica dedutiva/indutiva
	Ideias lógicas para avaliar e julgar			
Abordagem criativa	12 etapas da geração de ideias			Focalizar nossas mentes
				Associação
	Entrada/saída	Brainstorming	Método Gordon	Fenômenos da ação humana

FIGURA 3.44 • **Componentes do mecanismo do pensamento científico no Capítulo 3.**

O valor desse modelo é fornecer ideias que irão ser avaliadas e julgadas. Como tal, o processo em si deve estar enraizado na Abordagem Lógica e combinado com as ferramentas destacadas na Abordagem Criativa. Você deve ter a flexibilidade mental para perceber que existe mais de um caminho para alcançar os objetivos. A geração de ideias é um processo estratégico de cima para baixo e de baixo para cima, no qual as metodologias lógica e criativa precisam estar alinhadas.

CAPÍTULO 4
A Evolução da Melhoria

Através de várias experiências, o homem avançou firmemente no caminho da melhoria. Analisar a história pode levar à intuição cautelosa de qual direção deve-se tomar neste momento para avançar ainda mais.

Dos homens das cavernas aos engenheiros – A evolução do homem e das ferramentas

Para o homem pré-histórico a busca do alimento tinha uma importância muito maior do que as demais necessidades e desejos. Se tomarmos a fruta como exemplo, é lógico supor que mais seres humanos significavam menos fruta. As frutas que restavam no alto das árvores estavam bem fora do alcance de nossos ancestrais mais baixos. Quem sabe por quanto tempo as nossas frustrações ferveram em fogo brando até que o pensamento dedutivo nos permitiu elaborar a ideia de usar ferramentas.

Paus ou degraus foram usados para permitir o alcance, enquanto as pedras suplementaram a força bruta. Em todos os casos, as ideias foram a nossa fonte de poder.

Cinquenta milhões de anos à frente e nós, seres humanos, podemos planejar a nossa marcha em direção à civilização com o desenvolvimento das ferramentas, máquinas e dispositivos que criamos.

Paralelamente ao desenvolvimento das máquinas e outras ferramentas complexas, estava o desenvolvimento correspondente de um meio para energizá-las. Inicialmente, para conservar a sua própria energia, os seres humanos usaram a força dos animais, como cavalos e vacas. Depois, passaram a aproveitar as diversas forças da natureza, tal como a água, o vento e a gravidade. Como resultado, foram desenvolvidos os moinhos de água, moinhos de vento e as ferramentas que usam a força gravitacional.

Entretanto, as fontes de energia naturais, apesar de muito úteis, também possuem limitações. A energia hidráulica, por exemplo, pode ser criada apenas onde há disponibilidade de água e a energia eólica só pode ser gerada quando o vento está soprando, ou seja, existem restrições de espaço e tempo. Embora a gravidade não possua restrições de espaço e tempo, ela possui limitações direcionais, já que só funciona de cima para baixo.

Esses inconvenientes persuadiram o homem a buscar fontes alternativas de energia a partir das restrições de espaço, tempo ou direção. Isso levou, consequentemente, à invenção dos motores a vapor, à gasolina e de combustão interna. Até agora, a coroação de nossa realização foi aproveitar a eletricidade, um meio revolucionário de energia capaz de ser transmitida por longas distâncias.

Dessa maneira, a funcionalidade de nossas mãos e meios de energia se desenvolveu em duas direções: *mecanização* e *motorização*. Ocorreram os avanços nas fábricas e continuarão a ocorrer ao longo dessas duas direções.

A evolução das ferramentas, da Pré-história ao início da Revolução Industrial está representada na Figura 4.1.

Portanto, quando nos perguntamos se "Uma máquina ou ferramenta pode substituir o que as minhas mãos estão fazendo agora," não só estamos gerando ideias para a melhoria, mas também estamos comprometidos com o processo que nos impele para o nosso próprio futuro.

Os 5 princípios da melhoria

1) Mecanização e motorização
Esterilizando salsichas

Uma das operações nas indústrias Y, um fabricante de alimentos, consistia em colocar salsichas numa câmara de esterilização. Como a água fervente na câmara liberava calor e umidade, tornando o ambiente de trabalho difícil de suportar, a empresa me pediu sugestões para mecanizar a operação.

CAPÍTULO 4 • A EVOLUÇÃO DA MELHORIA   163

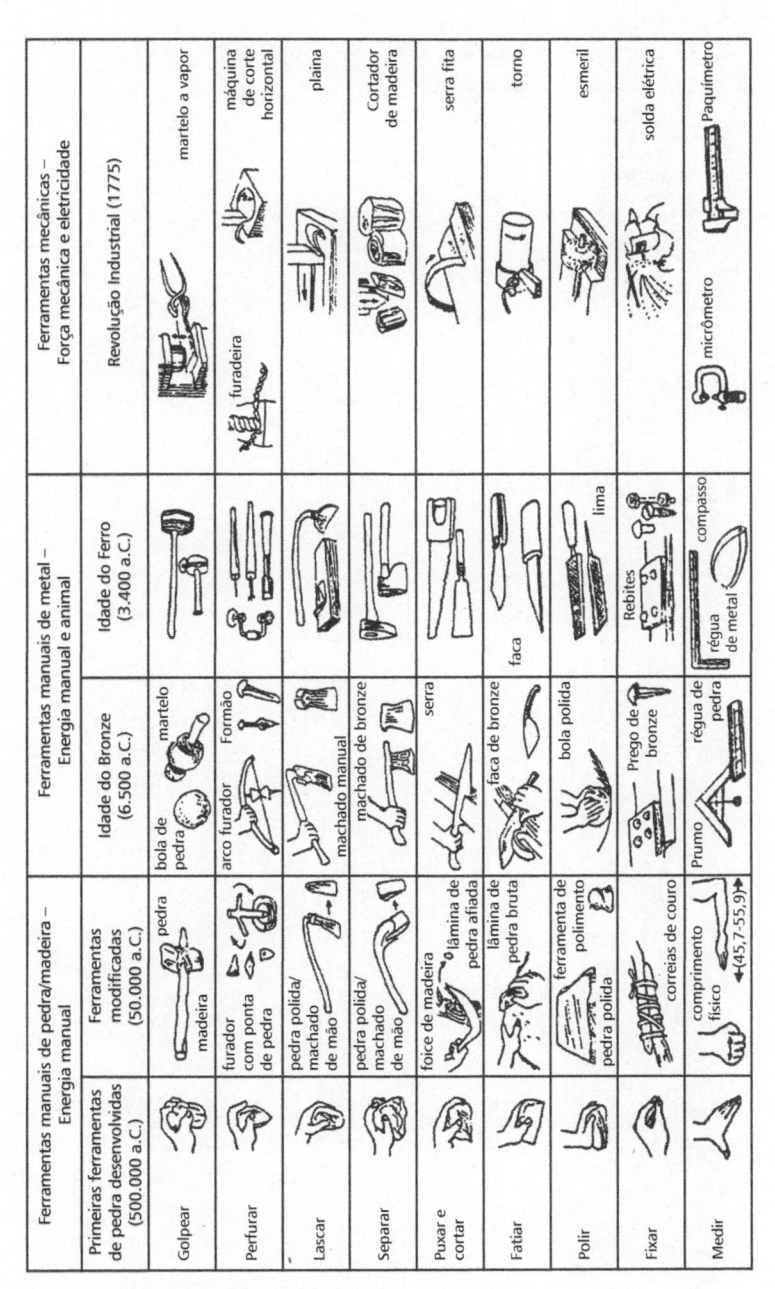

	Ferramentas manuais de pedra/madeira – Energia manual		Ferramentas manuais de metal – Energia manual e animal		Ferramentas mecânicas – Força mecânica e eletricidade	
	Primeiras ferramentas de pedra desenvolvidas (500.000 a.C.)	Ferramentas modificadas (50.000 a.C.)	Idade do Bronze (6.500 a.C.)	Idade do Ferro (3.400 a.C.)	Revolução Industrial (1775)	
Golpear	pedra	pedra madeira	bola de pedra	martelo	martelo a vapor	
Perfurar	furador	furador com ponta de pedra	arco furador	Formão	furadeira	máquina de corte horizontal
Lascar		pedra polida/ machado de mão		machado manual		plaina
Separar		pedra polida/ machado de mão	machado de bronze			Cortador de madeira
Puxar e cortar		foice de madeira	serra			serra fita
Fatiar		lâmina de pedra afiada	faca de bronze	faca		torno
Polir		lâmina de pedra bruta	bola polida	lima		esmeril
Fixar		ferramenta de polimento pedra polida	Prego de bronze	Rebites		solda elétrica
Medir	comprimento físico (45,7-55,9)	correias de couro	Prumo	régua de pedra	régua de metal / compasso	micrômetro / Paquímetro

FIGURA 4.1 • Evolução das ferramentas.

As funcionalidades requeridas pela máquina eram as seguintes:

- Colocar as salsichas na câmara de esterilização
- Dispô-las em seis esteiras
- Ordenar a quantidade apropriada de salsichas em cada esteira

A tarefa foi realizada usando uma única esteira que transportava horizontalmente as salsichas e as alimentava nas seis esteiras através de uma calha giratória (Figura 4.2).

Como a câmara de esterilização ficava à esquerda das esteiras, coloquei seis esteiras lateralmente que receberiam as salsichas e as enviariam para a água fervente, mantendo a orientação das mesmas.

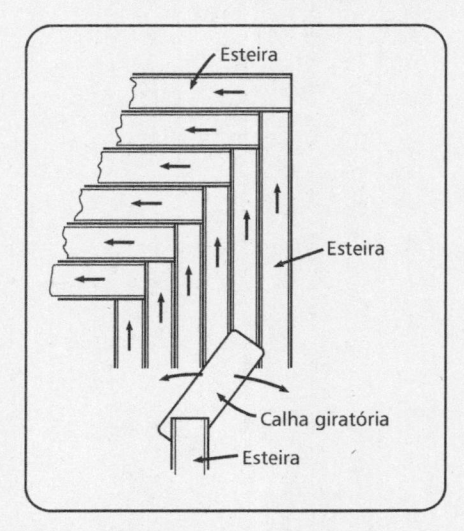

FIGURA 4.2 • Leiaute da esteira.

Embora essa ideia fosse boa, ocasionalmente as salsichas caíam da calha giratória e se apoiavam sobre as paredes divisórias entre as esteiras. Para solucionar isso, imaginei como as pessoas virariam as salsichas com suas mãos para colocá-las nas esteiras. A partir dessa visualização, projetei as paredes divisórias com cordas em cima delas, que se deslocavam sempre em direções opostas (Figura 4.3).

Por exemplo, se uma corda em uma parede se movesse em um sentido, a corda na parede adjacente se moveria no sentido oposto. Esse dispositivo funcionou bem e fez com que as salsichas que antes caíam em cima das paredes divisórias passassem a cair diretamente nas esteiras, seguindo a direção horizontal correta.

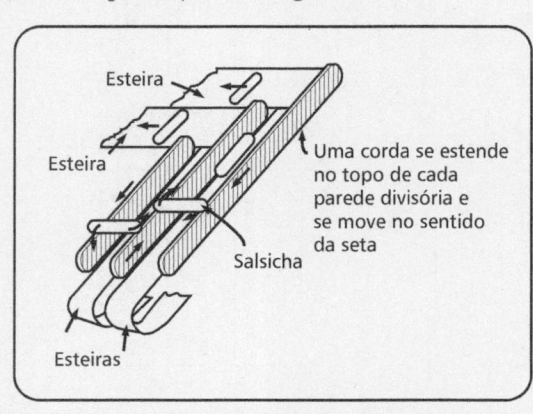

FIGURA 4.3 • Parede divisória de salsicha.

Eu completei a máquina com base nessas ideias e fiz um teste que me levou a encontrar outro problema. As esteiras e cordas funcionaram como eu pretendia, mas quando as salsichas caíram na câmara de esterilização, algumas acabaram caindo transversalmente. Quando isso aconteceu, o desalinhamento fez com que as salsichas subsequentes se empilhassem desordenadamente. Se deixadas numa orientação como essa, o processo de esterilização resultaria numa ruptura ou deformação do produto.

Para solucionar esse problema, imaginei como os trabalhadores colocariam as salsichas na câmara mantendo a sua orientação apropriada, segurando-as com seus dedos e soltando-as próximo da água. Então, concebi um meio de incorporar esse movimento na máquina inserindo dois pedaços de tecido resistente no final das esteiras, de modo que os produtos rolariam entre eles e cairiam suavemente na água (Figura 4.4). Para a minha satisfação, essa solução funcionou brilhantemente e finalmente tornou a máquina completa.

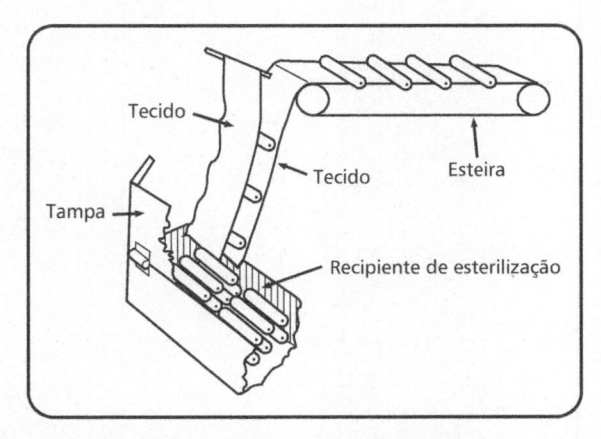

FIGURA 4.4 • Guia de transportador para salsichas.

Guia de transportador dinâmico

Em minha visita a uma indústria alimentícia, observei um transportador conduzindo grande quantidade de um pequeno peixe chamado de *croaker**. Os operários raspavam cada pilha de peixe e a transferiam para uma mesa antes de processá-los. Isso me fez imaginar: "Por que não há um mecanismo para transferir o peixe para a mesa automaticamente?"

Assim é que projetei um braço que se movia transversalmente no transportador e transferia o peixe para uma rampa e, daí, para a mesa.

---

* N. de T. A carne magra de um peixe de água salgada capturado ao longo da costa atlântica do sul dos Estados Unidos.

Porém, quando testado ele não funcionou como esperado. Eu não levei em consideração o fato de que o peixe estava molhado devido ao processo de limpeza. Por isso, o peixe grudava no transportador e não caía na rampa.

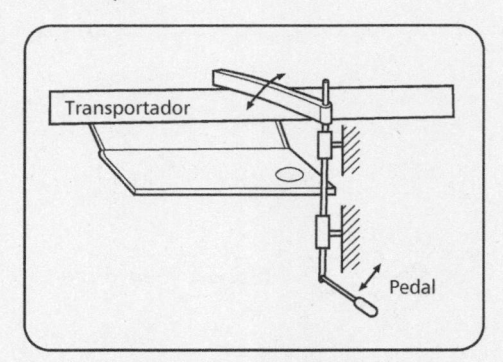

FIGURA 4.5 • **Dispositivo de transferir com pedal.**

Enquanto eu pensava em como corrigir esse problema, percebi que um operário perto de mim agarrava rapidamente uma pilha de peixe com ambas as mãos para raspá-la na mesa. Incorporei ao meu projeto a ação dinâmica do movimento do operário, conectando o braço a um pedal. Quando o pedal era acionado, o braço mecânico transferia o peixe do transportador (Figura 4.5). Esse sistema funcionou muito bem; a única coisa necessária era um pequeno empurrão.

A ideia de um guia dinâmico também pode ser aplicada a outros produtos que tendem a grudar nos transportadores, tais como argila ou borracha. Ao dar um solavanco na guia, através de uma manivela por exemplo, os produtos podem ser facilmente removidos do transportador.

Resolvendo problemas

Em uma fábrica produtora de bases utilizadas em ferros de passar, uma das operações consistia em remover a árvore das peças fundidas. Os operários quebravam a árvore com um martelo enquanto o molde ainda estivesse quente. Uma vez resfriada, a remoção era difícil. Conforme assistia o trabalho, observei que os operários estavam sempre batendo nas árvores a partir de um determinado ângulo. Depois de perceber isso, comecei a imaginar se o proces-

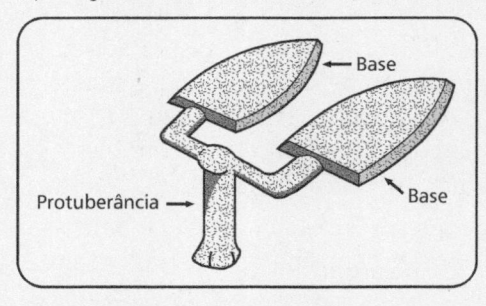

FIGURA 4.6 • **Moldagens de ferro.**

so poderia ser mecanizado. Expus minha ideia para o presidente da fábrica.

A fundição comprou minha ideia e introduziu uma máquina como a da Figura 4.7. Ela funcionava elevando os moldes com uma esteira que os faria cair de uma determinada altura na qual eles atingiriam estrategicamente uma prancha posicionada abaixo. A prancha estava num ângulo tal que as árvores a atingiriam precisamente no mesmo ângulo em que os operários as estavam golpeando com o martelo. O mecanismo foi um sucesso e liberou os operários do trabalho fatigante e sujo.

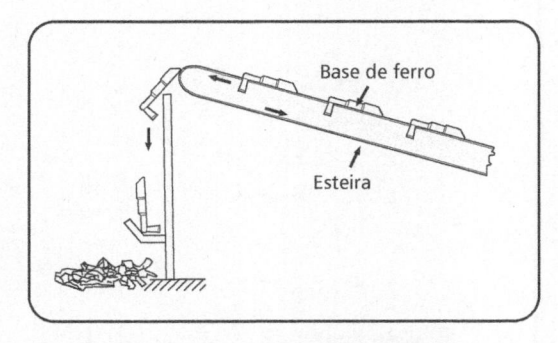

FIGURA 4.7 • Separando peças de ferro.

Barras nas calhas

Enviar itens em forma de barra pelas calhas, mantendo a sua direção, é um desafio muito comum nas fábricas.

Enviar barras em sua direção longitudinal é fácil, já que basta uma calha semicircular. O acréscimo de um motor vibratório a esse tipo de calha impede eficazmente que as barras se amontoem. Por outro lado, enviar barras por uma esteira mantendo a sua posição transversal é um verdadeiro desafio. Um modo de lidar com isso é utilizar uma calha corrugada como a da Figura 4.9. O enrugamento também pode ser empregado nas calhas verticais, como mostra a Figura 4.10.

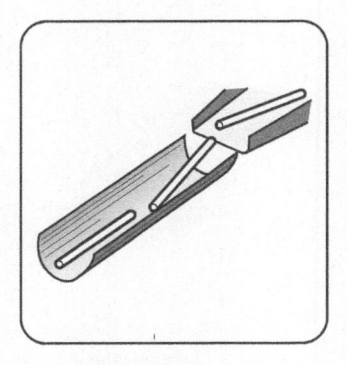

FIGURA 4.8 • Itens em forma de barra.

Quando se utiliza esse tipo de calha vertical, é necessário ter um mecanismo que libere uma barra de cada vez. Um meio eficaz de se conseguir isso é através do uso de um dispositivo chamado de "articulação" (Figura 4.11).

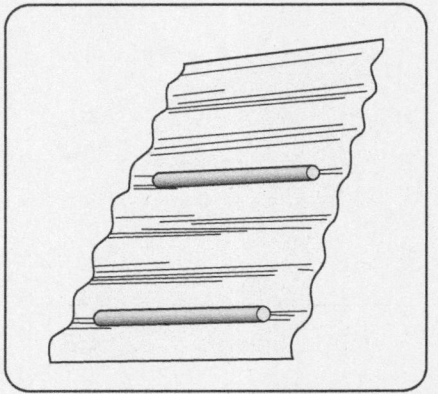

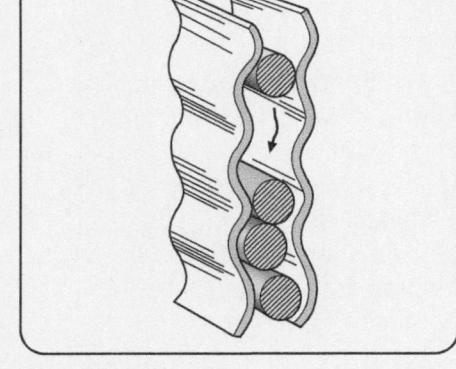

FIGURA 4.9 • Calha corrugada.

FIGURA 4.10 • Calha corrugada vertical.

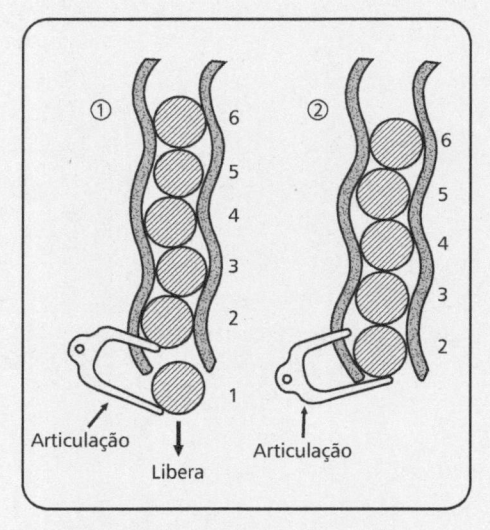

FIGURA 4.11 • Articulação.

- Quando a articulação gira para baixo ela libera a barra de baixo, mantendo as barras de cima no lugar.
- Quando a articulação retorna para cima, a pilha desliza para baixo, com a barra inferior mantida no lugar pela parte de baixo da articulação.

A articulação transfere uma barra do armazenamento liberando uma barra de cada vez de forma controlada. Um pistão também tem a mesma funcionalidade (Figura 4.12).

Esses dois dispositivos são transformações dos movimentos manuais que substituíram a necessidade de o operário pegar um item com uma das mãos, enquanto segurava o restante com a outra.

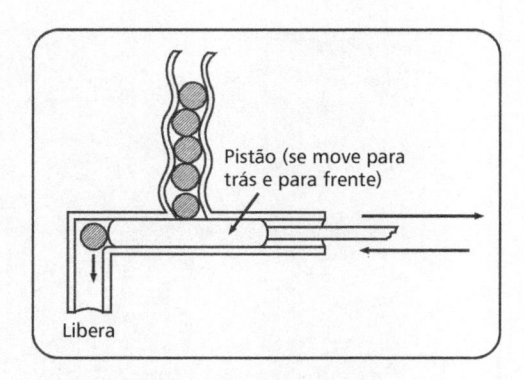

FIGURA 4.12 • Pistão.

Alinhando peças metálicas

Uma operação numa companhia de energia elétrica envolvia a colagem de tubos de porcelana em peças metálicas e o alinhamento das mesmas em tela metálica. Os operários estavam alinhando as peças ordenadamente, mas o pequeno tamanho das peças tornava difícil e cansativo seu manuseio.

A empresa pensou que a operação poderia ser feita mecanicamente, especialmente porque as peças estavam sendo colocadas na tela com regularidade. Após alguma tentativa e erro, foi projetado um dispositivo relativamente simples que poderia lidar com essa tarefa (Figura 4.13). Ele funcionava assim:

- Conforme o dispositivo se movia horizontalmente da direita para a esquerda, ele colocava 20 peças numa linha em intervalos iguais.
- Quando uma linha é completada, uma engrenagem interna o move verticalmente.
- Outra linha é criada quando ele se move da esquerda para a direita.

Esse dispositivo permitia que as peças fossem colocadas mecanicamente e de forma ordenada numa grade.

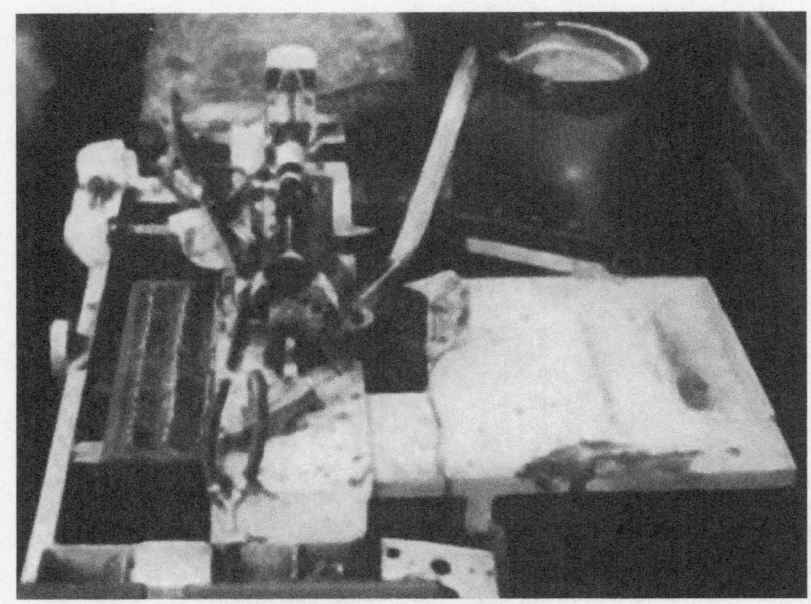

As partes metálicas estão sendo alinhadas à esquerda
(Matsushita Electric Industrial Co., Ltd., Divisão de Ferro)

FIGURA 4.13 • Dispositivo de alinhamento.

2) A divisão do trabalho

TABELA 4.1 Benefícios da divisão do trabalho

- Ela elimina os movimentos desnecessários, tais como pegar uma ferramenta e devolvê-la
- A repetição facilita a concentração dos trabalhadores nas tarefas a serem executadas
- O trabalho é simplificado e a aquisição de qualificação se acelera
- Ela facilita o uso de ferramentas e máquinas

O conceito da divisão do trabalho surgiu há mais de 150 anos durante a Revolução Industrial. Com o predomínio das máquinas, também aumentou a necessidade de as pessoas deixarem seus lares e trabalharem em grupos. Para alavancar as qualificações desses grupos com mais eficiência, foi concebido o conceito da divisão do trabalho. Na fabricação de agulhas, por exemplo, quando as operações realizadas por um único operário foram divididas em 18 tarefas e compartilhadas entre muitos operários, a produtividade aumentou 240 vezes.

Uma análise mais detalhada revela que a divisão do trabalho pode ser separada em dois tipos: quantitativa e qualitativa. A divisão quantitativa do trabalho significa que uma tarefa com várias atividades é dividida entre os operários que realizam as mesmas operações em paralelo. A divisão qualitativa do trabalho significa que o processo é dividido em operações elementares, que são atribuídas depois aos operários com a qualificação necessária correspondente.

A divisão quantitativa do trabalho possui as seguintes vantagens e desvantagens:

TABELA 4.2   Divisão quantitativa do trabalho

Vantagens
- Reduz o tempo de produção

Desvantagens
- São necessárias muitas ferramentas e máquinas
- A qualidade dos produtos acabados tende a variar

A divisão qualitativa do trabalho possui as seguintes vantagens e desvantagens:

TABELA 4.3   Divisão qualitativa do trabalho

Vantagens
- Reduz as operações a tarefas simples
- Elimina os movimentos desnecessários
- Simplifica o trabalho e facilita o uso de ferramentas e máquinas
- Os trabalhadores qualificados são mais facilmente encontrados
- O treinamento de novos trabalhadores é mais fácil
- As taxas de operação das ferramentas e máquinas geralmente aumentam

Desvantagens
- Aumento no número de áreas de trabalho e aumento dos deslocamentos
- A repetição de tarefas simples pode resultar em fadiga localizada
- Uma falha em uma operação pode se disseminar rapidamente para outras operações
- Fica mais difícil planejar e coordenar

Ao implementar a divisão do trabalho, precisam ser levadas em consideração tanto as vantagens quanto as desvantagens. Em geral, ao se lidar apropriadamente com os aspectos negativos, as vantagens passam a compensar em muito as desvantagens.

Enlatando laranjas

Na fábrica de conservas M, as atividades giram em torno de colheitas sazonais. Quando se está na época da pesca, os peixes são enlatados, quando se está na época de colheita de laranjas, as laranjas são enlatadas. Consequentemente, o número de empregados oscila durante todo o ano e a maioria das pessoas na fábrica são trabalhadores temporários.

A maior preocupação do chefe de produção, o Sr. Arata, era a falta de trabalhadores qualificados. Por isso, as taxas de defeito eram elevadas e, inversamente, a eficiência era baixa. Ele disse que a fábrica enviava diariamente ônibus aos conjuntos habitacionais num bairro de mineradores de carvão e contratava-os por tempo parcial.

Enquanto eu estava na fábrica, as laranjas estavam sendo processadas antes de serem enlatadas. Primeiro, os trabalhadores removiam o caule da laranja com uma ferramenta de madeira e depois a descascavam. Após observar o trabalho por um tempo, falei com o chefe de produção.

"Quantos trabalhadores você tem aqui?"

"Temos cerca de 50."

"Tenho uma ideia. Por que você não seleciona 10 trabalhadores que considere habilidosos para remover os caules e os outros 40 podem se concentrar em descascar, o que não requer muita qualificação."

Testamos essa disposição imediatamente; trinta minutos mais tarde, o resultado apareceu.

- Os defeitos devido a danos diminuíram em 80%
- A produtividade global aumentou em 5%

A maioria dos danos ocorria quando os caules eram removidos, então essa tarefa foi atribuída aos trabalhadores relativamente qualificados. A tarefa mais fácil de descascar coube a outros trabalhadores. A divisão do trabalho compatibilizou a dificuldade das tarefas com o nível de qualificação dos trabalhadores. Ela também simplificou cada operação e contribuiu para a diminuição dos defeitos e o aumento da eficiência.

3) Otimização – Funções humanas e eficiência

O corpo humano não é diferente de uma máquina. Por essa razão, é importante realizar tarefas compatíveis com a qualificação e a funcionalidade dessa máquina. Assim, a otimização deve ser buscada assim:

- Distribuir os trabalhadores em funções adequadas às suas qualificações individuais
- Considerar as capacidades humanas gerais e projetar funções em conformidade com as mesmas

Na primeira, o uso de testes de aptidão para medir os níveis de qualificação individuais é uma maneira eficiente. Para realizar a última, as funções mental e física dos humanos devem ser estudadas e o conhecimento resultante empregado para melhorar a metodologia do trabalho.

A seguir, temos um exemplo de função redesenhada com sucesso para compatibilizar melhor a capacidade dos seres humanos. Ao inspecionar isoladores de alta pressão verifiquei que eles estavam disponibilizados inicialmente numa bandeja, como mostra a Figura 4.14 (A). Os trabalhadores tinham que achar e remover defeitos, mas, por alguma razão, muitas vezes eles eram ignorados quando se usava essa disposição. Esse resultado mudou quando a empresa modificou o procedimento para se adequar melhor à capacidade humana.

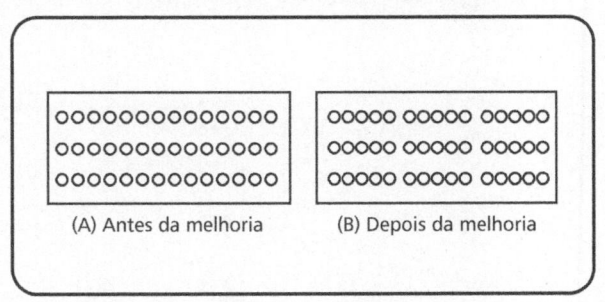

FIGURA 4.14 • Contando de cinco em cinco.

(A) Antes da melhoria (B) Depois da melhoria

Diz-se que os seres humanos podem distinguir de uma só vez no máximo cinco itens. Reduzindo simplesmente o número de isoladores inspecionados para grupos de cinco, como mostra a Figura 4.14 (B), a empresa observou uma melhora acentuada na precisão de sua inspeção.

A psicologia e a ergonomia humanas sempre deveriam entrar em cena quando se redesenha a metodologia de trabalho. Por exemplo, muitas fábricas tendem a fazer com que os seus empregados trabalhem de pé, resultando em fadiga desnecessária e produzindo um impacto negativo na eficiência. Porém, permitir que os trabalhadores fiquem sentados (Figura 4.15) reduz o consumo de energia em aproximadamente 20%. Se considerarmos que uma pessoa de pé seria capaz de queimar cerca de 1.800 calorias por dia em trabalho manual, um operário sentado usaria consequentemente cerca de 350 calorias a menos do que o operário que fica de pé. Essa energia poupada poderia ser empregada para realizar mais trabalho, aumentando com isso a eficiência. Além do mais, ao proporcionar aos trabalhadores intervalos adequados e bem distribuídos a eficiência pode ser alavancada ainda mais. Portanto, a psicologia e a fisiologia humanas também deviam ser tratadas como uma consideração importante quando se otimiza a melhoria do espaço de trabalho.

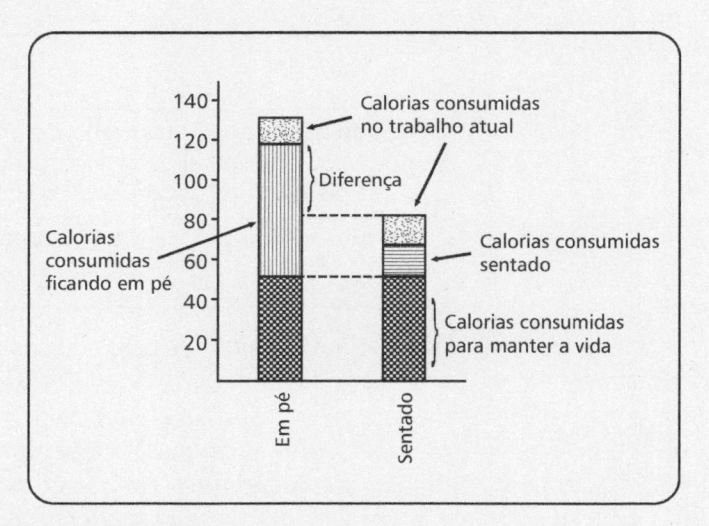

FIGURA 4.15 • Ergonomia.

4) Sincronização – Coordenando a força de trabalho

Conforme a divisão do trabalho evoluiu, foi feita mais e mais produção em série, dividindo o trabalho entre os indivíduos e, no final, resultando nos sistemas de linha de montagem que conhecemos hoje. Sendo assim, o equilíbrio adequado entre tempo e coordenação de tarefa se tornou cada vez mais importante. Inevitavelmente, conforme mais indústrias como a automobilística, eletrodomésticos e alimentícia fizeram a transição para os sistemas de produção em linha de montagem, se tornou inevitável a sincronização adequada da força de trabalho.

O trabalho com atribuição inadequada de tempo leva a atrasos frequentes dos trabalhadores e máquinas, fazendo com que a eficiência da produção fique comprometida, os estoques inchados e criando redundâncias correspondentes no transporte para/do depósito. Com isso, a sincronização se tornou um pré-requisito essencial para administrar corretamente as indústrias modernas.

5) Autonomação – Mecanizando a capacidade de julgamento

Nascidas do desejo de imitar o funcionamento das mãos humanas, as máquinas foram dotadas com os elementos humanos adicionais de julgamento e ajuste, conhecidos também como *funções de feedback*. A combinação da mecanização com a funcionalidade do *feedback* se chama autonomação. Mesmo que uma máquina seja tecnicamente sofisticada, ela não pode ser considerada totalmente automatizada sem essa função de *feedback*.

O *feedback* é útil não só para as próprias máquinas, mas também para os que as administram. A regulagem da sensibilidade e da precisão da função de *feedback* pode ter efeitos profundos na produção. Assim, os administradores qualificados na análise e no ajuste do *feedback* podem alcançar resultados muito favoráveis.

Devo esclarecer que esses cinco princípios não representam o meu pensamento; eles são a soma da experiência humana. Entretanto, se esses princípios forem combinados com o meu Mecanismo do Pensamento Científico, é certo que o esforço de transformar as ideias em realidade será bem-sucedido.

---

* N. de R. T. O conceito de autonomação é o de dar autonomia ao operador ou à máquina para parar a linha de produção sempre que alguma anormalidade for detectada. Muitas vezes ela é expressa como "automação com toque humano". Nas máquinas esta autonomia é realizada através de dispositivos a prova de falhas (*pokeyokes*) pela transferência da atividade humana (cerebral) às máquinas.

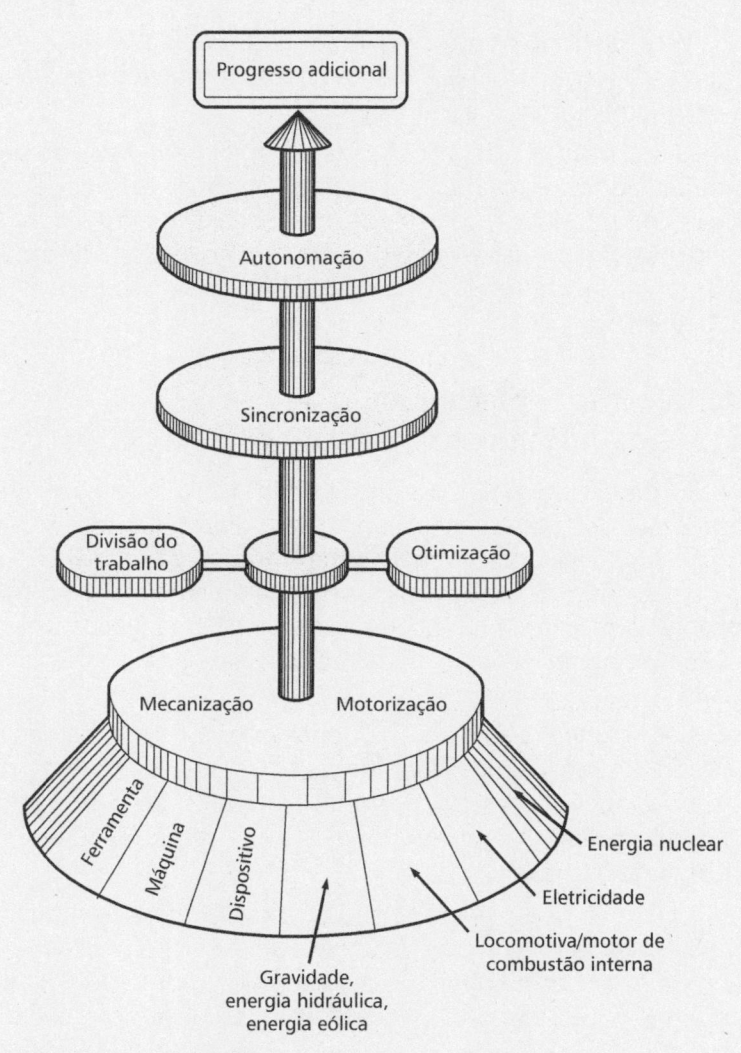

FIGURA 4.16 • Resumo do Capítulo 4.

A EVOLUÇÃO DA MELHORIA

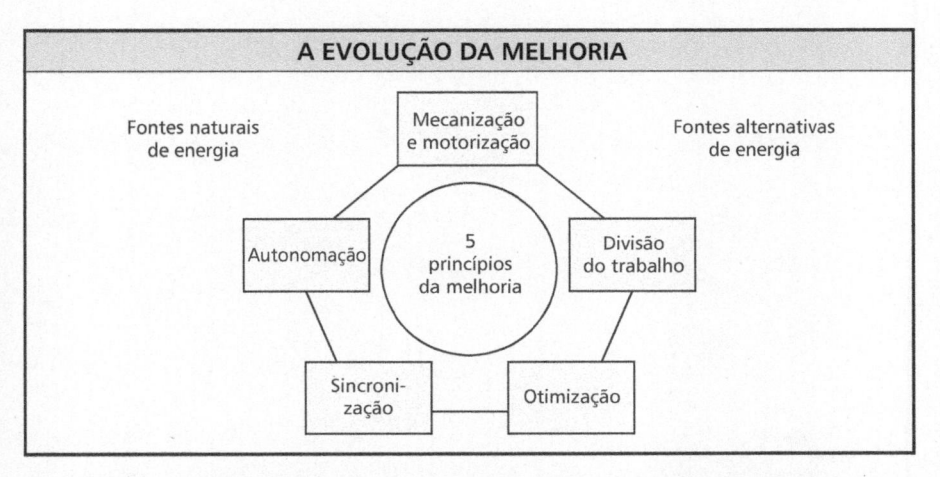

- Fontes naturais de energia
- Mecanização e motorização
- Fontes alternativas de energia
- Autonomação
- **5 princípios da melhoria**
- Divisão do trabalho
- Sincronização
- Otimização

FIGURA 4.17 • **Componentes do mecanismo do pensamento científico no Capítulo 4.**

O avanço é inevitável; ao usar os 5 Princípios da Melhoria juntamente com o Mecanismo do Pensamento Científico, podemos adequar o avanço para satisfazer nossas necessidades com eficiência e com o kaizen em mente.

Os 5 Princípios da Melhoria nos ajudam a lidar com a mudança, ensinando-nos a direcioná-la. Cada princípio destacado nesse modelo explica o processo e fornece a base necessária para tomar decisões sólidas. Como o progresso é necessário, as estratégias de fabricação para o ambiente de hoje precisam ser suficientemente flexíveis para moldar o amanhã.

CAPÍTULO 5

Das Ideias à Realidade

Até mesmo a maior ideia pode perder o sentido na pressa de julgar. Para aferir a viabilidade de uma ideia, devemos cortar os nossos laços com o status quo e encontrar o equilíbrio entre a crítica construtiva e o julgamento. Dentro desse equilíbrio, descobriremos os subsídios decisivos para transformar as nossas ideias em realidade.

Separe a geração da ideia do julgamento

Nem bem você sugere a introdução de um sistema de produção de fluxo e alguém o derruba, afirmando: "Nosso volume de produção é pequeno demais para justificar isso." Ou, tão logo você tem a ideia de transportar material com uma esteira, você ouve uma voz na sua mente dizer: "Não, isso simplesmente não vai funcionar."

Esses exemplos se destinam a mostrar como uma mentalidade julgadora pode destruir uma ideia antes de ela sequer ser formulada. Não obstante, o julgamento continua sendo a oposição inicial ao processo de melhoria, o qual ocorre usualmente nos seguintes cinco estágios:

Tabela 5.1 Julgamento nos 5 estágios da melhoria

1. Encontrar problemas – "Isso parece estranho."
2. Geração de ideia – "Que tal fazer desse jeito?"
3. Julgamento – "Isso não funciona nesse caso."
4. Geração de nova ideia – "Então, que tal isso?"
5. Implementação – "Vamos fazer."

O primeiro estágio para encontrar problemas começa com a premissa de que o método de operação atual é falho ou poderia ser melhorado. A geração de ideia segue baseada no pressuposto de que essa premissa básica é válida. Portanto, qualquer julgamento subsequente que se oponha às ideias geradas sob esse pressuposto deve ser considerado contraditório à premissa básica, indicando assim que as operações atuais permanecerão inalteradas.

A melhoria usualmente significa fazer alguma coisa que nunca fizemos antes. De modo correspondente, todo o processo de geração de ideia envolve a elaboração de soluções que transcendam o status quo, tornando-a uma atividade mental inerentemente orientada para o exterior. Por outro lado, o julgamento tende a ser passivo, assim como uma atividade mental orientada para o interior e oposta a uma ação como essa, surgindo de nossos medos da mudança e do desconhecido. Obedecer, por padrão, o veredicto do julgamento pode comprometer o progresso, fazendo com que ele simplesmente escape do nosso alcance em definitivo. Entretanto, isso de modo algum significa que nunca devemos julgar.

Na realidade, para estimular os resultados positivos, qualquer plano de melhoria deveria ser criticado em relação à viabilidade e às falhas óbvias antes da implementação. Mas, esse tipo de julgamento deve ser transmitido a partir de um ponto de vista realista e apenas após todas as ideias terem sido apresentadas, e nunca as duas coisas ao mesmo tempo.

Como foi discutido anteriormente, o método popular de *brainstorming* faz dele uma regra para derrubar a crítica durante a geração dessas ideias, exemplificando o fato de que num ambiente sem julgamentos as pessoas podem criar muitas ideias incríveis. Inversamente, ao misturá-los acabamos por extinguir a chama da criatividade que acabou de ser acesa, transformando-a rapidamente numa pilha de cinza fumegante.

Assim, independentemente de qualquer coisa, o julgamento e a geração de ideias devem ficar separados. Esse conceito não pode ser suficientemente enfatizado; é a regra de ouro a ser seguida conforme nos colocamos na estrada da melhoria. Como se faz na preparação de um banho ao misturar simultaneamente quantidades iguais de água quente e fria, transmitir julgamento durante o processo criativo produzirá apenas soluções mornas, na melhor das hipóteses. Ao invés disso, a água quente em abundância deve ser adicionada primeiro, enchendo a banheira com ideias. Depois, a frieza do julgamento pode ser usada para temperar o resultado à perfeição.

Superando obstáculos mentais

A melhoria pode ser como resolver um enigma ou ler um romance de mistério. Logo que resolvemos o nosso problema, outro vem atrás, seguido por outro e ainda outro. Os problemas intermináveis como esses podem ser tão avassaladores que, mesmo se o problema com o qual nos deparamos for o último, muitas vezes não conseguimos reconhecer isso. Frustrados e desmoralizados, tendemos a buscar refúgio no conforto do pensamento convencional. Todavia, a maioria dos problemas não tem uma solução convencional simples. Além disso, permanecer num estado mental como esse deixa-nos suscetíveis a sermos enganados pelo nosso próprio julgamento inconsciente. Na realidade, dizer coisas como: "Não há meio de isso ser mecanizado" serve apenas para frustrar os esforços lógicos de melhoria, possivelmente até mesmo destruindo planos executáveis. Esses tipos de obstáculo mental podem ser o nosso maior inimigo quando pretendemos uma melhoria; as estratégias para ultrapassá-los podem nos dar exatamente o limiar do qual necessitamos para encontrar o sucesso e nos impedir de desistir.

Antes de qualquer coisa, sempre é útil fazer uma lista de todas as dificuldades antes de nos apressar para solucionar os problemas. Uma lista torna mais inteligível o perfil obscuro dos problemas, esclarecendo a relação entre múltiplos fatores e agindo como uma medida de prevenção contra os problemas inesperados que surgem exatamente quando você acha que cuidou de tudo.

Quando estamos no meio da solução de um problema, podemos ficar com facilidade excessivamente focados e perder a objetividade, o que pode nos levar a um impasse. Se isso acontecer, deixe o ego preocupado de lado e faça perguntas com um alterego como: "*O que te incomoda?*" Esse método de conversa interna é bem eficaz para quebrar um impasse, sendo uma abordagem que empreguei várias vezes para descobrir como sair de situações difíceis e alcançar soluções.

Uma das melhores maneiras de acabar com um impasse, como quando ficamos num beco sem saída nas discussões sobre melhoria, é exatamente testar uma ideia. Diz-se que a tentativa e erro é o meio mais fácil e eficaz de se alcançar uma solução. Além disso, um ciclo interminável de argumentos onde uma inferência é confrontada com outra é uma completa perda de tempo. O simples ato de testar uma ideia pode nos proporcionar o estímulo do qual precisamos para derrubar o muro em nosso pensamento. A história a seguir ilustra bem isso.

Numa fábrica, foi sugerido um método para melhorar a operação de tratamento térmico. Muitos se opuseram à ideia, dizendo que agrupar todas as peças pequenas ou todas as peças grandes não seria viável. Porém, uma vez testado o novo método, ficou claro que 80% dos agrupamentos tinham a mistura apropriada de peças com tamanhos diferentes, sendo que também foi criado um meio de lidar com os outros 20%.

Apesar de um teste como esse ser importante, isso não significa que devemos experimentar nossas ideias atropeladamente. Ao invés disso, elas devem ser executadas lógica e metodicamente. Por exemplo, quando uma mulher perdeu as chaves do carro na areia da praia, ela conseguiu encontrá-las em dez minutos ao marcar a areia, estreitando a área de busca. Ela não teria encontrado as chaves tão rápido se ficasse andando em volta arbitrariamente.

Como indica este exemplo, elaborar os nossos experimentos ou ideias com base no fundamento de uma premissa lógica aumenta bastante as chances de sucesso. Assim, é muito importante ter certeza de que está sendo empregada a lógica correta para formular a premissa.

A premissa de uma ideia de melhoria e quaisquer suposições que surjam dela se baseiam muitas vezes em algum tipo de relação de causa e efeito sustentada pelas formas variadas do pensamento dedutivo e indutivo. O comentário seguinte discute a causa, o efeito e os pensamentos dedutivo e indutivo. São fornecidos indicadores rápidos sobre que armadilhas mentais deve-se evitar quando se formula ideias, bem como alguns conselhos sobre os modos de medir a validade da nossa premissa fundamental e de manter nos trilhos o nosso caminho para a melhoria.

Quando pensarmos sobre a nossa ideia como a causa e o resultado correspondente como efeito, a lógica do nosso pensamento pode ser verificada fazendo as três perguntas a seguir:

Existe mesmo uma relação de causa e efeito?

Esta é a *única* relação de causa e efeito existente?

A relação de causa e efeito é inevitável?

Se essas três condições não forem satisfeitas, não se pode dizer que as coisas têm uma correlação causal suficiente. Os três exemplos a seguir demonstram muito bem uma situação onde ocorre essa falta de correlação causal.

Havia uma afirmação que dizia: "Uma depressão econômica torna letárgico o negócio das salas de cinema." Mas, revelou-se que não havia nenhuma correlação.

Havia uma afirmação que dizia: "As depressões econômicas aumentam o desemprego." No caso da indústria algodoeira, porém, o impacto da fibra sintética foi muito maior do que a situação econômica.

Havia uma afirmação que dizia: "As vendas de ventiladores elétricos crescem no verão." Mas as vendas não foram tão robustas quanto o esperado devido ao frio ou ao impacto dos novos modelos de ar condicionado.

Isso mostra que uma pessoa nunca deve ser tão apressada para concluir que existe uma relação de causa e efeito sem levar em conta esses aspectos.

Quando se trata de fazer suposições com base em nossa premissa, geralmente são empregados os pensamentos dedutivo e indutivo. As definições de ambos os métodos de pensamento são mostradas a seguir.

Dedução: aplicar um exemplo a uma situação geral

Indução: criar uma única teoria geral com base em muitos exemplos

Embora sejam métodos comprovados de solução de problemas adotados há muito tempo, é importante reconhecer que "às vezes eles podem ser enganadores. Aqui temos alguns exemplos de decisões lógicas baseadas em equívocos comuns para cada método:

Método da Dedução:

Após ouvir e acreditar que não havia cobras venenosas na Área 1, alguém foi lá justamente para ser mordido por uma delas (exceção quantitativa).

Após ouvir que os cogumelos selvagens na área eram comestíveis, alguém foi lá e comeu alguns que pareciam similares aos cogumelos comuns, apenas para descobrir que eles eram venenosos (exceção qualitativa).

Método da Indução:

Afirmar que as empregadas de hoje não trabalham tanto com base na ação de apenas duas empregadas (insuficiência quantitativa nos exemplos).

Afirmar que o custo de vida é muito mais barato em Tóquio do que em Osaka. Embora olhando de fora as coisas podem parecer similares, a sua qualidade global não é (insuficiência qualitativa nos exemplos).

Um buraco no casco

Anos atrás, uma forte *nor'easter** se abateu sobre o Oceano Atlântico Norte. Em um determinado porto, grandes embarcações ficaram à mercê dos

---

* N. de T. Uma tempestade nor'easter é uma tempestade de macroescala que se desenvolve por toda a costa leste dos EUA.

ventos. Como brinquedos numa banheira de criança as embarcações por fim foram jogadas contra o quebra-mar, a despeito de os capitães acreditarem que estavam firmemente ancoradas. Os comandantes e os proprietários se reuniram no porto para debater o que fazer, ainda que não se tenha chegado a um consenso.

Dentre os que estavam reunidos, havia um jovem proprietário de embarcação. Durante a discussão, o seu barco foi arremessado na direção de onde estavam reunidos, empurrado por um forte vento de cauda. Subitamente, ele pulou para dentro do seu barco e, para a surpresa de todos, fez um buraco na parte de baixo com um machado. A água invadiu o barco e ele afundou rapidamente dois metros no mar. Quando a tempestade passou, todas as demais embarcações estavam em frangalhos, mas o jovem proprietário foi capaz de içá-la e consertá-la.

Essa história sugere algo profundo sobre a atitude que deveríamos ter quando nos deparamos com problemas. Ela também deve servir como um lembrete para desconfiarmos dos obstáculos mentais comuns que ocorrem quando nós:

- Não avaliamos os problemas corretamente.
- Perdemos a coragem de enfrentar outro problema.
- Não podemos colocar as ideias em prática.

Essas são armadilhas em que muitos de nós caímos quando traduzimos as ideias em realidade. Acima de tudo, a melhor maneira de vencer esses desafios é não desistir nunca e saber que, mesmo se os problemas não podem ser solucionados completamente, sempre é possível melhorar.

Removendo cavacos de uma furação não passante

Num fabricante de aparelhos elétricos, furos eram feitos e depois rosqueados com um macho no eixo de uma máquina de enxaguar. Em seguida, a superfície externa do eixo era polida. Entretanto, como os furos não atravessavam o eixo completamente, os cavacos do processo de furação e encaixe ficavam alojados no interior dos furos, sendo removidos apenas durante o polimento, arranhando a superfície. Para evitar isso, os operários removiam os cavacos antes do polimento da seguinte forma:

TABELA 5.2 Processo de remoção de cavacos

Colocar os eixos numa cesta e mergulhar num banho de água ensaboada por cerca de 10 minutos
Sacudir a cesta assim que for retirada da água
Segurar cerca de 5 eixos de cada vez e bater a extremidade contra uma bancada de trabalho várias vezes para expelir os cavacos
Soprar ar comprimido no buraco para remover os cavacos remanescentes

Eu estava passando por um operário que realizava a última etapa e perguntei: "Por que você sopra ar para dentro dos furos?"

"Para remover qualquer cavaco remanescente."

"Mas, se você soprar o ar *dentro* do furo, ele não força o cavaco mais para dentro?" eu disse.

"O que eu deveria fazer então?" ele perguntou.

"Você pode soprar o ar *para fora* do furo?"

"Não. O furo não atravessa o eixo."

Pensei nisso por um momento e então perguntei: "Alguém pode ir à enfermaria e me trazer uma seringa?"

"Para quê?"

"Você vai ver."

Uma vez com a seringa, a enchi com fluido de limpeza e afixei uma agulha comprida na extremidade. Então, peguei o eixo que acabara de ser batido antes da imersão em água ensaboada e inseri a agulha da seringa na parte de baixo do furo esguichando o líquido algumas vezes. Depois de fazer isso em dez eixos, eu os bati levemente contra a bancada de trabalho. Nenhum cavaco saiu. Além disso, quando a parte de fora dos eixos era polida havia problemas com arranhões.

Essa ideia foi levada um passo adiante através da criação de uma máquina que limpava os cavacos automaticamente enquanto girava (Figura 5.1). Os eixos que haviam sido furados e batidos eram colocados dentro da máquina com o furo virado para baixo. Um jato de fluido de limpeza era lançado nos furos conforme a máquina girava. Após os eixos serem

A capa foi removida nessa fotografia para mostrar o fluido sendo esguichado
(Matsushita Electric Co., Ltd, Divisão de Máquinas de Lavar)

FIGURA 5.1 • Máquina de limpeza.

limpos, eles eram liberados automaticamente. A máquina tornou toda a operação mais fácil e permitiu que os cavacos remanescentes fosse expelida completamente.

Embora a minha ideia inicial tenha sido rejeitada pelo operário, fui capaz de usar esse subsídio para redirecionar os meus pensamentos, formulando-os num plano exequível. Assim, ao invés de parar a minha geração de ideia, a própria objeção se tornou a ferramenta utilizada para ultrapassar esse obstáculo mental e alcançar o sucesso.

Desembaçando o indicador do nível de água

Quando foi testada a função vapor de um ferro de passar num fabricante de equipamentos elétricos, descobriu-se que o indicador do nível de água embaçava facilmente. Uma vez embaçado, era praticamente impossível desembaçar.

Um dispositivo de aquecimento elétrico foi empregado para evaporar a névoa, mas esse método demorava demais e não era algo que se esperasse que o consumidor fosse fazer. Nem era estruturalmente possível limpá-lo inserindo um objeto como um tecido ou uma vareta.

Enquanto pensava no que poderia ser feito, me veio à mente a imagem de uma formiga rastejando por um tubo estreito. Então, percebi que alguma coisa que pudesse atravessar pequenas aberturas, como um gás ou um líquido, teria que ser utilizada para remover a névoa.

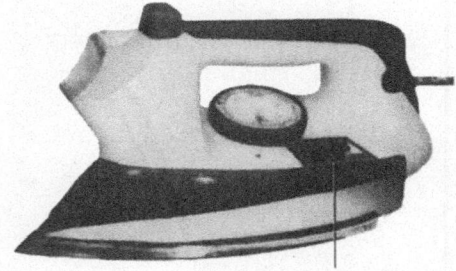

Além disso, eu teria que usar um líquido que não contribuísse com a condensação. Depois de pensar mais, tive a ideia de usar um líquido com natureza volátil. Então, esfreguei um pouco de álcool para lavar a superfície interna do indicador e descobri que funcionou muito bem, limpando a névoa imediatamente.

FIGURA 5.2 • **Ferro de passar.**

Tingindo fios

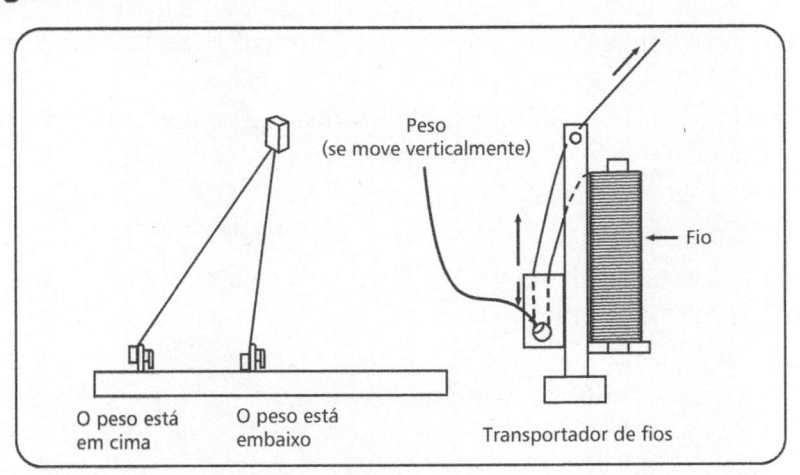

FIGURA 5.3 • **Máquina de trançar fios.**

Numa indústria têxtil que visitei, transportadores de fio alimentavam fio tingido numa máquina que depois os trançava. Os transportadores mantinham o fio numa determinada tensão passando o mesmo através de pequenos pesos. Os pesos eram suspensos livremente e, como tal, seu peso oscilaria dependendo do nível do fio na bobina. O sistema funcionava bem, exceto que, quando o peso estava em sua posição mais inferior, muitas vezes o fio partia. Sempre que isso acontecia, a máquina tinha que ser parada, resultando em inatividade desnecessária.

Enquanto buscava meios de abordar esse problema, ficou claro para mim que o processo de tingimento enfraquecia o fio. Portanto, sugeri que tingissem o fio depois de ele ter passado pelos pesos, mas antes de ter entrado no trançador. O mecanismo exibido na Figura 5.4 foi criado com base na minha sugestão. Ele incluía um reservatório em forma de *donut** para abrigar o corante, uma mangueira equipada com uma válvula que podia controlar o nível de corante que fluía de um tanque para o reservatório e pequenos furos de saída que permitiam ao corante esvair-se no fio conforme o mesmo passasse.

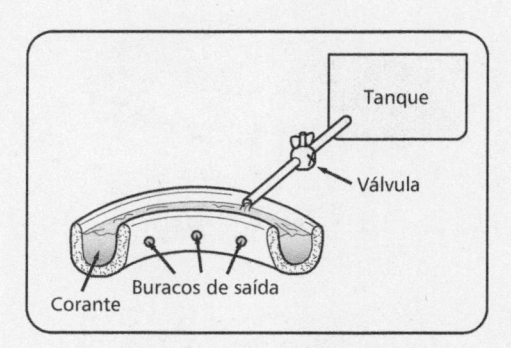

FIGURA 5.4 • Primeira melhoria.

Cerca de um mês mais tarde, visitei a fábrica e perguntei como o novo mecanismo tinha se saído.

"Não funcionou," disse um encarregado.

"O fio não ficou totalmente tingido?" perguntei.

"Bem, ficou, mas de forma muito desigual para ser vendido como um produto acabado."

"Desigual? Qual foi o problema?"

"O nível superficial do corante não ficou uniforme e não chegou ao nível dos furos de saída, fazendo com que o corante saísse de forma desigual. Acho que isso poderia ser solucionado se tivéssemos alguém constantemente de pé ao lado da máquina ajustando o fluxo com a válvula. Mas, obviamente isso é um desperdício."

Depois de pensar um pouco nesse problema, sugeri o uso de um dispositivo com reservatório duplo, como mostra a Figura 5.5. Nessa

---

* N. de T. *Donut* ou *doughnut* é um pequeno bolo em forma de rosca oriundo dos EUA.

etapa, 20% a mais do corante necessário para tingir fluiria continuamente para o reservatório interno. O corante excedente simplesmente poderia ser derramado no reservatório externo e enviado de volta para o tanque através da bomba.

Eu visitei outra vez a fábrica cerca de um mês depois e perguntei como isso funcionou.

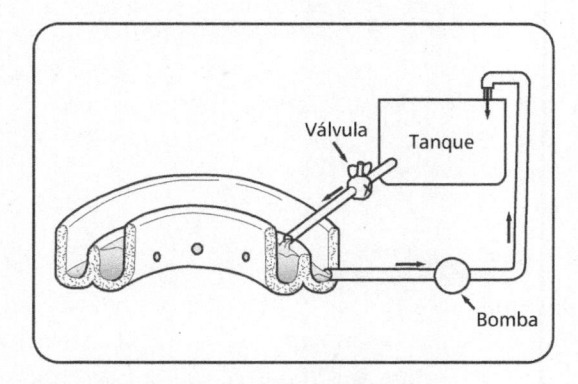

FIGURA 5.5 • Segunda melhoria.

"Não é bom," disse o encarregado um tanto apaticamente.

"O tingimento ficou desigual novamente?"

"Bem, não. Esse problema desapareceu, mas agora o corante goteja excessivamente dos furos para a máquina de trançar."

Fui ao pátio e logo vi o problema. Parecia que o gotejamento começava devido a um pedido que fiz durante a minha última visita. Os furos de saída foram aumentados para exsudar mais corante.

"Agora, o que você faz?" perguntei a mim mesmo enquanto pensava sobre a causa exata do gotejamento. Então, percebi que isso só acontecia quando o corante não estava em contato com o fio e, portanto, não era absorvido imediatamente. Enquanto os dois estavam em contato, o gotejamento não acontecia. Logo, usinamos uma canaleta interna que conectava todos os furos (Figura 5.6). Agora, o fluxo de corante estava distribuído por igual no sulco, garantindo o contato constante com o fio. O problema do gotejamento parou completamente e, finalmente, meu conceito estava completo.

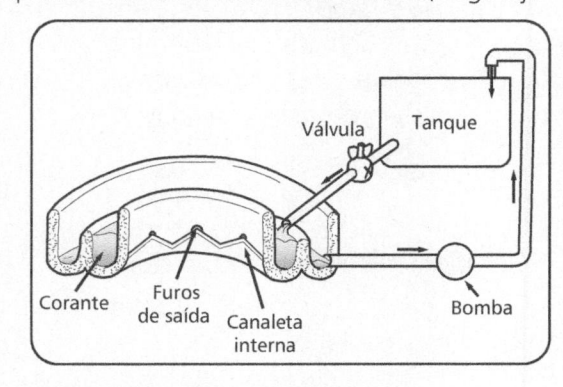

FIGURA 5.6 • Terceira melhoria.

Limitar-se a dizer que algo não funciona nunca solucionará um problema. Em vez disso, precisamos considerar especificamente o que está impedindo algo de funcionar e, mantendo uma atitude positiva, encontrar maneiras de ultrapassar esses obstáculos. Nesse caso, essa fórmula certamente foi a chave do sucesso.

Resfriando o óleo

Numa fábrica, havia uma operação envolvendo polimento de pinos. Durante o processo de polimento, se formava um ligeiro dente. Embora fosse tão pequeno quanto um milésimo de milímetro, ainda era indesejável e precisava ser tratado. A fábrica investigou as possíveis causas e descobriu que a culpa era de um aumento na temperatura do óleo lubrificante. Quando a temperatura subia, um rolamento dentro da máquina se expandia e provocava o problema. Infelizmente, a máquina de polir não tinha a funcionalidade de ajustar a temperatura do óleo.

Alguém sugeriu instalar um tanque de óleo no subsolo e conectá-lo à máquina com um tubo de arrefecimento. Isso teria funcionado, mas era impossível implementar imediatamente.

Fui ao chão de fábrica e verifiquei a estrutura da máquina de polir. Ela possuía um tanque principal e dois tanques auxiliares, como mostra a Figura 5.7. Pensei por um tempo e depois fiz a seguinte sugestão:

- Colocar um termômetro no tanque de óleo principal.
- Despejar óleo até a sua capacidade máxima, H1.

Quando a temperatura atingir um determinado nível, abra as válvulas 1 e 2 (V1 e V2), permitindo que o óleo mais quente no tanque principal seja transferido para o tanque auxiliar 2 (T2). Uma vez que o óleo no tanque principal esteja no nível mais baixo (H2), interrompa o fluxo fechando as válvulas.

Abra a válvula 3 (V3), permitindo que o óleo com temperatura normal do tanque auxiliar 3 (T3) seja transferido e encha novamente o tanque principal, ajustando assim a temperatura.

Esse método permitiu o ajuste da temperatura do óleo sem qualquer investimento de vulto.

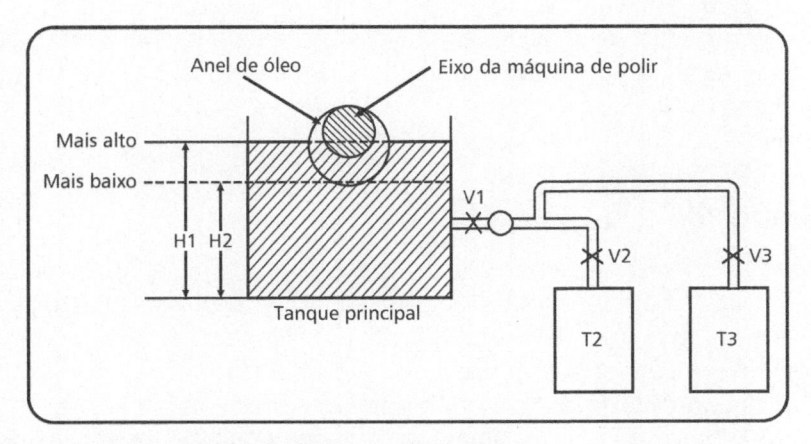

FIGURA 5.7 • Ajustando a temperatura do óleo.

Sob pressão

As indústrias Y, um conhecido fabricante que se especializou no processamento de metais estava planejando introduzir um sistema de fluxo de produção. Porém, o tempo do ciclo de um determinado processo de corte do metal criava um gargalo, resultando num problema sério para obter o fluxo de uma peça. Enquanto estava no chão de fábrica, eu observei nesse processo que um operário às vezes invertia a lâmina, removia os cavacos e aplicava óleo de corte. O tempo gasto nessa tarefa não era pequeno.

"Por que você inverte a lâmina?" perguntei.

"Isso ajuda a realizar o corte de um jeito que fica mais fácil de remover os cavacos."

"É possível cortar até o fim sem remover os cavacos?"

"Não. A lâmina esquentará rapidamente e perderá o fio."

"Vamos tentar aplicar óleo enquanto está cortando." Eu disse e pedi a ele para tentar. O resultado, embora cômico, não foi o que eu tinha em mente. Logo que o óleo atingiu a lâmina, foi borrifado em todas as direções.

"Ih. Isso não é bom. Por favor, pare!" gritei.

Depois de pedir que ele parasse e me limpar um pouco, a questão ainda estava me incomodando. Enquanto continuei a observar a operação, me veio à mente uma ideia: "Que tal usar pressão para diminuir o respingo?" Então, tentamos lançar o óleo de corte na lâmina numa pressão mais elevada e em volumes maiores. Para nossa surpresa, e alívio, o respingo foi totalmente suprimido pela pressão.

Soprador de apito

Quando fui a Taiwan pela primeira vez em 22 anos, visitei a fábrica de plásticos S. Durante a minha visita, estavam sendo produzidos apitos para serem usados em animais empalhados, do tipo que fazia barulho quando o brinquedo era apertado. O processo de produção final foi o teste de som. Os trabalhadores testavam o som de cada apito literalmente soprando-os. Considerando o número de apitos produzidos por dia, era um processo longo e definitivamente dispendioso.

"Parece bastante trabalho," eu disse a um dos trabalhadores.

"Certamente. Depois de fazer isso o dia inteiro, você não quer nem mexer a boca na hora do jantar."

"Não existe um meio de fazer isso mecanicamente?"

"Tentamos vários métodos, mas nenhum que realmente tenha funcionado."

"Quais métodos?"

"Primeiro, usamos um conta-gotas para soprar o ar, mas não foi bom. Depois, usamos ar comprimido, mas também não funcionou," disse ele.

Na verdade, eu estava pensando em sugerir o ar comprimido, logo isso significava que eu já estava sem ideias. Ponderei o meu próximo movimento.

Enquanto seguia no ônibus para o aeroporto em meu caminho de volta para o Japão, continuei pensando comigo mesmo que o fluxo de ar deveria imitar a respiração dos trabalhadores quando testavam os apitos através do sopro.

Logo, telefonei do aeroporto para a fábrica e fiz uma sugestão. "É necessário que se tenha um fluxo de ar com pressão e volume estáveis, como acontece quando sopramos com a nossa boca. Que tal conduzir um teste usando apenas um soprador?"

Na semana seguinte eu recebi um telefonema da fábrica. A pessoa empolgada no outro lado da linha me disse que o soprador foi um sucesso.

Como em todos esses exemplos, se desistirmos após um fracasso inicial, então o sucesso sempre irá se esquivar de nós. Nesse caso, a incapacidade de criar mecanicamente o fluxo apropriado de ar foi o catalisador que ajudou a concentrar apropriadamente meus pensamentos para obter sucesso.

Adesão de tecido revestido com resina

Esta é uma história que ouvi do Sr. S, que frequentou o meu Seminário de Engenharia Industrial ministrado nas indústrias automobilísticas T.

"Logo após assistir o seu último seminário, comecei a pesquisar como colar eletricamente os tecidos revestidos com resina. Eu realmente gostaria de encontrar um meio de fazê-lo, então visitei o Dr. K, um pesquisador líder no campo da teoria de adesão. Ele me disse: "Não existe um modo de fazê-lo com eletricidade," e explicou logicamente a razão por trás disso. Mas, eu acabara de aprender no seminário que você sempre deveria sugerir uma ideia e tentar, então fui adiante e conduzi um teste assim mesmo. Para meu espanto, fui capaz de colar o tecido. Foi um resultado inesperado até mesmo para mim. Então, telefonei para o doutor para lhe comunicar o meu sucesso."

"Verdade?" perguntei, "O que ele disse?"

"Ele ficou surpreso e disse: "Que estranho! Poderia me trazer para que eu possa ver?" No dia seguinte levei a amostra de tecido para o Dr. K para que ele analisasse. No final daquela tarde, ele telefonou e me pediu para comparecer ao seu escritório, onde me explicou por que no final das contas a adesão elétrica foi possível. Foi um verdadeiro lembrete de que você nunca sabe o que vai acontecer, a menos que tente." Esse não é o tipo de experiência que você encontra com frequência, mas os fatos triunfarão sobre a teoria a qualquer dia da semana; quando isso acontece, boas ideias se transformam em ideias *incríveis*.

VIDA *VERSUS* MORTE: A DICOTOMIA DO JULGAMENTO

Como mencionei anteriormente, embora seja essencial separar o julgamento da geração da ideia, ele ainda é uma parte importante e necessária do processo de melhoria. Levando isso em conta, é útil apontar a dicotomia do julgamento e do poder que cada tipo possui em criar ou destruir os nossos planos de melhoria. Os dois tipos de julgamento são:

- Julgamento positivo que produz vida.
- Julgamento negativo que produz morte.

No caso do episódio anterior do tingimento de fio, concluir que o novo mecanismo não funcionaria devido apenas ao tingimento desigual foi uma sentença de morte para os nossos esforços de melhoria. Por outro lado, pensar em termos de "Uma vez corrigida a desigualdade" foi a atitude que manteve vivos os nossos esforços.

Dependendo de que tipo de julgamento você faz, a ação e o resultado subsequentes serão bastante diferentes. Aqueles que pensam: "Não podemos fazer isso" provavelmente não tomarão atitudes posteriores. Em contraste, os que pensam: "Isso funcionará se este problema for resolvido" provavelmente tomarão uma atitude subsequente para encontrar um método melhor. Naturalmente, os que fazem esse último julgamento proporcionam a si mesmos mais chances de sucesso.

As profundas diferenças que resultam do julgamento positivo ou negativo sugerem que a direção que tomamos em nossa jornada para a melhoria é definitivamente subordinada à nossa atitude.

Tenho visto casos em muitas fábricas onde os encarregados de avaliar as ideias de melhoria acabam sendo os mesmos que as destroem. Todos nós devíamos dar um tempo e nos perguntarmos se uma atitude negativa como essa se aplica a nós ou à nossa empresa.

O INSTINTO DO ENGENHEIRO E O INSTINTO DO ADMINISTRADOR

Na S Eletrônicos, uma operação envolvia pendurar peças em ganchos, mergulhando-as depois em parafina e secando-as com calor. Depois que as peças saíam do forno, os trabalhadores removiam as peças dos ganchos manualmente.

Enquanto eu assistia os trabalhadores removendo as peças, uma a uma, falei com o Sr. G, o gerente da fábrica.

"Não há um meio de remover as peças mecanicamente?"

"Não acho que seja possível."

"Hum, não estou certo disso. Por que não colocamos uma prancha embaixo das peças penduradas e as vibramos verticalmente com uma máquina?"

Eu trouxe uma prancha e testei essa ideia imediatamente. Ela resultou na saída de 30 peças em 50, deixando 20 ainda penduradas nos ganchos. O Sr. G disse: "Veja, não funcionou."

Repliquei: "Por que diz isso? Cerca de 30 saíram. Você está dizendo que não funcionou porque nem todas saíram? Possivelmente podemos retirar 30 dessa maneira e o resto manualmente. Nesse momento, você tem quatro operários aqui, ainda que só vá precisar de dois trabalhando assim. Você está aplicando o que eu chamo de 'instinto de engenheiro'. Esse instinto lhe diz que se algo não traz um resultado perfeito, é uma falha. Um instinto melhor seria um que lhe diz que a sua ideia é boa, contanto que lhe traga algum resultado, mesmo que os resultados do teste exibam apenas 60% de sucesso. Chamo isso de 'instinto do administrador'. Se isso fosse um laboratório de pesquisa, a história poderia ser diferente; mas, numa fábrica é normal ir à frente com uma ideia, mesmo que não seja perfeita. Uma mentalidade 'melhor do que nada' é o que está faltando aqui, e não uma mentalidade 'tudo ou nada'".

O gerente da fábrica ficou convencido e adotou a minha ideia. Mais tarde fui informado que, menos de seis meses depois da implementação, a fábrica melhorou o método com base em sua pesquisa, obtendo sucesso na remoção mecânica de todas as peças.

Houve um episódio semelhante que ocorreu na companhia de energia elétrica M. Foram inspecionados os alarmes audíveis para comutadores de pressão. Os operários verificaram o tom de cada produto ouvindo-o enquanto ficavam fechados numa câmara isolada. Quando perguntei se isso poderia ser feito mecanicamente, disseram-me sem rodeios que era tecnicamente difícil demais para uma máquina. Então, sugeri: "Que tal usar uma máquina para separar os produtos em três grupos diferentes?

- Bom
- Defeituoso
- Qualidade indeterminada

Após fazer a classificação nesses grupos, os operários só precisam inspecionar novamente o terceiro grupo e determinar se esses produtos cumprem ou não o padrão de qualidade. Na realidade, esperar que uma máquina faça toda a inspeção pode exigir sofisticação demais. Mas, com esse método, você não precisa de uma máquina altamente sofisticada." Pedi que testassem esse método e fui embora da empresa.

Quando a visitei novamente, cerca de um mês depois, confirmaram que realmente foi possível conduzir a inspeção inteira mecanicamente.

Esse é outro exemplo no qual as pessoas hesitaram inicialmente em relação aos esforços de melhoria devido à aparente ausência de perfeição, apenas para encontrar a perfeição após se colocarem a trabalhar pensando que o resultado não teria necessariamente que ser assim.

Existe um tipo de engenheiro chamado de "engenheiro de mesa", que se supera na discussão na mesa, mas que hesita quando se trata de implementação real. Essa não é a atitude correta. Enquanto um novo método proporcionar até mesmo um ligeira melhoria, ou lucro, precisamos ser corajosos o bastante para tentar esses métodos imperfeitos. Além disso, não devemos esquecer de empregar o instinto do administrador e julgar a situação a partir de uma perspectiva mais ampla, em vez de ficarmos obcecados com a perfeição técnica.

As 10 objeções

O julgamento se apresenta muitas vezes na forma de uma objeção. Além do mais, do mesmo modo que a geração da ideia, o julgamento também pode ser transmitido com base numa premissa incorreta. Portanto, é importante nos familiarizarmos com os vários tipos de objeção, de modo que possamos aprender a dissecá-las para analisar a sua validade.

1) Objeção baseada em exceções

Uma vez observei uma operação onde as tampas de panelas de aço inoxidável foram concluídas com uma máquina. Antes de os operários começarem a operação, eles marcavam o cabo da panela com giz para indicar onde parar o movimento da máquina.

"Que tal prender uma trava na máquina, de modo que ela pare sozinha no lugar apropriado?" eu disse.

"Isso não funcionaria. Existem tamanhos diferentes de tampa, então se eu usar uma trava sempre terei que prendê-la e soltá-la. Isso será menos eficiente."

Cada operário trabalhava em 500 tampas por dia. Depois de pensar um pouco sobre isso, eu disse: "Você tem muitas panelas com tamanho fora do padrão?"

"Não, não muitas."

"Quantas? Umas 100?"

"Não. Usualmente, apenas cerca de três ou quatro por dia."

Revelou-se que as panelas de tamanho irregular compreendiam apenas uma minúscula fração da sua carga de trabalho. Apenas com essa informação, concluímos que uma trava poderia ser introduzida, simplesmente ignorando essas exceções. Decidir que existe um problema com a ideia sugerida devido apenas à existência de exceções é um argumento ilógico, ainda que utilizado com bastante frequência.

2) Objeção por detalhes

Uma vez sugeri que uma empresa mudasse o sistema de pagamento baseado nos dias trabalhados para uma remuneração baseada no desempenho. Imediatamente as pessoas apontaram as desvantagens dessa ideia, uma após a outra:

- Isso vai afetar negativamente a qualidade do produto.
- É um sistema não saudável que usa incentivos monetários para estimular a assiduidade.
- Aumenta a intensidade do trabalho.

Por outro lado, eles só tinham coisas boas a dizer sobre o seu sistema de pagamento vigente baseado nos dias trabalhados.

- O rendimento é mais estável.
- A qualidade do produto não será impactada negativamente.

Esse argumento dá a impressão de que, em todas as contas, o pagamento com base nos dias trabalhados é superior ao pagamento baseado no desempenho. Mas, seria isso mesmo? A realidade é que toda ideia possui tanto vantagens quanto desvantagens. Apontar apenas as desvantagens das ideias recém-sugeridas é a tática da objeção por detalhes."

Sempre devemos usar uma perspectiva ampla para avaliar ambos os aspectos positivos e negativos, tanto dos métodos atuais quanto dos métodos sugeridos. Só então estaremos informados o bastante para concluir qual deles é, na realidade, o melhor método.

	Vantagem	Desvantagem
Pagamento com base nos dias trabalhados	60%	40%
Pagamento com base no desempenho	75%	25%

FIGURA 5.8 • Diferenças nos sistemas de pagamento.

3) Objeção de manipulação de unidade

Mesmo que seja descrito o mesmo fenômeno, a variação na forma como colocamos ou a variação de nossas unidades numéricas pode alterar profundamente a impressão do ouvinte. De modo correspondente, devemos lembrar que tais táticas podem ser usadas – e quase sempre o são – para manipular a interpretação dos ouvintes.

Mas, primeiro vamos dar uma olhada nas seguintes expressões:

O tempo de produção foi reduzido de cinco para quatro minutos.

O tempo de produção foi reduzido em um minuto.

O tempo de produção foi reduzido em 20%.

A produção aumentou em 25%.

Podem ser produzidos diariamente 24 produtos a mais.

Podem ser produzidos 627 produtos a mais por mês e 8.064 produtos a mais por ano.

Todas essas expressões descrevem o mesmo fenômeno, ainda que cada versão pareça diferente aos ouvidos do ouvinte.

Aqui temos outro exemplo:

"Esse croquete de frango tem um gosto engraçado. Ele contém alguma outra coisa diferente de frango?"

"Sim, tem?"

"O que é?"

"Ah, tem um pouco de carne de cavalo misturada."

"Carne de cavalo?! O quanto de carne de cavalo você chama 'um pouco?'"

"Uma proporção em torno de 1:1."

"O que você quer dizer com uma proporção de 1:1?"

"É utilizado um frango por cavalo."

4) Objeção baseada em evidência incompleta

Tomar decisões sem ler primeiro as letras miúdas significa pagar custos elevados mais tarde. Um anúncio de classificados num jornal, dizia: "Pagamento mensal: US$ 245" em letras garrafais. Mas, as letras miúdas ao lado diziam: "O pagamento básico é de US$ 45. Existe um bônus de US$ 200 como recompensa para os que atingirem as suas metas."

De modo semelhante, vi anúncios alegando que a "luminária do tipo *spot* consome 30% a menos de energia." Eu gostaria de saber como a comparação é medida. É como dizer: "Meu irmão é três anos mais jovem e eu sou três anos mais velho." Podemos concluir que está sendo feita uma comparação entre dois irmãos, mas uma inspeção mais atenta revela que isso não está realmente claro.

Às vezes as pessoas começam a sua argumentação com: "Segundo Hegel" ou "Segundo o Dr. ...", supondo ser verdade absoluta o que foi dito pelos indivíduos notáveis. Entretanto, a não ser que levemos em consideração os detalhes que dirigem essas suposições, podemos ficar facilmente aprisionados num argumento falso sem nenhuma evidência real para apoiar as nossas afirmações.

5) Objeção fora de contexto

Na empresa B, estava ocorrendo uma disputa por salário de fim de ano entre o sindicato e a administração. O sindicato estava exigindo um adicional de US$ 400 por período pago. Após as negociações, a administração ofereceu US$ 350. Um líder sindical radical dirigiu-se até os membros do sindicato e gritou para a multidão: "A empresa recusou a nossa exigência. Vamos entrar em greve."

Quando o humor reinante nos membros do sindicato estava se inclinando para uma greve, um deles perguntou: "A administração fez algum tipo de oferta?". O líder sindical acabou revelando a contraproposta de US$ 350. Nisso, a atmosfera da sala mudou completamente. A maioria das pessoas achou que foi um meio termo razoável. Como consequência dessa informação crucial, ambos os lados chegaram a um acordo e a greve foi evitada.

Se o líder sindical tivesse dito "A administração ofereceu apenas US$ 350 e rejeitou a nossa exigência. Vamos entrar em greve," as pessoas não teriam ficado desorientadas. Isso serve para mostrar como é fácil perder o contexto quando filtramos a informação mencionada de acordo com a nossa conveniência ou para servir a nossa própria programação.

Isso é especialmente problemático se o comentário original tiver um tom subjuntivo, ou seja, uma sentença "se". Por exemplo, suponha que o comentário original tenha sido: "Se o preço do aço cair em 10%, a exportação de barcos aumentará em 30%." Tirar isso de contexto, comunicando que "Foi anunciado um aumento de 30% na exportação de barcos", poderia levar a um grave mal-entendido.

6) Objeção galinha ou ovo

A galinha só pode vir de um ovo; o ovo só pode vir de uma galinha. Mas, qual deles vem primeiro? Embora eu tenha escutado que a teoria da evolução explica que o ovo vem primeiro, na realidade é difícil ver sentido nisso. Quanto mais você pensa nisso, mais você anda em círculos. Existe um estilo de objeção semelhante a esse.

"Uma escassez de energia foi provocada devido a um desabastecimento de carvão."

"O carvão estava escasso devido à falta de energia."

Outro exemplo:

"As pessoas ganham mais se trabalham duro."

"As pessoas trabalham duro se ganham mais."

Essas são objeções típicas da galinha ou ovo. Se a discussão começar a andar em círculos dessa maneira, é melhor parar e rever o tópico a partir de um ângulo diferente.

7) Objeção girino

Todos sabem que os girinos eventualmente viram sapos. Porém, os girinos ainda são girinos e não podem ser comparados a sapos em pé de igualdade. Às vezes durante uma discussão dois pontos de referência são considerados equivalentes, enquanto as mudanças que podem ter ocorrido com o passar do tempo são ignoradas.

Por exemplo, um homem de Tóquio veio me visitar em Kyushu, a ilha mais ao sul do Japão, e disse: "Pensei que estaria mais quente aqui do que em Tóquio, mas não está."

"Quando você saiu de Tóquio?" perguntei.

Ele disse que havia saído de Tóquio uma semana antes e, no caminho, parado em Nagoya e Osaka. Ele estava inconscientemente comparando a temperatura da semana anterior em Tóquio com a temperatura em Kyushu naquele dia.

A objeção girino aparece com frequência logo depois da implementação de um método no chão de fábrica. Em resposta à mudança, os operários poderiam começar a dizer: "O método anterior era muito mais fácil; esse novo método é difícil demais." Mas, é injusto se estiverem comparando o nível de conforto que tinham no método que empregaram nos últimos sete anos, por exemplo, com o movo método que eles usaram por apenas uma semana. É uma "objeção girino" inválida.

8) Objeção distorcida

Dentre as diferentes objeções opostas, a objeção distorcida aparentemente é a grande favorita. Usando esse argumento, alguém pode fazer parecer que são todas para a melhoria e não apenas a que você poderia estar sugerindo. Ela é projetada para proteger o status quo.

Numa fábrica que visitei eu vi um operário carregando caixas pesadas da bancada de trabalho para a área de armazenamento do produto.

Eu disse ao encarregado que estava comigo: "Por que você não coloca uma rampa entre a bancada de trabalho e a área de armazenamento e deixa as caixas simplesmente escorregarem por ela?"

"Eu realmente pensei nisso, mas isso bloquearia o corredor onde as pessoas e os carrinhos tem que passar. Logo, não podemos fazer isso."

Deparado com uma oposição aparentemente lógica, fui tentado a dizer: "Ah, há um caminho ali. Eu acho que não existe uma maneira de mudar o método atual," mas não o fiz.

Os pontos da minha sugestão e a oposição do encarregado foram os seguintes:

1. Objetivo – facilitar o transporte das caixas.
2. Meio – instalar uma rampa.
3. Objeção – a rampa instalada bloquearia o corredor.

Em outras palavras, a objeção dele não estava negando o objetivo. Na verdade, a objeção dele estava apenas apontando uma falha no meio para atingir esse objetivo. A oposição dele, porém, foi colocada de um jeito que sugeria que o objetivo não era alcançável. Esse estilo de objeção é chamado de argumento distorcido.

Existem sempre múltiplos meios para alcançar um único objetivo. Nesse caso, apenas porque a rampa seria um inconveniente para o local de traba-

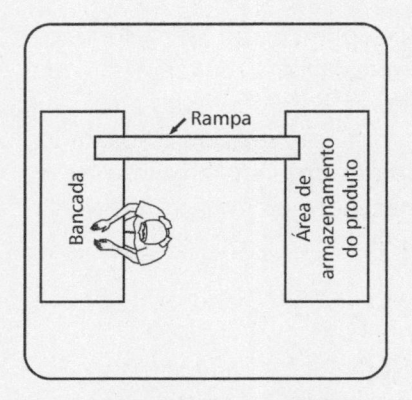

FIGURA 5.9 • Rampa fixa.

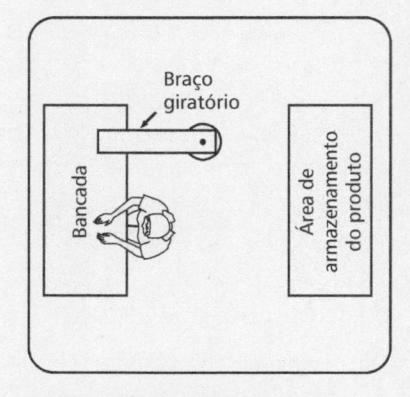

FIGURA 5.10 • Braço giratório.

lho, não era um motivo para destruir toda a ideia de melhoria. Nós precisamos apenas conceber um método diferente que possa mover as caixas sem bloquear o corredor. Havia diversas maneiras de se conseguir isso, tal como usar um braço giratório como o da Figura 5.10 ou usar um mecanismo de suspensão acoplado ao teto.

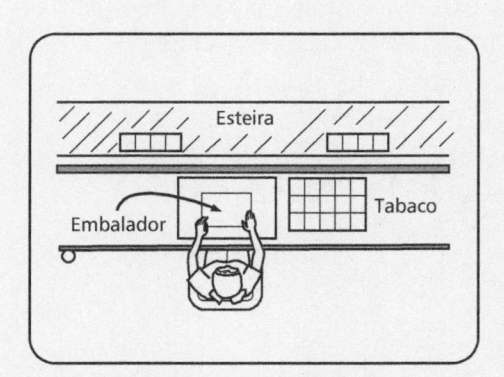

FIGURA 5.11 • Estação de montagem de tabaco.

Aqui temos outro exemplo de objeção distorcida que ocorreu durante uma visita a uma fábrica de tabaco. Enquanto estava no pátio, eu passei por trabalhadores que estavam acondicionando tabaco. Como mostra a Figura 5.11, uma esteira estava localizada na frente da bancada. As etapas da operação eram: 1) embalar o tabaco um maço de cada vez e 2) quando quatro maços estivessem embalados, segurá-los, esticar os braços até a esteira e colocá-los.

Eu disse ao encarregado: "Por que não instalamos uma calha que fique entre a bancada e a esteira, enviando os maços um por um depois de terem sido embalados?"

Ele rejeitou imediatamente. "Infelizmente, isso não funcionaria. Se você deslizar os pacotes logo após terem sido embalados, a cola não vai segurar."

"A cola não vai segurar..." fiquei desapontado. Quando pensei mais sobre o que ele disse, percebi que era um caso claro de objeção distorcida.

O objetivo da minha sugestão foi o de aprimorar os seguintes aspectos indesejados da operação:

- Os trabalhadores tinham que monitorar constantemente o número de maços acondicionados.
- A cada quatro pacotes, o ritmo do seu movimento de acondicionamento era interrompido.
- A esteira ficava longe demais e provocava fadiga nos trabalhadores.

Examinando mais atentamente, a objeção do encarregado – a cola não seguraria – apenas apontava a falha do meio sugerido, e não um aspecto sequer do propósito. Ainda que a sua resposta tenha sido tranquila, "Isso não funcionaria", era um caso de argumento distorcido, em que a objeção faz parecer que todo o propósito é falho, mesmo que ela na verdade se refira apenas aos meios sugeridos.

Quando percebi isso, pensei que o objetivo ainda poderia ser alcançado, tão logo nos certificamos que a cola não soltaria. Eu observei o tempo que a cola levou para ficar suficientemente seca, de modo que os maços poderiam ser deslizados com segurança pela calha. Equivalia aproximadamente ao tempo que levava para embalar cinco maços.

Então, coloquei uma calha à esquerda de cada trabalhador (Figura 5.12). Ela foi colocada estrategicamente de modo que se um trabalhador colocasse simplesmente os maços lado a lado na bancada, o sexto maço, o maço mais antigo no fim da linha, deslizaria pela calha. Esse método resolveu a falha que o encarregado apontou, ao mesmo tempo em que atingia o meu objetivo.

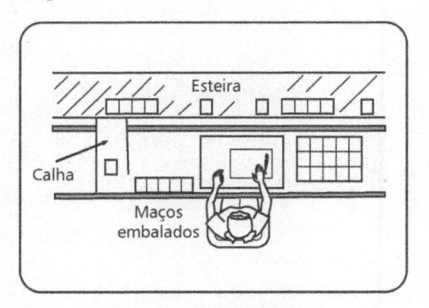

FIGURA 5.12 • Estação de montagem com calha.

9) Objeção em círculos

Fui ver o filme *Shiroi Sanmyaku* (Montanha Branca) com meu amigo Y. Em nosso caminho de volta ele disse: "Foi um grande filme, não foi? Fiquei realmente impressionado."

"Você acha mesmo? Fiquei decepcionado."

"Por quê? Achei incrível." Nossa conversa seguiu assim por um tempo. Quando chegamos na esquina aonde nos separaríamos, ele me perguntou: "Então, o que havia no filme que você achou chato?"

Eu disse: "O filme é vendido como um documentário, mas ouvi dizer que a mãe urso sequer é real. Você lembra da cena em que a águia mergulhou e saiu voando com a cria? Foi simplesmente ridícula. Eu acho desagradável um documentário ser manipulado desse forma."

"Nesse ponto eu concordo plenamente com você," ele disse.

"O que? Quer dizer você também achou desagradável? Então, o que te impressionou?"

"Estava me referindo à beleza dos Alpes japoneses no decorrer do ano e às cores brilhantes da natureza. Acima de tudo, pela quantidade de empenho da equipe de filmagem para tornar o filme possível. Eu acho que isso merece respeito."

"Agora eu concordo plenamente," eu disse. No final, parecia que, na verdade, havíamos tido a mesma visão do filme desde o início.

Então, como pudemos prosseguir discutindo sem reparar nisso? Embora estivéssemos falando sobre o mesmo filme, não esclarecemos sobre que aspecto do mesmo estávamos nos referindo especificamente.

Uma vez estive numa reunião cujo tópico de discussão era a melhoria da produtividade. As pessoas pareciam estar falando umas depois das outras, então eu perguntei sobre que aspecto da melhoria cada pessoa estava falando em particular. Uma disse que estava falando sobre aumentar a produtividade intensificando o trabalho, enquanto outra afirmou que estava falando sobre aumentar a produtividade eliminando o desperdício. O tópico geral era o mesmo, porém estavam sendo discutidos na mesma mesa aspectos bem diferentes desse tópico. Nada mais natural que a discussão estivesse andando em círculos.

10) Objeção evasiva

Embora a sua responsabilidade principal fosse supervisionar o chão de fábrica, o encarregado de uma empresa estava gastando quase uma hora por dia escrevendo relatórios de trabalho complicados.

A tarefa era demorada porque o conteúdo dos relatórios dizia respeito principalmente à contabilidade, uma área fora de sua especialidade. Para lhe atribuir mais tempo para se concentrar em suas responsabilidades principais, pedi para modificar o processo do relatório, de modo que o encarregado tivesse que submeter apenas um relatório simples. Desse ponto em diante, os contadores poderiam fazer o resto do trabalho contábil.

Fui visitar o gerente de contabilidade para vender essa ideia.

"Quero simplificar a comunicação que vem do chão de fábrica e usar esse formato: uma folha por tipo de produto."

"Deixe-me ver..." ele olhou o formulário e disse "Se formos usar esse formulário, precisaremos de mais pessoal."

"Sim, estou ciente disso. O chão de fábrica concordou em ceder cinco auxiliares para o departamento de contabilidade."

Ele continuou sem responder a minha resposta.

"Isso vai exigir muito mais papel."

"Já obtive a aprovação do chefe do departamento sobre isso."

"Não acho que tenhamos espaço extra para acomodar novas pessoas."

"Que tal usar uma das salas de conferência que o setor de assuntos gerais possui?"

Tão logo concluí a minha frase, ele disse: "Que tal mesas?"

"Podemos trazê-las do chão de fábrica."

Ele continuou mudando de assunto seguidamente sem responder a nenhum dos meus comentários. Continuamos indo para trás e para frente, nos cansando rapidamente. No final, a conversa voltou para um tópico que já havíamos discutido. Então ele olhou para o seu relógio e disse: "Tenho que comparecer a uma reunião," e saiu.

Ouça as objeções

Independentemente do tipo de discussão em que nos encontremos, nós sempre deveríamos evitar contrapor uma objeção com outra. Isso só vai levar a uma disputa acalorada e não a uma solução. Ao invés disso, é importante absorver a crítica, dizendo: "Você tem uma opinião", ou "Certo, eu não pensei nisso." Isso dará à outra parte certa satisfação psicológica e a fará mais receptiva à ideia.

No caso do Argumento Evasivo, é especialmente importante reconhecer primeiro a objeção da outra pessoa, dizendo: "Certo, temos que pensar a respeito do pessoal," ou "Sim, devo levar em consideração a quantidade de papel que isso requer." Você pode começar a discutir o caso assegurando que toda objeção tenha sido colocada.

Há um ditado que diz: "Os seres humanos dizem a verdade, mas ela representa apenas um lado da verdade e não a verdade inteira." Muitas vezes as objeções revelam as imperfeições das nossas ideias. Como tal, é importante ser sensível quando surge uma objeção e fazê-lo na forma de opinião e não de negação direta.

99% das objeções são conselhos

Após falarmos da separação e do momento do julgamento, também discutimos como o julgamento se apresenta na forma de objeções. Porém, ao mudarmos a escolha das nossas palavras ou o nosso estado de espírito, as objeções podem ser consideradas conselhos cautelosos. Embora pareçam objeções, os julgamentos desse tipo são direcionados com frequência aos meios sugeridos ou a como os meios deveriam ser aplicados, mas não à finalidade da ideia proposta.

Pegue o exemplo anterior do acondicionamento dos maços de tabaco. A frase que o encarregado usou em resposta à minha ideia foi: "Isso não vai funcionar porque a cola não vai segurar." Porém, compare-a com essa resposta hipotética: "É uma boa ideia, mas a cola poderia não segurar." Repare que elas estão transmitindo essencialmente a mesma mensagem, colocada apenas de forma diferente. Sob essa ótica, podemos ver que as objeções são conselhos por natureza. Na realidade, se eu não tivesse ajustado a minha perspectiva para enxergar as coisas desse modo e insistido na minha ideia original, a despeito da objeção do encarregado, eu certamente teria falhado. Esse é um conceito *extremamente importante* a ser compreendido quando se busca a melhoria. Ao fazê-lo, o que era aparentemente uma opinião ostensiva, desaparece. Então, as discussões passam a ser uma simples troca de fatos (embora elas frequentemente representem apenas um aspecto do fato e não o fato inteiro), tornando as discussões de qualquer tipo mais brandas e relaxadas.

Através dos exemplos que mostrei e de outras incontáveis ocasiões não apresentadas nesse texto, usar o conceito de mudar objeções para conselhos se provou uma ferramenta infalível para atingir a melhoria bem-sucedida. Com a condição de haver uma pequena parcela, digamos de 1%, que poderia se basear em mal-entendido ou má vontade deliberada. Com base na minha experiência, afirmo que os 99% das objeções restantes no mundo

CAPÍTULO 5 • DAS IDEIAS À REALIDADE   207

```
                    ┌─────────────┐
                    │  Status quo │
                    └──────┬──────┘
                           ▼
                  ┌─────────────────┐
                  │ Geração da ideia│
   ┌──────────┐   └────────┬────────┘   ┌──────────────┐
   │ Superar  │            │            │  Separar a   │
   │obstáculos│───▶     ◀──┤            │ geração da   │
   │ mentais  │            │            │ideia do      │
   └──────────┘            │            │ julgamento   │
                           ▼            └──────────────┘
                  ┌─────────────────┐
                  │    Julgamento   │
   ┌─────────┐    └────────┬────────┘    ┌──────────┐
   │Tentativa│ Experi-     │        Pense│ Conversa │
   │ e erro  │ mentar  Pensamento lógico objetiva- com o
   │         │ as ideias                 mente     alterego
   └─────────┘    ┌─────────┬──────┐    └──────────┘
                  │ Indução │Dedução│
                  └────┬────┴──┬───┘
                       Causa
                       e efeito
                          │          ┌──────────────┐
                          │          │  99% das     │
                          ▼          │ objeções são │
                                     │  conselhos   │
                                     └──────────────┘
```

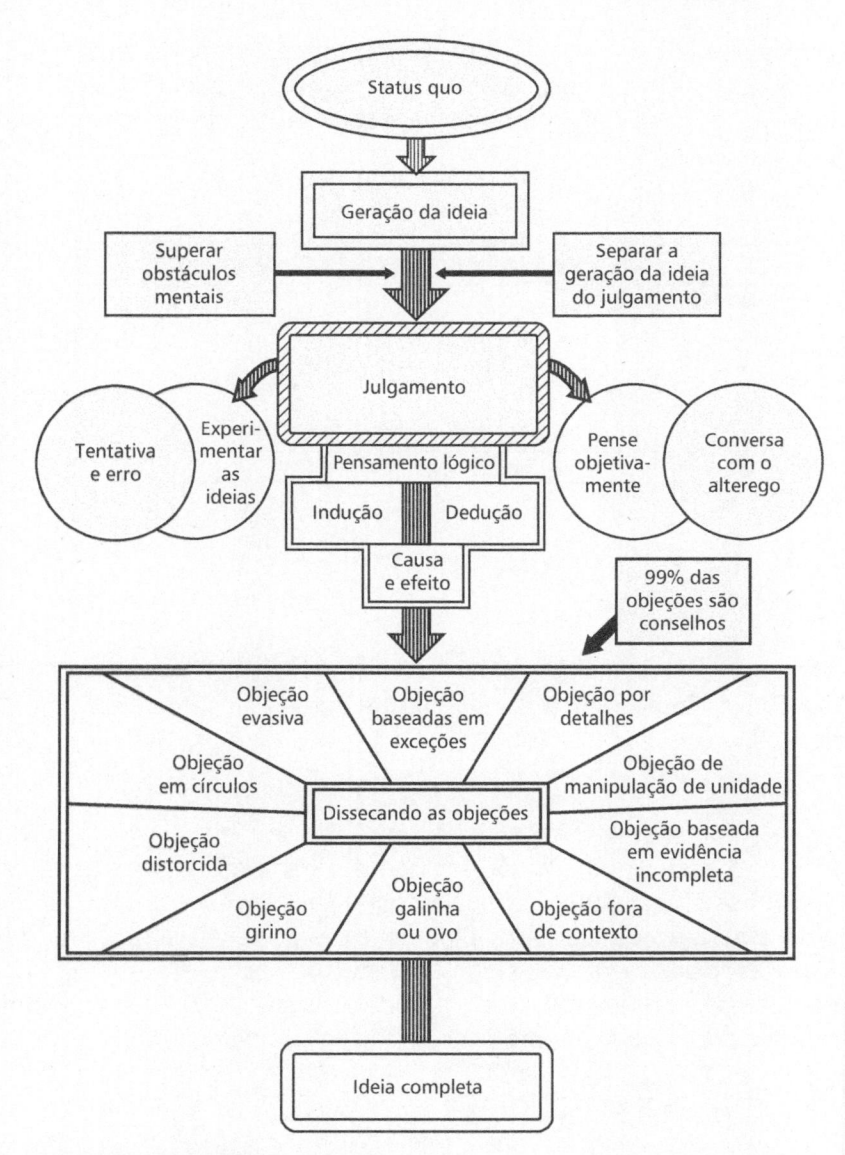

```
┌─────────────────────────────────────────────────┐
│  Objeção      Objeção       Objeção por         │
│  evasiva    baseadas em      detalhes           │
│             exceções                            │
│  Objeção                    Objeção de          │
│ em círculos                 manipulação de unidade│
│         Dissecando as objeções                  │
│  Objeção                    Objeção baseada     │
│ distorcida                  em evidência        │
│                             incompleta          │
│  Objeção    Objeção        Objeção fora         │
│  girino   galinha ou ovo   de contexto          │
└─────────────────────────────────────────────────┘
                     │
                     ▼
            ┌────────────────┐
            │ Ideia completa │
            └────────────────┘
```

FIGURA 5.13 • Resumo do Capítulo 5.

são, na realidade, conselhos. Se elas parecem conselhos ou não depende inteiramente das palavras escolhidas para transmiti-las. Se elas são percebidas ou não como conselhos depende totalmente de você.

A transformação das ideias em realidade começa sempre com o questionamento do status quo. Como você pode ver, dissecar as objeções e tomá-las como conselho é o último estágio antes de obter uma ideia completa e única.

DAS IDEIAS À REALIDADE

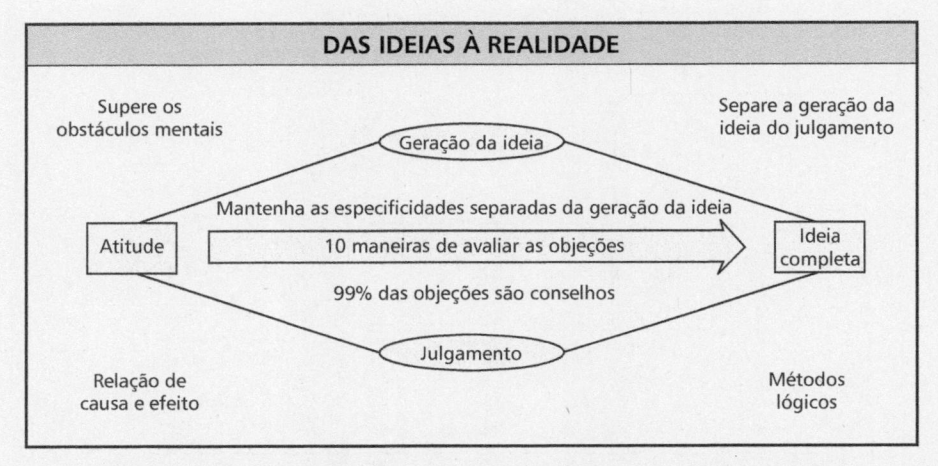

- Supere os obstáculos mentais
- Geração da ideia
- Separe a geração da ideia do julgamento
- Atitude
- Mantenha as especificidades separadas da geração da ideia
- 10 maneiras de avaliar as objeções
- 99% das objeções são conselhos
- Ideia completa
- Julgamento
- Relação de causa e efeito
- Métodos lógicos

FIGURA 5.14 • **Componentes do mecanismo do pensamento científico no Capítulo 5.**

O julgamento precisa ser separado da geração da ideia. Todos os nossos esforços são sem sentido, a não ser que nos comprometamos com isso; senão, nunca será gerada uma ideia completa. Manter a atitude correta durante a geração da ideia e o julgamento estabelece a atmosfera ideal para avaliar corretamente várias ideias, bem como as objeções. Usado corretamente, esse modelo converge a atitude e a avaliação para um conjunto construtivo que o ajudará a produzir uma ideia completa.

CAPÍTULO 6
PROMOVENDO AS IDEIAS DE MELHORIA

Se as ideias de melhoria nunca forem realizadas, a melhoria industrial nunca chegará. Em muitos casos, as ideias são implementadas não por você, mas por outra pessoa.

CULTIVANDO UM APETITE PELA MUDANÇA

Quando chegar o momento de promover e vender as ideias de melhoria, o maior obstáculo será superar as objeções das pessoas que acham a metodologia de trabalho atual satisfatória. Certamente, se as pessoas para quem você estiver lançando a sua ideia estiverem insatisfeitas com o status quo, elas estarão abertas e interessadas em novas sugestões. Porém, a realidade é que nove entre dez pessoas acreditam que o método de operação atual não apresenta qualquer inconveniência. Se fossem perguntadas sobre o que pensam a respeito do método atual, essas pessoas poderiam dizer: "Podemos ter questões que precisam ser abordadas", mas apenas porque elas acreditam ser essa a resposta esperada. Para vencer esses céticos, é bastante útil usar a análise detalhada e as medições quantitativas para demonstrar inequivocamente que o status quo tem, na realidade, muito espaço para a melhoria.

Por exemplo, numa empresa o encarregado do chão de fábrica estava relutante em aceitar a minha sugestão para melhorar a taxa de operação de uma máquina. Eu o fiz observar a máquina e registrar como era usada em intervalos regulares. Os seus próprios resultados o fizeram perceber que a taxa de operação era muito mais baixa do que ele esperava. Daquele ponto em diante, ele se tornou um proponente ávido da melhoria. Isso serve para mostrar que apenas ter uma boa ideia não é o bastante para que seja aceita. A primeira e mais importante etapa da promoção da ideia é preparar a receptividade das outras pessoas, cultivando o seu apetite pela mudança.

Política dos 90 pontos

Reunido com o Sr. Tsuji, o eficiente administrador da companhia de energia elétrica R, ouvi a seguinte afirmativa: "Eu concordo com o que chamo de 'política dos 90 pontos.' O que eu faço é, mesmo que eu tenha uma ideia perfeita – uma ideia de 100 pontos – eu a torno intencionalmente imperfeita e a apresento como uma ideia de 90 pontos. Desse modo, a pessoa que estiver ouvindo a minha sugestão pode apontar as suas deficiências. Então, eu incorporo o que foi indicado e a torno perfeita."

"Desde que comecei com esse estilo de sugestão, o tempo decorrido para chegar a um acordo e para a implementação real da ideia ficou muito menor. Provavelmente, isso se dá porque os responsáveis sentem que as suas opiniões não só beneficiam a ideia inicial, mas também contribuem para a melhoria global."

Na verdade, é um modo fascinante de abordar as objeções; para mim, é semelhante à percepção que as pessoas têm das outras pessoas. Frequentemente, as mulheres bonitas são consideradas frias e inabordáveis, enquanto as que têm algumas falhas tendem a atrair mais amigos.

Aqui temos outro episódio mostrando a propensão de as pessoas apontar as falhas. O Sr. T, chefe de um gabinete municipal, expressou as suas objeções pela maneira como ele imprimia o seu selo de aprovação. Se houvesse a votação de um plano enquanto ele estivesse fora ou sempre que se sentia crítico em relação a alguma coisa, ele giraria seu selo 90 graus, significando que as sugestões tinham algumas falhas, embora insuficientes para que ele as desaprovasse. Alguns de nós podemos criticar ou rir desse comportamento achando-o arrogante, mas me parece ser o reflexo natural da mentalidade humana. Acredito que há uma parte da mente de todo mundo que é um tanto arrogante ou orgulhosa, e que deseja apontar os defeitos das novas propostas. Assim, aqueles que sugerem novas ideias precisam entender essa mentalidade e lidar sabiamente com ela.

Compreensão e persuasão

O simples fato de a teoria ter sido explicada e compreendida pelas pessoas não é garantia de que elas agirão de acordo com ela. Na realidade, muitas vezes as pessoas não tomarão uma atitude, a menos que tenham sido convencidas.

Diz-se que a persuasão não é alcançada pela razão, mas sim pelas emoções. Não raro as pessoas pensam: "Eu acho certo o que ele está dizendo. Mas, não vou fazer porque não gosto dele."

Levar as pessoas a executar as suas ideias não é o suficiente para explicar essas ideias logicamente. Você deve se colocar no lugar delas e respeitar o seu ponto de vista.

Todos os seres humanos se sentem alegres quando os outros concordam com suas ideias. As pessoas idosas falam sobre o passado e consolam umas às outras ou se orgulham de suas conquistas, como o peixe que pescaram outro dia, mesmo que ninguém tenha perguntado. Essas ações são apenas manifestações desse aspecto da psicologia humana. Por essa razão, durante as discussões é extremamente importante prestar atenção ao que as outras pessoas estão dizendo.

Como foi mencionado anteriormente, quando as opiniões das outras pessoas são diferentes das suas, a discordância delas é direcionada aos meios e não ao propósito. Além disso, existem sempre muitos meios para alcançar um único fim. Em essência, isso implica que sempre haverá um meio com o qual ambas as partes concordem. Se entendermos isso e lembrarmos de respeitar as visões das outras pessoas, a persuasão será alcançada com muito mais facilidade e, junto com ela, a realização das nossas ideias.

Cuidado com a força do hábito

Experimento animal relacionado ao hábito

O seguinte experimento foi conduzido em quatro espécies diferentes de animais: um chimpanzé, um cão, uma galinha e uma criança; a pesquisa envolvia a análise da capacidade de cada animal superar um comportamento alimentar habitual induzido. Primeiro, para induzir o padrão de comportamento, o animal era colocado numa jaula e diariamente a comida era oferecida no mesmo lugar, em frente às barras de ferro, de modo que o animal tivesse espaço suficiente para chegar até o alimento. Isso continuou por um tempo até que o animal se acostumasse com o procedimento. Então, o alimento foi deslocado um pouco mais longe, fora do seu alcance, e a porta de trás foi aberta (Figura 6.1). O critério para medir o experimento foi o tempo gasto para que o animal reconhecesse a porta aberta e utilizasse a informação para modificar o seu comportamento.

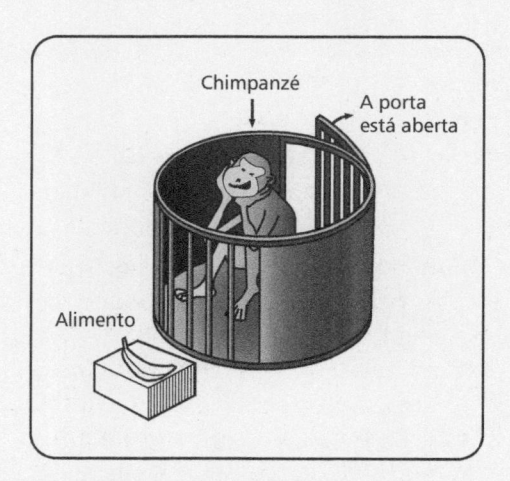

FIGURA 6.1 • Comportamentos aprendidos.

Quando o primeiro teste foi realizado com o chimpanzé, o animal tentou alcançar o alimento esticando seus braços através das barras o mais longe que podia. Ele repetiu a mesma ação por algum tempo sem sucesso. No fim, porém, o chimpanzé notou que a porta de trás estava aberta, saiu da jaula por essa porta e conseguiu a comida. Quando o mesmo experimento foi conduzido com um cão, o animal achou a comida num piscar de olhos.

Quando o experimento foi repetido com uma criança de cinco anos de idade, o tempo que ela levou para chegar à comida foi menor que o do chimpanzé, porém maior que o do cão.[1]

Entretanto, a galinha jamais foi capaz de superar o seu comportamento habitual e, como tal, nunca achou um caminho para chegar ao alimento.

É realmente frustrante quando as novas ideias têm que ser sugeridas para pessoas com a mesma adaptabilidade da galinha.

"Que tal tentar este método?"

"Não. Eu acho o método atual melhor."

"Mas, será bem mais fácil desse jeito, já que você não tem que carregar itens pesados."

"Ouça-me. Eu não quero mudar e, para ser honesto, as suas sugestões estão me irritando!"

---

[1] Certamente, os cães podem sentir odores em concentrações um milhão de vezes menores do que os seres humanos são capazes de fazer.

Aqueles que se agarram obstinadamente ao método estabelecido, como a galinha, podem jamais ser capazes de alcançar a recompensa apetitosa da melhoria.

Valor real da melhoria

Num experimento simples, o tempo gasto para completar uma tarefa sob dois sistemas de escrita diferentes foi medido em 20 sessões consecutivas. Primeiro, os pesquisadores começaram com um sistema existente, seguido por um sistema novo. Os dados dessas sessões foram organizados segundo o tempo de execução em relação ao número da sessão, de tal modo que a curva de aprendizado associada com a adoção do novo sistema poderia ser comparada com a de um sistema existente.

Nas 20 primeiras sessões, os participantes foram instruídos a escrever o nome "Ninomiya Kinjiro" em katakana*. Os resultados desses testes revelaram que os participantes podiam escrever consistentemente as palavras num ritmo relativamente rápido.

Nas 20 sessões seguintes, foi pedido aos participantes que escrevessem a mesma palavra enquanto pulavam cada próxima sílaba, soletrando assim "Nimikijio." Em contraste com o sistema original, o tempo de execução usando esse novo sistema de escrita foi significativamente maior durante as primeiras sessões. Contudo, afora uma pequena parada resultante da hesitação dos participantes em soletrar, o tempo para concluir a tarefa sob esse novo sistema caiu acentuadamente no decorrer de 13 sessões. No final, os participantes podiam completar a tarefa consistentemente na metade do tempo gasto no sistema original.

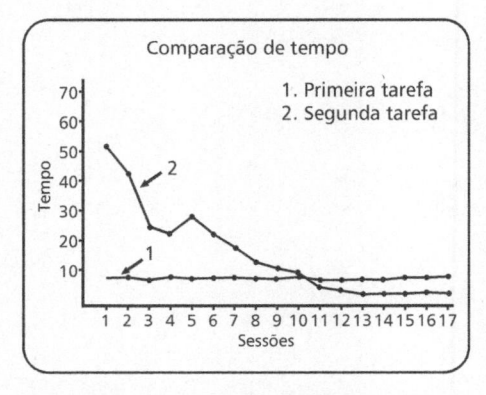

FIGURA 6.2 • **Comparação de tempo.**

Cortar pela metade a quantidade de sílabas numa tarefa de escrita, como no segundo sistema, pode ser considerado uma melhoria nos casos em que o tamanho do texto precisa ser pequeno. Precisamos ter

---

* N. de R. T. Katakana é uma das formas empregadas na escrita japonesa.

consciência do fato que, até que as pessoas se tornem completamente confiantes no que estão fazendo, uma mudança como essa pode inicialmente dificultar a produtividade. Assim, o benefício verdadeiro de uma melhoria pode não ser aparente, a menos que aqueles que a aplicam tenham tempo bastante para se ajustarem ao novo método. Inúmeras vezes as pessoas concluem que o método anterior era mais fácil antes de darem uma chance de o novo método amadurecer até o seu potencial total. Esse tipo de decisão precipitada inibe a melhoria no início, matando o que poderia ter sido um plano muito bem-sucedido se apenas tivesse sido um pouco mais cultivado.

Muitas vezes a nossa lógica para decisões como essas é distorcida por uma força do hábito nos dizendo que um método já existente é mais fácil. Enquanto os métodos com os quais já estamos acostumados podem parecer os mais fáceis, eles não são necessariamente os melhores. A adesão irremediável a esse tipo de mentalidade pode inibir bastante os esforços de melhoria, devendo ser superada. Para fazê-lo, devemos permanecer vigilantes em nossos esforços para ganhar o apoio das outras pessoas através da persuasão e da compreensão.

Medo do desconhecido

Quando confrontados com o desconhecido, por mais simples que seja a tarefa, nós quase inevitavelmente nos tornamos conservadores. Esse fenômeno diz respeito especialmente às ideias de melhoria porque, pela sua natureza, elas são coisas nunca antes tentadas.

Muitas vezes eu ouço as pessoas dizerem de modo conservador: "Fico imaginando como é possível conhecer um resultado sem ao menos tentar." Isso é o mesmo que dizer: "Não nadarei até que seja capaz de nadar." Os que dizem isso certamente nunca se afogarão, mas eles também nunca aprenderão como nadar.

Contanto que a ideia de melhoria seja bem planejada, devemos ser suficientemente corajosos para tentá-la, mesmo que os seus elementos pareçam imperfeitos. Muitas vezes, tal ousadia pode ser a única diferença entre o sucesso e o fracasso. Considere o seguinte experimento comportamental envolvendo um leopardo e uma criança.

O experimento analisou o comportamento de busca do alimento de cada um deles, sob duas condições. Na primeira condição, o alimento foi colocado no centro de uma jaula em forma de espiral, enquanto o animal foi posicionado na entrada da espiral. Na segunda condição, as posições do alimento e do animal foram invertidas. Em ambos os experimentos tanto o leopardo quanto a criança tinham que seguir o seu caminho através da jaula para alcançar o alimento. Os resultados do experimento revelaram diferenças nítidas nas respostas comportamentais das duas espécies.

No caso do leopardo, o animal teve sucesso em alcançar o alimento quando foi colocado no centro da espiral seguindo o seu cheiro cada vez mais forte conforme andava para dentro. Entretanto, na condição inversa o leopardo pararia no meio, incapaz de alcançar o alimento, presumivelmente porque havia certas voltas da espiral onde o animal teria que andar se distanciando do cheiro.

Em contraste, a criança alcançou o alimento em ambas as configurações sem problemas. Em outras palavras, um ser humano pode antever ao que a situação atual o levaria no futuro próximo, mesmo que isso significasse um desvio temporário do que percebia como a direção correta.

Estimativa quantitativa

Esse experimento revela uma distinção importante entre os seres humanos e os outros animais, qual seja, a de possuirmos a sabedoria para planejar o futuro e agirmos com base nesse plano, mesmo que a ação pareça prejudicial em curto prazo. Todavia, como tenho destacado, os seres humanos muitas vezes resistem às mudanças por razões como o hábito ou o medo. Se as pessoas para quem você está tentando promover as suas ideias estiverem inclinadas a resistir à mudança, as maneiras eficazes de desarmar as suas preocupações são as seguintes:

Apresente uma demonstração simples, exibindo os aspectos-chave da ideia de melhoria

Apresente uma estimativa quantitativa concisa dos custos de investimento necessários e do retorno correspondente, assim como os demais benefícios da implementação.

Apresentar visualmente uma ideia dessa maneira é uma ferramenta poderosa que podemos empregar para proporcionar às pessoas uma sensação de segurança. Isso confere ao abstrato uma forma à qual as pessoas possam se referir, acalmando assim o seu medo do desconhecido. Por sua vez, você pode usar essa sensação de segurança para armar o poder da melhoria e explodir a muralha do status quo como dinamite.

Olhando no espelho

Foram discutidos neste capítulo vários métodos de promover as suas ideias de melhoria para as outras pessoas. Contudo, em muitos casos é o nosso próprio eu que realmente exige mais convencimento. "Que tal fazer desse modo? Não, nesse caso isso trará um problema." Todos nós já não experimentamos destruir as nossas próprias ideias dessa maneira?

Seis bananas

Ao implementar uma ideia de melhoria, o ato da implementação e os seus benefícios subsequentes devem ser considerados separadamente.

Enquanto estiver correto o propósito da melhoria, provavelmente poderemos superar a oposição e implementar a ideia. Entretanto, decidir como distribuir os benefícios resultantes da implementação é uma história inteiramente diferente.

Os comentários a seguir realçam um experimento interessante realizado sobre esse tema. Dois macacos cooperativos por natureza e outros dois agressivos por natureza foram usados nesse experimento. Num dado momento, dois macacos foram colocados numa jaula junto com seis bananas.

Quando os dois macacos cooperativos foram colocados numa jaula, ambos pegaram três bananas cada um.

Quando um macaco cooperativo e um macaco agressivo foram emparelhados, o agressivo pegou todas as seis bananas.

Quando os dois macacos agressivos foram emparelhados, cada um pegou apenas uma banana e chutou as quatro restantes para fora da jaula.

Como isso se reflete em nosso próprio comportamento...?

A melhor arma contra o bastião do status quo reside na persuasão pela apresentação quantitativa dos fatos e numa compreensão psicológica do por que as pessoas contestam as ideias novas.

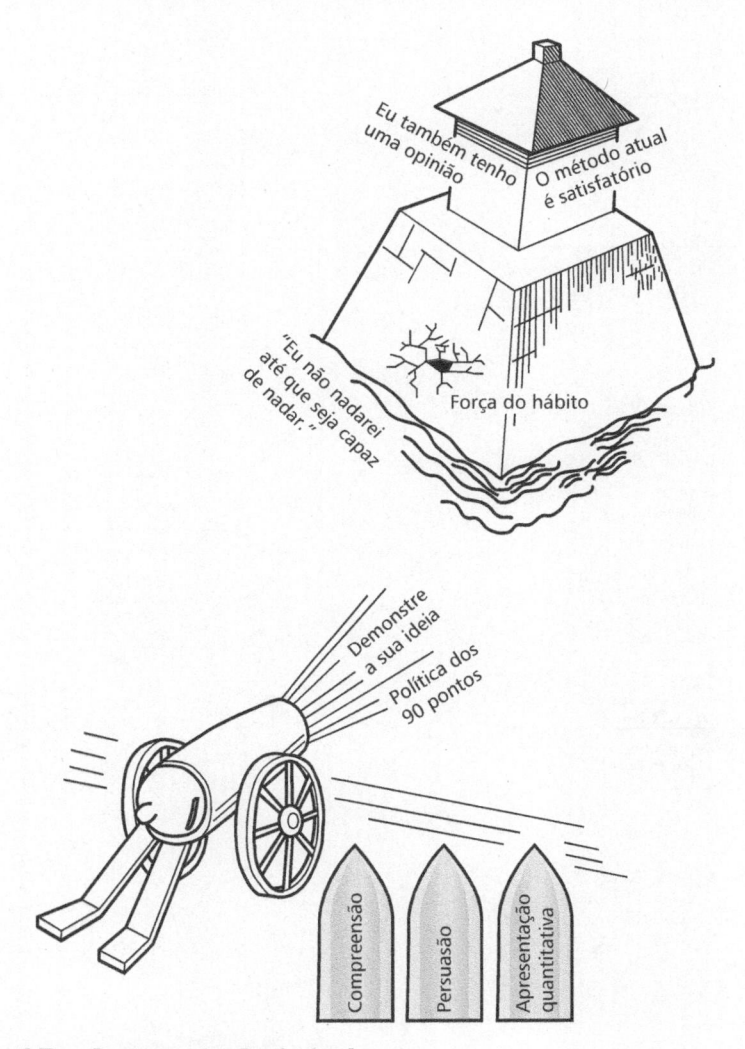

FIGURA 6.3 • Resumo do Capítulo 6.

Capítulo 1

- Raciocinando em termos de dois
  - Grupos contínuos
    - Pai | Irmão ∞
  - Grupos contrastantes
    - Pai | Irmão ∞

1. Princípio da divisão

3. Busca do propósito – por quê?

Capítulo 2

- Foco
- Múltiplos propósitos
- Propósito final

- 2 eixos da produção
- 5 elementos dos problemas
- 18 therbligs
- 4 propósitos da melhoria

Descobrindo problemas

Dimensão do desconhecido
- As coisas mudam
- Verdade imaginária
- Agindo sobre suposições

Capítulo 3

Muitos caminhos para um único fim
- Em detalhes
- Quantitativamente
- Por categoria

2. Entendendo o status quo

12 Etapas da geração de ideias
- Entrada Saída | Brainstorming | Gordon

4. MÉTODOS MELHORES

5. FOCALIZANDO PROBLEMAS

6. GERAÇÃO DA IDEIA

7. JULGAMENTO

8. PROPÓSITO

9. IMPLEMENTAÇÃO

Capítulo 4

- Mecânica e motorização
- Autonomação
- 5 princípios da melhoria
- Divisão do trabalho
- Sincronização
- Otimização

Capítulo 5

- Geração da ideia
- Atitude → 10 objeções → Ideia completa
- Julgamento

Capítulo 6

CULTIVE UM APETITE ... PELA MUDANÇA

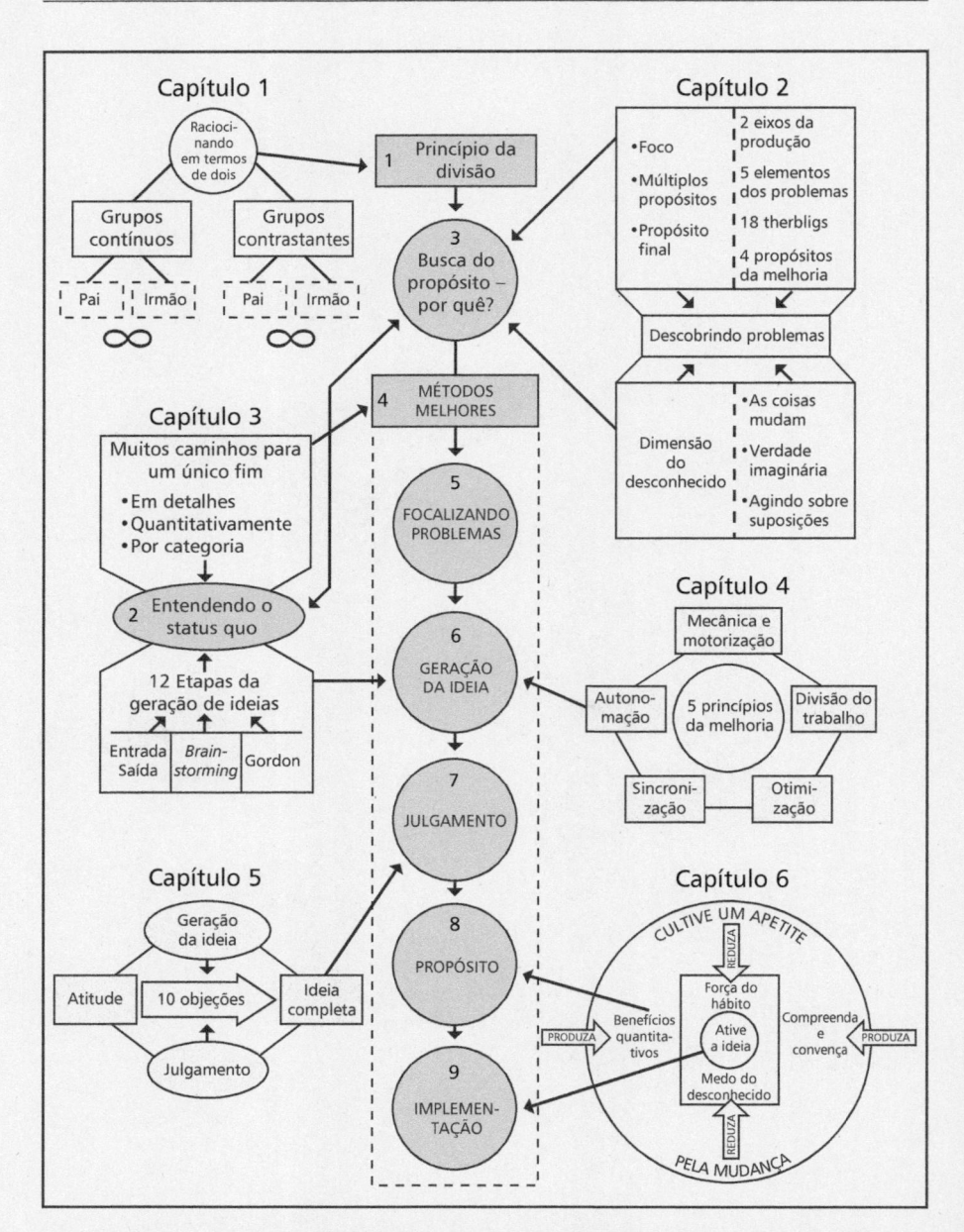

- Força do hábito (REDUZA)
- Ative a ideia
- Medo do desconhecido (REDUZA)
- Benefícios quantitativos (PRODUZA)
- Compreenda e convença (PRODUZA)

FIGURA 6.4 • Mecanismo do pensamento científico com notações dos capítulos.

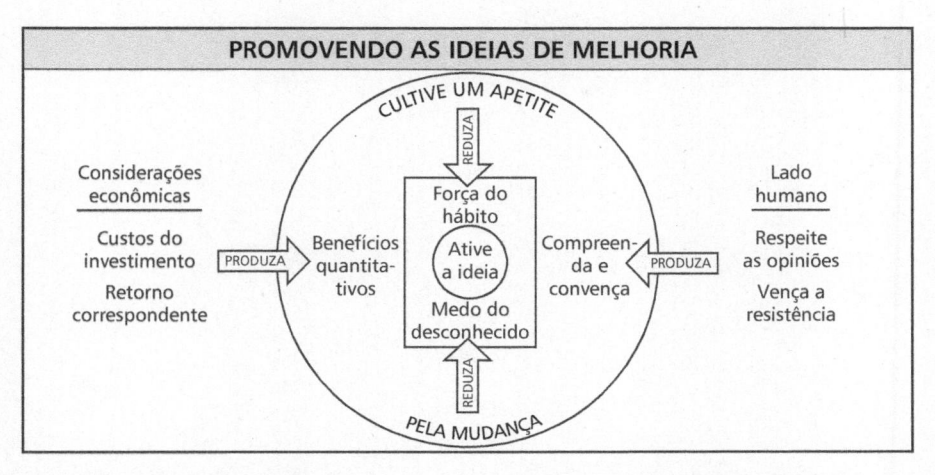

FIGURA 6.5 • **Componentes do mecanismo do pensamento científico no Capítulo 6.**

O resultado final do Mecanismo do Pensamento Científico é ter uma ideia pré-qualificada pronta para ativar. Ao promover as suas ideias de melhoria, esteja preparado para apelar para o lado humano e para as considerações econômicas da melhoria. Como demonstrado nesse modelo, os esforços precisam estar concentrados de modo a cultivar um apetite pela mudança e a minimizar os medos humanos e os hábitos, ambos naturais. A geração da ideia é um processo contínuo, sendo que uma grande ideia de hoje é o status quo do amanhã.

Componentes do Mecanismo do Pensamento Científico por Capítulo

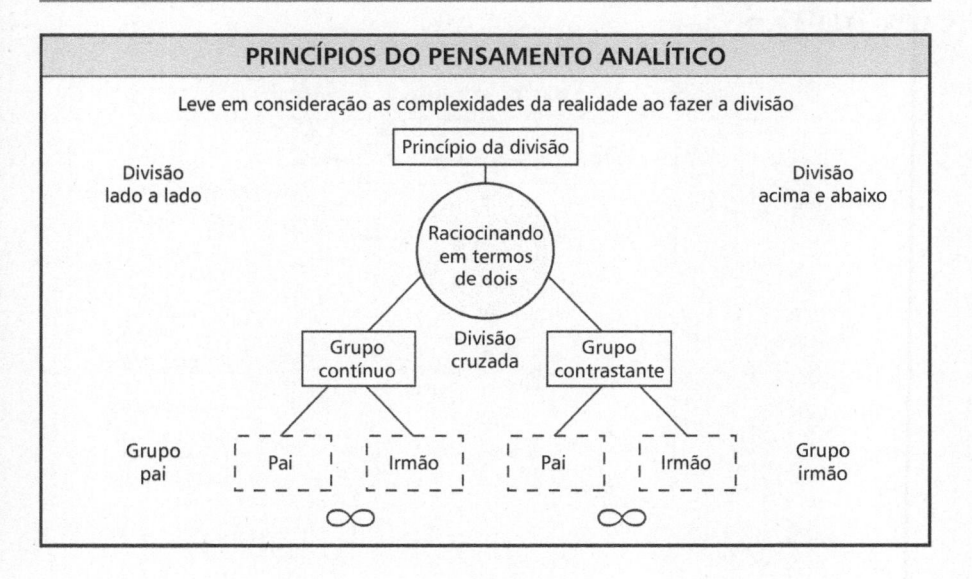

Capítulo 1

PRINCÍPIOS DO PENSAMENTO ANALÍTICO

Leve em consideração as complexidades da realidade ao fazer a divisão

Princípio da divisão

Divisão lado a lado

Divisão acima e abaixo

Raciocinando em termos de dois

Grupo contínuo

Divisão cruzada

Grupo contrastante

Grupo pai

Pai

Irmão

Pai

Irmão

Grupo irmão

∞ ∞

Capítulo 2

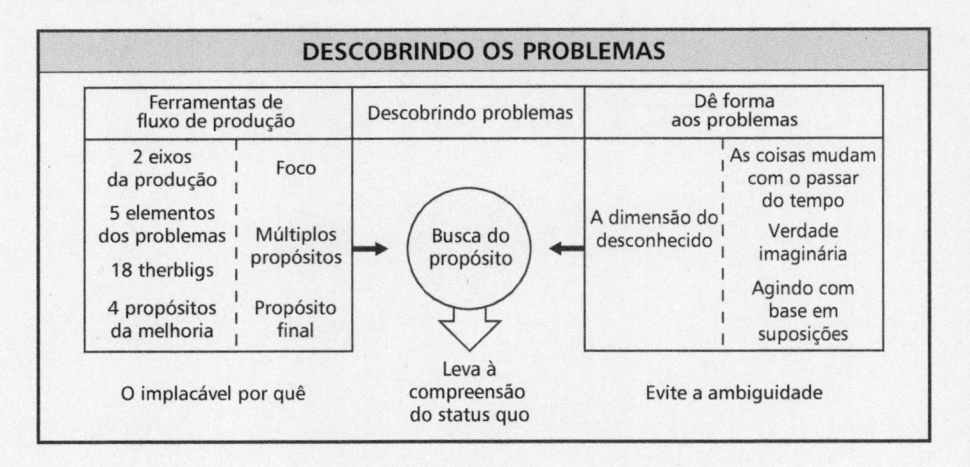

DESCOBRINDO OS PROBLEMAS

Ferramentas de fluxo de produção		Descobrindo problemas	Dê forma aos problemas	
2 eixos da produção	Foco			As coisas mudam com o passar do tempo
5 elementos dos problemas	Múltiplos propósitos	Busca do propósito	A dimensão do desconhecido	Verdade imaginária
18 therbligs				Agindo com base em suposições
4 propósitos da melhoria	Propósito final			
O implacável por quê		Leva à compreensão do status quo		Evite a ambiguidade

Capítulo 3

GERAÇÃO DE IDEIAS PARA A MELHORIA

Abordagem lógica:
- Em detalhes | Quantitativamente | Por categoria
- Muitos caminhos para um único fim
- Ideias lógicas para avaliar e julgar

Abordagem criativa:
- 12 etapas da geração de ideias
- Entrada/saída | *Brainstorming* | Método Gordon

- Condições ideais
- Atividades mentais para a melhoria
- Lógica dedutiva/indutiva
- Focalizar nossas mentes
- Associação
- Fenômenos da ação humana

Capítulo 4

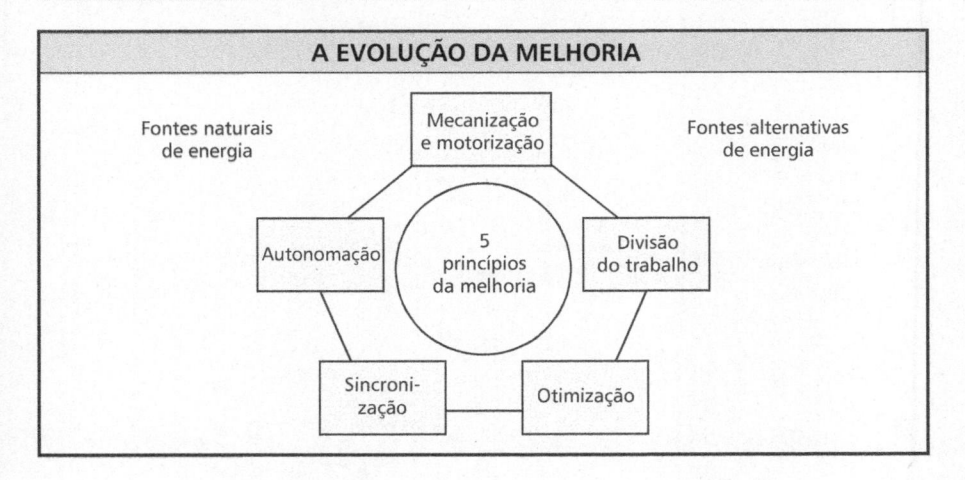

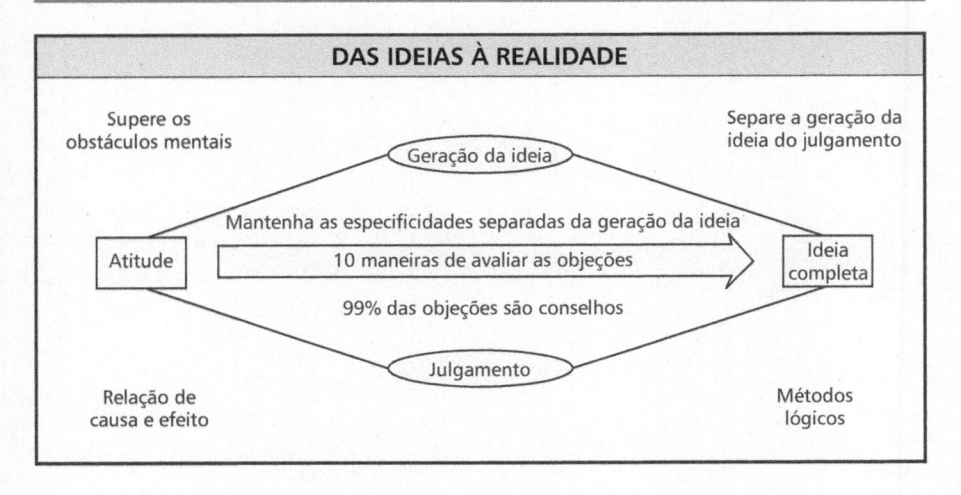

A EVOLUÇÃO DA MELHORIA

Fontes naturais de energia

Mecanização e motorização

Fontes alternativas de energia

Autonomação

5 princípios da melhoria

Divisão do trabalho

Sincronização

Otimização

Capítulo 5

DAS IDEIAS À REALIDADE

Supere os obstáculos mentais

Separe a geração da ideia do julgamento

Geração da ideia

Atitude

Mantenha as especificidades separadas da geração da ideia

10 maneiras de avaliar as objeções

99% das objeções são conselhos

Ideia completa

Julgamento

Relação de causa e efeito

Métodos lógicos

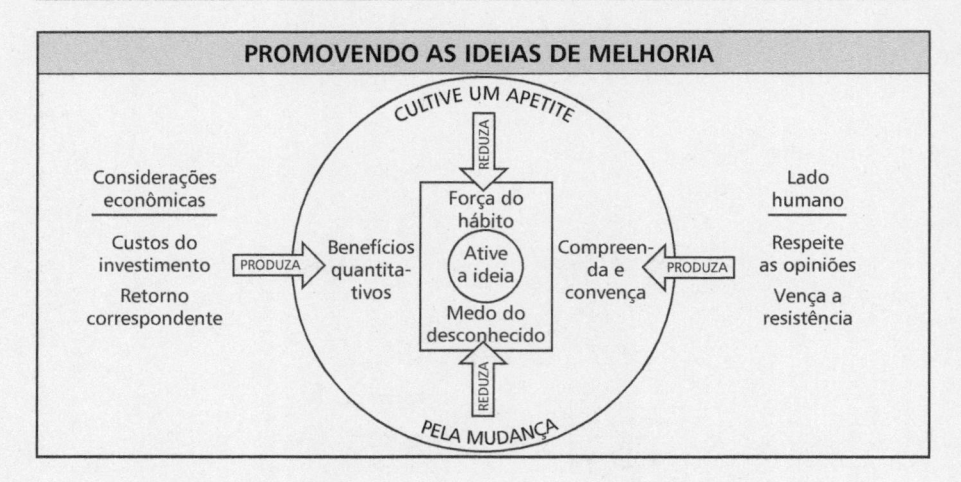

Capítulo 6

PROMOVENDO AS IDEIAS DE MELHORIA

CULTIVE UM APETITE PELA MUDANÇA

Considerações econômicas
- Custos do investimento
- Retorno correspondente

PRODUZA → Benefícios quantitativos

REDUZA:
- Força do hábito
- Ative a ideia
- Medo do desconhecido

Compreenda e convença ← PRODUZA

Lado humano
- Respeite as opiniões
- Vença a resistência

BREVE BIOGRAFIA DE SHIGEO SHINGO

1909	Nascido na cidade de Saga, Japão.
1924	Enquanto prossegue os estudos na Escola Técnica Superior de Saga, Shigeo lê *The Secret of Eliminating Unprofitable Activities* de Toshiro Ikeda.
1930	Após se formar como Engenheiro Mecânico na Escola Técnica de Yamanashi, é contratado pela Taipei Railway Factory.
1931	Trabalha como engenheiro na fábrica de moldes da Taipei Railway Factory e percebe a necessidade de melhoria do processo. Indica a necessidade de administração racional da instalação após fazer a leitura das contas de racionalização das operações nas instalações da Japan National Railways. Lê e estuda muitos livros, incluindo *Princípios da Administração Científica* de Taylor, os trabalhos de Yoichi Ueno e os textos publicados pela Japan Industrial Association.
1937	Em setembro, torna-se completamente instruído no conceito "mente em movimento" de Ken'ichi Horikome durante o primeiro Curso de Treinamento em Engenharia Industrial de Longo Prazo, com duração de dois meses, patrocinado pela Japan Industrial Association.

1943	Sob as ordens do Ministério das Munições, transfere-se para Amano Manufacturing Plant (Yokohama) onde trabalha como Chefe da Seção de Manufatura. Enquanto esteve por lá, aumentou a produtividade em 100% aplicando operações de fluxo para o processamento de mecanismos de profundidade para torpedos aéreos.
1945	Após o seu sucesso na Amano Manufacturing, o Ministério das Munições o transfere mais uma vez para outro fabricante similar de mecanismos de profundidade para torpedos aéreos. Ele obtém os mesmos resultados. Transfere-se então para Takanabe-cho, na Prefeitura de Miyazaki, depois de aceitar um posto em Yasui Kogyo (Kita Kyushu), começando em abril de 1946. É apresentado ao presidente da Japan Management Association durante uma visita a Isamu Fukuda em Tóquio. Aqui, é convidado a participar temporariamente de uma investigação para melhorar as operações na fábrica de veículos da Hitachi em Kasado. Terminada a investigação, ele é convidado a integrar a equipe da Japan Management Association.
1946	Chega à sua primeira ideia revolucionária quando conclui que os processos e as operações são inseparáveis enquanto aguardam guindastes durante a análise do processo na Hitachi. Comunica suas descobertas num seminário técnico da Japan Management Association. Enquanto estuda o leiaute das instalações de Trabalho com Madeira da Hitachi, ele concebe um método para classificar operações similares contando as não intervenções.
1948	Entre 1948 e 1954, ministra aulas de tecnologia da produção em empresas por todo o Japão. Começa a questionar a natureza do leiaute das fábricas durante um curso de tecnologia da produção realizado na fábrica da Hitachi em Fujita.
1950	Após estudar e refletir sobre o problema do leiaute, ele aperfeiçoa e implementa um método baseado num coeficiente de facilidade de transporte na refinaria de cobre da Kurkawa Electric, em Nikko. Os primeiros estágios do SMED nascem durante o trabalho de análise numa prensa em Toyo Kogyo. Esse trabalho envolve a divisão das operações de configuração em internas e externas.

1951	Elabora e depois aplica o controle estatístico da qualidade em sua função como Chefe do Departamento Educacional.
1954	Um representante da Toyota Motor Co., Morita Masanobu, frequenta um curso de tecnologia da produção ministrado por Shigeo Shingo na Toyota Automatic Loom. Morita Masanobu aplica o que aprendeu durante o curso e obtém resultados impressionantes na Toyota. Como resultado, Shigeo Shingo se torna um dos primeiros consultores da Toyota Motor Company. Isso marca o começo do seu envolvimento profundo com a Toyota e com o Sistema Toyota de Produção.
1955	Assume o controle do treinamento em engenharia industrial e melhoria da fábrica na Toyota Motor Co., tanto para os seus empregados quanto para os fornecedores de peças (cem empresas). Fica impressionado com a separação dos trabalhadores e das máquinas enquanto observa múltiplas operações mecanizadas no primeiro curso de treinamento em tecnologia da produção na Toyota Motor Corp.
1956	Encarregou-se de um estudo de três anos, de 1956 a 1958, relativo à construção de navios nos estaleiros da Mitsubishi Shipbuildings em Nagasaki. Durante esse estudo, ele implementa a sua segunda realização revolucionária ao criar um sistema para montagem do casco de superpetroleiros de 65 mil toneladas após insistirem que esse sistema seria impossível. Shigeo Shingo obtém sucesso em reduzir o tempo de construção de navios de quatro meses para dois e, no processo, estabelece um novo recorde mundial. Em um ano, todos os estaleiros japoneses adotaram o seu método.
1957	Enquanto nos estaleiros da Mitsubishi Shipbuilding em Hiroshima, ele duplica a produtividade de uma plaina de mesa construindo uma mesa sobressalente. Comanda operações de configuração avançada na mesma e muda, ao mesmo tempo, a peça de trabalho e a mesa. Isso prenuncia um elemento conceitual fundamentalmente decisivo do SMED, que é o de desviar as atividades internas para as atividades externas.

1959	Depois de 14 anos na Japan Management Association, Shigeo Shingo se desliga da empresa e funda o Institute of Management Improvement, que ainda hoje está em funcionamento.
1960-1990	Shigeo Shingo continuou o seu trabalho até desenvolver totalmente o sistema SMED. Seu sistema de obtenção de zero defeitos de qualidade (poka-yoke) faz com que algumas operações industriais passassem mais de dois anos com *zero defeitos*. Ele continuou trabalhando, prestando consultoria e ensinando por todo o mundo até a sua morte em 1990.

Um Debate sobre o Livro Kaizen e a Arte do Pensamento Criativo

A seguir temos uma conversa entre Norman Bodek, que leva o crédito de ser o "padrinho da fabricação enxuta", e David S. Veech, diretor executivo do Institute for Lean Systems em Louisville, Kentucky. A discussão se concentra no livro do Dr. Shigeo Shingo: *Kaizen e a Arte do Pensamento Criativo*.

BODEK: O que David e eu temos em comum é ensinar as pessoas como praticar um sistema avançado de sugestões, um novo meio de levar as pessoas a se envolver. Esse é o elemento quase sempre mal compreendido do sucesso da Toyota – desenvolver e dar autoridade às pessoas para que sejam criativas no trabalho. Este último livro do Dr. Shingo nos proporciona uma percepção original do seu elemento criativo.

VEECH: Acho que a coisa mais importante a ser feita pelos administradores é ensinar as pessoas a resolver problemas.

BODEK: Ah, mas veja você, nem sempre ensinamos isso, ensinamos?

VEECH: Isso é porque não ensinamos os nossos administradores a serem professores.

BODEK: Sim, e isso faz parte do assunto que trata o livro do Dr. Shingo. Ele frequentou e extraiu as melhores ideias de todos os grandes professores da melhoria contínua e desenvolveu uma metodologia de pensamento, uma abordagem passo a passo que ele chama de Mecanismo do Pensamento Científico.

VEECH: O que eu acho que esse livro oferece mais do que qualquer outra coisa é uma janela de como funcionava realmente a mente do Dr. Shingo; como ele realmente trouxe um novo pensamento para processos diferentes. Ter essa percepção compartilhada e as informações adicionais não tem preço. Norman, você fez a mesma coisa quando publicou os livros de Taiichi Ohno, como o *Sistema Toyota de Produção*. Esses livros falam bastante sobre o que os arquitetos do Sistema Toyota de Produção realmente fizeram e como eles pensaram sobre o que fizeram. Isso verdadeiramente revela um pouco da sua arte secreta.

Quanto mais entendimento tivermos sobre a arte secreta desses grandes pensadores, mais probabilidade teremos de aplicá-la.

BODEK: O Dr. Shingo ensinou a 3 mil engenheiros da Toyota os fundamentos do processo de pensamento, que ele aborda completamente nesse livro. Como o Dr. Shingo, você, David, está ensinando um sistema de pensamento ou um sistema de ideias.

VEECH: Estou. Estou ensinando um sistema de sugestões que vem em parte do trabalho de Maasaki Imai, o Kaizen, e parcialmente da história do Sistema Toyota de Produção. Mas o que estou fazendo e o que estou ensinando basicamente é que o novo sistema de sugestões é a ferramenta de ensino para qualificar a mão de obra a resolver problemas.

Quando chega alguém com uma grande ideia, o que você tem na verdade é alguém pronto e com boa vontade para aprender. Quando eles vêm e lhe falam sobre a ideia, são o receptáculo perfeito para a aprendizagem. Você conseguiu o envolvimento e a atenção total deles.

Nós, como líderes nas organizações, podemos abafar isso totalmente, dizendo: "Nesse momento eu não tenho tempo para isso," ou até mesmo "É uma boa ideia." Também podemos abafar isso fazendo com que preencham um formulário de sugestões demasiadamente complexo e que o coloquem numa caixa de sugestões. Ou podemos abraçar a nossa responsabilidade como professores e ouvir a ideia, deixando-os fazer uma análise interna por eles mesmos, avaliando se a ideia é boa ou não.

E se eles disserem: "Você sabe, essa provavelmente não é uma boa ideia," tudo bem, porque eles irão refiná-la e voltarão a você.

Logo, com um foco no que você e eu estamos fazendo com Kaizen Rápido e Fácil, algumas das organizações nas quais estamos trabalhando estão introduzindo formulários simplificados. Os formulários capturam as ideias rapidamente e depois um membro da equipe, com a ajuda dos colegas, um líder de equipe ou um orientador específico, trabalha ele mesmo a ideia, em vez de enviá-la para algum buraco negro da engenharia.

O Dr. Shingo nos orienta a manter a análise, e consequentemente a aprendizagem, ao nível do membro de equipe, de modo que eles possam ter o benefício de passar por esse processo de resolução de problemas e realmente chegar a uma solução por conta própria.

BODEK: Você trouxe algo brilhante, que são dois pontos sobre os quais temos que conversar e trabalhar.

Um deles é "esse momento", um grande momento de aprendizagem para o administrador e o trabalhador. E se o administrador olhar para o trabalhador e pensar: "Como utilizamos isso na instrução do trabalhador?" essa é a chave. Como olhamos para isso com vistas ao benefício e ao crescimento do trabalhador?

Isso foi brilhante, mas a próxima coisa nessa área é definir o papel definitivo do administrador. O administrador deveria desempenhar na verdade apenas alguns papéis, pois uma empresa bem administrada necessita de menos administração.

Um Sistema Sociotécnico, algo que a Toyota vem aplicando lentamente, não necessita de administradores, exceto as pessoas que são visionárias e que podem dar uma direção. Então, qual é o papel do administrador num sistema de fabricação enxuta?

VEECH: É o de ensinar. E isso não significa que devamos puxar as pessoas para uma sala de aula e mostrar slides. É interagir diariamente com o pessoal que faz o trabalho.

BODEK: Na semana passada estive numa fábrica e vi um trabalhador numa operação de pintura à base de pó. Olhei e percebi tinta saindo da cabine de pintura e por todo o chão. Perguntei: "Por que isso está acontecendo? Está deixando o lugar imundo e vai entrar nos pulmões de todo mundo."

O trabalhador replicou: "Bem, porque há um vazamento dentro da cabine."

E eu lhe perguntei: "O que você pode fazer para consertá-lo?"

Ele respondeu: "Tudo o que temos a fazer é soldá-lo e cobri-lo." Mas, nunca pedimos isso ao trabalhador. Só lhe dizemos para aparecer e fazer o seu trabalho.

VEECH: Está certo. E eles estão fazendo o seu trabalho. Estão fazendo o que lhes pedem para fazer.

BODEK: Sim. Então, vamos elaborar mais esse aspecto que você acaba de trazer. O verdadeiro papel do administrador é pegar o momento mágico em que o trabalhador chega com uma ideia e...

VEECH: Ensiná-los a como analisar uma ideia, o que é normalmente uma contramedida ao problema em alguma parte. A maioria das ideias que as pessoas têm visa a resolver problemas que elas enfrentam no trabalho. A ideia é uma contramedida.

Precisamos identificar qual problema a ideia irá tratar primeiro. Temos que analisar o problema para ter certeza de que a ideia realmente irá solucioná-lo em sua raiz. É como trabalhar um pouco atrás. Normalmente, primeiro vemos um problema e temos que aparecer com uma contramedida. Aqui, nesse sistema de sugestão rápida e fácil, primeiro assumimos a ideia e, como administradores, descobrimos o problema com a ajuda de membros da equipe.

BODEK: Isso é maravilhoso. É nisso que o Dr. Shingo está nos treinando para ensinar os administradores, porque nesse ponto os administradores estão sempre buscando grandes ideias e, infelizmente, consideram que o seu trabalho é encontrar soluções, logo eles raramente perguntam ao trabalhador.

Os administradores estão sempre buscando grandes soluções. Entretanto, o Dr. Shingo está nos ensinando a aproveitar essa oportunidade e dividi-la em etapas bem pequenas, exequíveis e compreensíveis.

VEECH: Isso faz parte da análise. Sempre que analisamos alguma coisa vamos quebrá-la em algo menor para que possamos entender mais facilmente.

BODEK: No Japão, eles estão fazendo isso. O trabalhador comum no Japão sugere e implementa 24 ideias de melhoria por ano e, com isso, economiza para a sua empresa US$ 4 mil por ano.

VEECH: Estou prestando consultoria para a Skier's Choice, onde estão utilizando uma folha de atividade para a melhoria do método de fabricação enxuta que simplesmente identifica com o que se parece o problema antes de ser aplicada uma solução e, depois, com o que irá parecer. Isso simplifica bastante o processo do sistema de sugestões.

Os trabalhadores preenchem um relatório de sugestões com uma única página sobre as soluções que eles mesmos colocam em prática, com base nos valores da empresa. Logo, a empresa investe tempo ensinando coisas que são importantes; antes de qualquer mudança, você a valida com as pessoas a quem você irá impactar e assegura que todos tenham oportunidade de receber algumas informações.

Nossos clientes têm inúmeros desses sistemas. Um deles dispõe até mesmo de uma pequena árvore frutífera no edifício onde as pessoas divulgam ideias ou problemas. Outros veem as ideias ou problemas, tiram aquela "fruta" da árvore e a implementam em sua área ou solucionam o problema. É apenas um modo estimulante de fomentar uma comunicação melhor.

BODEK: Temos que começar a realmente confiar nas pessoas para lhes dar uma oportunidade de aprender todo dia sobre o trabalho e para delegar ao trabalhador a responsabilidade de fazer o produto corretamente. Se cometo um erro, vou aprender a partir desse erro. Porém, a administração não quer que eu cometa erros, o que é um tanto "míope". É o mesmo que dizer: "Não cometa erros – não aprenda!"

Você simplesmente abriu algo muito poderoso para nós e temos que debater isso. Como treinamos os administradores a ensinar esse processo aos trabalhadores ... esse processo de descobrir os problemas à sua volta e dar-lhes a oportunidade de crescer no trabalho a partir da implementação de suas ideias?

VEECH: Temos de ensinar as pessoas como pensar sobre o que estão fazendo. Não é o bastante apenas dizer: "Bem, agora você têm autonomia. Pense também sobre o seu trabalho."

Você não pode esperar que as pessoas façam alguma coisa, a menos que você as ensine deliberadamente o que precisam saber.

Isso não significa que você já não tenha uma força de trabalho brilhante. Provavelmente você tem gente que pode fazer isso sem hesitar um só segundo. Mas, para incorporar esse pensamento num sistema enxuto sustentável, você deve ter um modo estruturado de ensinar, de dar suporte e de implementar.

BODEK: O Dr. Shingo sempre foi direto e descomplicado. Esses modelos apresentados no livro são a ligação que faltava para conduzir esse tipo de sucesso sobre o qual estamos falando hoje.

VEECH: Isso é brilhante, mas eu acho que alguns de nossos leitores serão desafiados por algumas histórias do livro e dirão: "Bem, eu entendo por que o Dr. Shingo decidiu soldar apenas um lado da placa e não ambos os lados. Mas eu produzo peças plásticas. O que isso tem a ver comigo?"

E esse é um dos pontos de resistência que encontramos o tempo todo. "É! Isso é ótimo para aqueles caras, mas e quanto a mim? Eu sou diferente."

BODEK: Todos dizem isso. Mas, o Dr. Shingo está tentando nos dar elementos de base para a resolução de problemas; levar-nos através dos 4 propósitos da melhoria e das 12 etapas da geração de ideias, e isso ele conseguiu. Quero esmiuçar isso de forma simples, de modo que voltemos ao que você acabou de dizer e que foi tão poderoso. É função do administrador ensinar o trabalhador como pensar, como crescer a partir de suas próprias ideias e deixá-lo se transformar em seu próprio professor. Em outras palavras, deixá-lo crescer a partir de seu próprio esforço.

Temos que ampliar as funções das pessoas. É o que faz um Sistema Sociotécnico. Temos que ampliar os papéis e responsabilidades das pessoas e fazê-las entender mais sobre o negócio. Um dos papéis mais importantes que um administrador tem é trazer as melhores pessoas ou então não precisamos de administradores. Temos que ajudar a criar pessoas superiores – elas são superiores como técnicos no que fazem, mas se trata de desenvolver esse conhecimento.

VEECH: Devemos ter líderes projetando sistemas que possam extrair energia de aprendizagem de todos os membros da equipe. O papel de um administrador deve ser o de melhorar. Lembra da caixa de Imai? Ele levou a melhoria ao máximo e a manutenção ao mínimo, juntamente com a quantidade de tempo que as pessoas nos vários níveis da organização deviam gastar com isso. O administrador sênior deve usar todo o seu tempo na melhoria.

Mas, o que temos, especialmente nas empresas ocidentais, são administradores sêniores gastando a maior parte do seu tempo lutando, esperando que um problema apareça e depois tentando resolvê-lo. E isso também é uma grande questão, pois temos uma geração inteira de líderes e administradores que pensam que a sua função é resolver problemas, quando o seu trabalho na verdade deveria ser ensinar as pessoas que descobriram esses problemas a resolvê-los por si mesmas.

E isso, eu acho, vai ser o nosso grande obstáculo a ser ultrapassado enquanto sociedade.

BODEK: Bem, vamos fazê-lo. O Sr. Ohno nos deu uma grande declaração; comecei falando sobre isso hoje. O Sr. Ohno disse: "Você apenas pergunta e não diz às pessoas o que fazer... embora saiba a resposta." Foi isso o que Sócrates fez como professor.

VEECH: Você está certo. Os grandes professores sempre fizeram perguntas.

BODEK: Se a função do administrador é ser um solucionador de problemas, então ele vai estar totalmente ocupado resolvendo problemas. Mas, se ele distribuir isso para cada trabalhador, então ele não tem nada a ver com a resolução de problemas, a não ser ensinar os trabalhadores a como fazê-lo. Essa é a essência verdadeira do sucesso da Toyota.

VEECH: Aprendemos na Conferência sobre Kaizen na Toyota norte-americana que as três ferramentas mais importantes dessa filosofia são barbante, papelão e fita. Um trabalhador pode fazer qualquer coisa com barbante, papelão e fita; eles podem fazer alguma coisa e cometer erros sem gastar uma tonelada de dinheiro. Uma vez que você tem o projeto correto, você o envia à equipe de engenharia e eles podem fazer algo com uma lâmina de metal ou algo assim.

BODEK: Vamos prosseguir nisso porque os administradores de hoje ainda sentem que são pagos para agir como solucionadores de problemas. Eles não querem desistir de sua especialidade; eles têm medo.

VEECH: Eu acho que o problema reside no fato de que a maioria dos administradores não conhece o seu trabalho o suficiente para serem solucionadores de problemas eficientes, pois estão distantes demais do trabalho real. Mesmo os bons e que mantêm ótimas relações com os seus empregados não possuem conhecimento íntimo do que é uma solução eficaz. Mesmo que tenhamos feito com que esses administradores esperassem ter esse papel de solucionador de problema, na verdade eles não são as pessoas certas. Então, temos que fazer com que eles envolvam a mão de obra, onde realmente se encontra a qualificação, onde as pessoas realmente sabem quais são os problemas e que soluções irão funcionar. Devemos desenvolver essa ligação com as pessoas que realmente estão fazendo o trabalho.

BODEK: Até que ponto isso ainda é aplicado hoje na Toyota?

VEECH: O meu conhecimento mais detalhado provém da fábrica de Georgetown, onde tenho muitos colegas e amigos que ainda trabalham lá. Depois de muita observação, verifico que existem muitos líderes de equipe trabalhando no chão de fábrica diariamente, em vez de atuarem como líderes de equipe. Eles não são mais orientadores; tornaram-se trabalhadores de produção. Estão totalmente envolvidos no trabalho produtivo, dedicando pouco tempo para se concentrar na melhoria.

Estive na *Power Train* (Fábrica de Motores da Toyota em Georgetown) uns meses atrás e observei algumas operações acompanhado de um dos empregados que me mostrou determinados procedimentos internos. Constatei que as pessoas ainda estão envolvidas, que ainda são altamente qualificadas e que seus líderes as estão ouvindo. Logo, isso já é uma vantagem adicional.

O que eu recomendo para qualquer pessoa que queira tentar isso é manter, por pelo menos cinco anos, um sistema de sugestões focalizado na participação. Eu sei que ninguém deseja esperar tanto, mas você está construindo um modelo sustentável e isso leva tempo.

Em Georgetown eles começaram em 1989. Em 1994, tiveram uma taxa de participação de 96%. A quantidade de ideias não trabalhadas continuou crescendo até 1999, mas sua taxa de participação nunca mais atingiu os 96%. Nessa taxa máxima de participação, as empresas precisam ajustar o sistema de sugestões para focar em algo diferente.

A ideia é tirar o foco da participação, onde você está tentando ensinar como navegar no sistema, para um foco na aprendizagem, onde você tem que ter problemas mais desafiadores. Isso significa que você terá um sistema de sugestões mais limitado. Menos coisas serão merecedoras das recompensas e benefícios do sistema de sugestões, mas ainda estará centrado nos problemas que os membros de equipe podem solucionar.

BODEK: Você simplifica. As pessoas estão entusiasmadas e o ponto focal está no crescimento. Se as pessoas entenderem isso, o sistema da ideia pode ser o começo da sua educação superior. Você apenas pede aos membros da equipe, lhes dá um sistema de apoio real e eles seguirão com isso. Gosto do que estamos fazendo, David, devido ao que o sistema faz; ele proporciona uma educação superior no trabalho. Eles têm a oportunidade de crescer no trabalho.

David, diga-nos por que você acha que esse livro é tão valioso para a América.

VEECH: Eu acho que esse livro é valioso porque ele nos mostra mais sobre como pensamos, num método sistemático, sobre o nosso trabalho.

Ele também exige que realmente saibamos o que está acontecendo. A maioria de nós supõe que sabe, mas não sabe. Esse livro mantém isso simples e direto, sendo que se as pessoas reconhecem o seu poder de fazer perguntas e pedir ajuda, então não há limites para a criatividade e para energia que você pode gerar na sua mão de obra.

BODEK: Realmente, é isso que está faltando, mas reconhecidamente o Dr. Shingo nos fornece uma resposta sobre como estruturar o processo de melhoria de modo que ele avance dentro de uma empresa. Nunca abordamos nesse nível antes. Fomos agraciados com ferramentas específicas como SMED, 5S, JIT e TPM, mas nunca nos foi fornecida a base que ensina as pessoas a solucionar problemas – por esta razão este livro é tão influente e inspirador. A parte bonita deste livro é que, voltando a 1958, o Dr. Shingo estava fornecendo os fundamentos da "aprendizagem Toyota" para acompanhar os fatos.

VEECH: Muitas organizações se dizem verdadeiramente voltadas para os dados; elas obtiveram faixa preta em Seis Sigma e estão fazendo coisas incríveis com elas. São pessoas que se julgam capazes de lidar com todos esses dados. Mas, eu nunca encontrei tantas organizações que sejam realmente baseadas em fatos. A disciplina associada ao Seis Sigma é muito poderosa para sustentar os ganhos, mas eu acho que podemos fazer muito mais se levarmos todo mundo a gerar fatos em vez de palpites.

BODEK: O Seis Sigma é basicamente CQT com faixas pretas. Agora, as faixas pretas são muito inteligentes, mas o CQT foi ensinado a todo trabalhador. A diferença é que o Seis Sigma não é ensinado a todo trabalhador.

VEECH: É o meu maior problema com ele também. É uma metodologia para a resolução de problemas que eles estão reservando para umas poucas pessoas em vez de toda a equipe.

BODEK: Os japoneses também continuam a usar os Círculos de Controle de Qualidade. Não sei por que não fazemos isso na América.

VEECH: Eu sei por que não estamos fazendo isso na América; porque os Círculos de Controle de Qualidade eram todos sobre um processo e tudo o que parece nos importar são os resultados. Logo, quando um administrador não pode ter um Círculo de Controle de Qualidade que lhe economize US$ 100 mil por ano, ele não vai gastar US$ 60 mil em horas extras, que é o que vai lhe custar. Os Círculos de CQ foram projetados para ensinar pequenos grupos de pessoas a resolver problemas coletivamente. Eles empregaram problemas reais como ferramentas de ensino. Quando Joseph Duran trouxe para América os CQCs, os negócios estavam focados nas economias potenciais que as equipes geravam. Quando não conseguíamos os resultados previstos, tirávamos da tomada.

BODEK: Gosto disso. É sobre a "coisa toda" que devemos trabalhar; sobre "todos os resultados", sobre o "lucro inteiro." Estou trabalhando com uma empresa e eles só pensam nos lucros e a empresa está derretendo e desaparecendo, em vez de se focar no processo. Concentre-se no processo correto e você obterá os resultados apropriados.

Vamos ver um pouco o Diagrama do Pensamento Analítico do Dr. Shingo.

VEECH: Eu entendo que o sujeito é quem, o objeto é o que estamos procurando, o método é como, o espaço é onde e o tempo é quando. A Toyota ainda emprega essa ferramenta organizacional simples que eles chamam de 5 Ws e 1 H. O que falta, e o que eu acho que o Dr. Shingo está tentando capturar no diagrama, é o porquê. Eu acho, porém, que faz parte de evitar as ambiguidades – entender um pouco mais. Isso nos leva de volta a conhecer em vez de adivinhar.

Eu acho que o Dr. Shingo está tentando dizer que nos falta o conhecimento quantitativo de quem realmente está afetando o que. Logo, obscurecemos o sujeito e o objeto do problema. E se a sua definição do sujeito e do objeto não for verdadeiramente precisa, independentemente do método ou das restrições, você chegará a uma solução ruim. O problema vai voltar.

Dr. Shingo é mais bem-sucedido em nos mostrar como nos comunicarmos quantitativamente de forma clara. Devemos ter conhecimento real do sujeito e do objeto e não apenas palpites, não apenas suposições. Nós realmente temos que saber isso.

BODEK: É por isso que ele afirma que precisamos evitar a ambiguidade; devemos ter conhecimento verdadeiro.

VEECH: O Dr. Shingo também fala sobre os 4 propósitos da melhoria, enumerando-os como 1) Aumentar a produtividade, 2) Melhorar a qualidade, 3) Reduzir o tempo e 4) Cortar os custos. Se conseguirmos fazer com que os membros da nossa equipe trabalhem de modo mais interessante ou mais fácil, muito provavelmente atingiremos esses quatro propósitos de melhoria. Se pudermos fazer isso e melhorarmos as qualificações para a resolução de problemas desses mesmos membros da equipe, aí sim teremos a melhoria sustentável. Isso exige que nos focalizemos novamente no processo e não nos resultados.

Temos que reconhecer que os processos mais importantes são os que adotamos como a nossa abordagem-padrão para a resolução de problemas. Nós construímos isso em nosso sistema padronizado de trabalho, de modo que toda vez que alguém tem uma ideia ela passa por esse processo de análise, síntese e avaliação. Não tem que ser complicado nem demorado. Mas, tem que começar com os membros da equipe, que precisam de qualificação e de confiança para compartilhar as suas ideias. Ainda temos um longo caminho a percorrer, mas um livro como este proporciona definitivamente uma direção.

Os 20 Anos do Prêmio Shingo

Como editor de Shigeo Shingo, acompanhei a sua contribuição para o mundo industrial durante muitos anos. Muitas vezes acreditei na sua indicação para o Prêmio Nobel; na verdade, entrei em contato com o representante do Nobel nos Estados Unidos, mas me foi dito que não havia categoria para o trabalho do Dr. Shingo. Sempre soube que não era verdade, pois há um Prêmio Nobel de Economia e, sem dúvida, o trabalho do Dr. Shingo economizou bilhões de dólares para o mundo e continuará a fazê-lo.

Poucos meses depois do contato com o pessoal do Nobel, encontrei o Dr. Vernon M. Buehler, professor da Utah State University, durante uma palestra na universidade. Enquanto conversávamos Vern perguntou se Shingo poderia falar na próxima conferência. Afirmei que sim, mas com a condição de oferecermos um título de doutor a Shingo. Sem garantir, Vern comprometeu-se com a causa. Em debates conjuntos chegamos à conclusão que a América do Norte precisava de um prêmio industrial similar ao Prêmio Deming, muito disputado pelas empresas japonesas. O Dr. Deming, vale dizer, foi um grande divulgador do controle estatístico de processos e da necessidade de melhoria da qualidade nas empresas. Os japoneses escutaram e nós não.

O sucesso do Prêmio Deming no Japão nos levou a acreditar que um prêmio norte-americano semelhante poderia estimular a indústria a "acordar" para os desafios internacionais. Com base nas descobertas de Shingo, optamos por batizar o prêmio norte-americano com o seu nome.

Vern e eu convidamos, então, um grupo de executivos norte-americanos para formar o primeiro conselho diretor do prêmio. Shingo e eu contribuímos com US$ 50 mil e Vern conseguiu que parceiros da Utah State University patrocinassem inicialmente esse prêmio.

O conselho estabeleceu os critérios para o prêmio e o divulgou junto à indústria norte-americana. Naquela época, como presidente da Productivity Inc. e da Productivity Press, tinha convição de que a lista de possíveis candidatos era extensa. Um ano mais tarde recebemos uma dúzia de candidaturas para o prêmio. Durante o debate para a escolha das empresas, um membro da diretoria mostrou-se inflexível ao dizer: "Nenhuma empresa foi aprovada nos critérios estabelecidos para a melhoria da produtividade." Me juntei à conversa: "veja, nós temos um prêmio; temos que eleger um vencedor." Diante de uma discussão ferrenha, sugeri ao grupo para fazermos uma pausa e, como Shingo estava na conferência, busquei seu aconselhamento. Ele disse: "Norman, encare o prêmio como um concurso de beleza e o confira à melhor empresa." Com o poderoso apoio de Shingo, foi fácil convencer todos os demais representantes, exceto um, de que escolheríamos a melhor empresa para ganhar o prêmio.

Assim o fizemos e o prêmio vem se tornando cada vez mais forte, a cada ano que passa, nesses últimos 20 anos.

Posteriormente, a Utah State University agraciou Shingo com um grau de doutor *honoris causa*. Embora naquela época fosse muito difícil para Shingo caminhar, ele compareceu e participou de todas as festividades. Na ocasião, fez uma brilhante palestra para um auditório tomado por alunos, professores, amigos e familiares. Quando morreu, menos de um ano depois, sua esposa o vestiu com a beca e o barrete para as cerimônias fúnebres.

O Dr. Shingo foi talvez o maior consultor industrial dos últimos cem anos. Ainda estou em dívida com a Utah State University por reconhecer as contribuições do Dr. Shingo à indústria norte-americana.

Norman Bodek,
Coeditor

ÍNDICE

A

A Grandeza do Desconhecido 34-35
  O que não sabemos 38-39
  O que sabemos 38-39
Abordagem da Lista de Verificação
  para analisar problemas 58-59
Abordagem do Pensamento
  Científico 105-106. *Veja também*
  Desenvolvimento de Métodos de
  Pensamento
Ações Humanas 104-105
Adaptação 130-131. *Veja também* 12
  Etapas da Geração de Ideias
Administrando Cronogramas de
  Produção 69-70
Agindo com Base em Suposições 107-
  108, 218. *Veja também* Suposições
Amanohashidate 122-124
Análise 60-61
  análise qualitativa 60-61
  análise quantitativa 60-61
  conquistar os céticos 209-210
  divisão do trabalho 171
  escopo limitado da 70-71
  melhorando a gestão de custos 69

Aperfeiçoando as Ideias de Melhoria
  tabela 49
Argumento Ilógico 196-197. *Veja
  também* 10 Objeções
Argumento Pente Fino 196-197
Aristóteles. *Veja* lógica dedutiva
As Coisas Mudam com o Passar do
  Tempo 39-40
Associação 116-117
  causa e efeito 116-117
  contiguidade 116-117
  contraste 116-117
  similaridade 116-117
Atitude 183-184
  engenheiros de mesa e 195-196
  julgamento positivo ou negativo e
  193-194
  mantendo uma atitude positiva
  190
  quando na presença de problemas
  183-184
Atividades Mentais para a Melhoria
  104-105. *Veja também* 7 Etapas do
  Processo Mental
Automação 175. *Veja também* 5
  Princípios da Melhoria

B

Batalha de Antietam 125-127

C

Caixa de operações 129-130
Capturando os Problemas 33
Características da Lista de Verificação 59-60
Cartões de Tarefa 69-71, 120-121
Cegueira Mental 41-73
Chão de Fábrica
  gargalos 40-41, 191
  melhorar o monitoramento da produção no 69-70
  organizar 153-154
  padrões diários 121-122
  trabalhadores e administração 75-76
5 Elementos dos Problemas 48
  Como (método) 48
  O que/Qual (objeto) 48
  Onde (localização) 48
  Por quê (propósito) 48
  Quando (tempo) 48
  Quem (sujeito) 48
5 Princípios da Melhoria 162, 164
  Autonomação 175
  Divisão do Trabalho 169-170
  Mecanização e Motorização 162, 164
  Otimização 172-173
  Sincronização 174-175
50 Milhões de Anos de Ferramentas 161
  figura 163
Comparações 150. *Veja também* 12 Etapas da Geração de Ideias
Compreensão e Persuasão 210-211
Comunicação
  interdepartamental 69
  propósito da 87-89

Conceito Tridimensional 81. *Veja também* 4 Propósitos da Melhoria
Concentrar Nossa Mente 157-158
Condições Ideais para a Geração de Ideias 157-158
Conhecimento Qualitativo e Quantitativo 59-60
Construção em Blocos 62-63
Construção Naval
  e sistemas de produção de fluxo 47
  recorde mundial 63-64
Consultor em Eficiência 122-123
Contiguidade 116-117. *Veja também* Associação
Contraste 116-117. *Veja também* Associação
Contraste e Continuação 23-24
Controle de Qualidade 74-75
Conversa Interna
  para quebrar impasses 181-182
Coordenando a Força de Trabalho 174-175
Crítica
  como absorver 205-206
  equilibrada com o julgamento 179-181
  momento certo para a 88-89
  no processo de geração coletiva de ideias 107, 109-112
Cuidado com a Força do Hábito 211-212

D

Dando Forma aos Problemas 75-76
  como um meio de definir a percepção 75-76
  figura 77-78
Decisões Precipitadas
  em relação aos novos métodos 213-214
Declarações de Salário 133-134

Defeitos
  Análise 68
  estatística 68-105-106
  porcentagem 69, 90-91
Descartes, René 104-105. *Veja também*
lógica indutiva
Descobrindo a Causa 79. *Veja também*
3 Etapas Essenciais para a Resolução
de Problemas
Descobrindo Problemas 33. *Veja
também* 3 Etapas Essenciais para a
Resolução de Problemas
Descrições Ambíguas 45-47. *Veja
Também* Esclarecendo os Problemas
Desvio 126-127. *Veja também* 12
Etapas da Geração de Ideias
As 10 Objeções 195-196
  Objeção Baseada em Evidência
  Incompleta 198-199
  Objeção Baseada em Exceções 196-197
  Objeção de Manipulação de Unidade 197-198
  Objeção Distorcida 201
  Objeção em Círculos 203-204
  Objeção Evasiva 204-205
  Objeção Fora de Contexto 199-200
  Objeção Galinha ou Ovo 199-200
  Objeção Girino 200-201
  Objeção por Detalhes 196-197
Dicotomia do Julgamento 193-194.
Veja também Atitude
Direção 144. *Veja também* 12 Etapas
da Geração de Ideias
Disco excêntrico 151-152
Distribuição 136-137. *Veja também* 12
Etapas da Geração de Ideias
Divisão Cruzada 25-26. *Veja também*
Princípio da Divisão
Divisão da Linha do Tempo da
Produção 45-47

Divisão do Trabalho 169-170. *Veja
também* 5 Princípios da Melhoria
compatibilizando as tarefas com as
habilidades 172-173
Divisão qualitativa do trabalho 171
Divisão quantitativa do trabalho 171
processamento paralelo eficiente 145
sincronização da mão de obra 174-175
tabela de benefícios globais 169-170
Divisões Superiores e Inferiores 28-29.
Veja também Princípio da Divisão
2 Eixos da Produção
  Fluxo de Operações 49
  Fluxo do Processo 50
Dominando o Óbvio 41-42
12 Etapas da Geração de Ideias
  Adaptação 130-131
  Comparações 150
  Desvio 126-127
  Direção 144
  Distribuição 136-137
  Economia 141-142
  Eliminação 117-118
  Funcionalidade 139-140
  Perspectiva 122-124
  Proporção 134-135
  Redefinição 153-154
  Reorganização 147
12 Etapas da Geração de Ideias 117-118
  Adaptação 130-131
  Comparações 150
  Direção 144
  Distribuição 136-137
  Divergência 126-127
  Economia 141-142
  Eliminação 117-118
  Funcionalidade 139-140
  Perspectiva 122-124
  Proporção 134-135

Redefinição 153-154
Reorganização 147
2 Correntes de Produção 52-53
figura 50

E

Economia 141-142. *Veja também*
Etapas da Geração de Ideias
Econômico
paradigmas 26-27
rompimentos 86-87
Eficiência
e a falta de trabalhadores
qualificados 172
e arrombamento 148-150
e caixas de transporte 129-130
e fisiologia e ergonomia 173-174
e funcionalidade da ferramenta 139-140
e leiaute da célula de trabalho 126-127
e o espaço limitado no pátio 145
e observações simples 73-74
fluxo de operações 52-53
melhorar perguntando "por quê" 90-91
Eficiência da Produção 73-74, 174-175
Eixo de Rotação 35-36
Elaboração de Métodos de
Pensamento 103-104
Abordagem do Pensamento
Científico 105-106
Atividades Mentais para a Melhoria 104-105
Mecanismo do Pensamento
Científico 106-107
Eliminação 117-118. *Veja também* 12
Etapas da Geração de Ideias
Emoções Humanas 157-158
Energia Hidráulica 161-162. *Veja
também* Fontes Naturais de Energia

Engenheiro
e o status quo 61-62
e perspectiva 124-125
e projeto de ferramenta 152-153
e sabendo quando empregar as suas
habilidades 83-84
Engenheiros de Mesa 195-196
Epistemologia 105-106. *Veja também*
Atividades Mentais para a Melhoria;
Veja também Kant, Immanuel
Esclarecendo os Problemas 44-45. *Veja
também* 3 Etapas Essenciais para a
Resolução de Problemas
figura 44-45
Espaço no Chão de Fábrica
conservando 145-146
melhorando 57-59
Estaleiro 42-43, 57-58, 61-64, 117-118, 124-125, 132-134
Estatística
condição de superdependência da 74-75
e Controle de Qualidade 74-76
inferencial 74-76
trabalho 93
Estatística Inferencial
e Controle de Qualidade 74-76
Estatísticas de Trabalho 93
Esteiras
funcionalidade das 164-165
pouco espaço no pátio 57-58
Estoque
administrando por exceção 129-131
como um sinal de má administração 38-39, 118-119
controlando 120-122, 129-131
e sistemas de separação 141-142
Estratégias para a Geração de Ideias
12 Etapas da 117-160
métodos de 107, 109-116
separação do julgamento e da 179-181, 193-196

Estudo do Tempo 54-56. *Veja também*
Gilbreth, Frank B. *Veja também*
Therbligs
Exceções 196-197. *Veja também* 10
Objeções
Exército Confederado da Virgínia do Norte 126-127
Exército de Potomac 125-126
Experiência Humana 175
Experimento Animal Relacionado ao Hábito 211-212
Experimentos
   ao aplicar novos métodos 212-214
   com gargalos 40-41
   com hábito 211-212
   e geração de ideia 107, 109-110
   em pressupostos 38-39
   na cooperação 216-217

F

Facilitando a Geração da Ideia
   Geração Coletiva de Ideias 107, 109-114
   Método de Entrada-Saída 114-116
   Método Gordon 115-116
   outros métodos 116
Fenômeno 97
Fenômenos da Ação Humana
   tabela 103-104
Fisiologia Humana 173-174
Fluxo de Fabricação 51-54. *Veja também* 2 Correntes de Produção
Fluxo de Objetos, 51-54
   quatro principais componentes do, 51-52. *Ver também* 2 Eixos da Produção
   figura do 50
Fluxo de operações
   Preparações, Limpeza
   Princípio
      Margem 51-54

Fluxo do Objeto 51-52
Folha de Pagamento
   melhorando o fluxo do processo da 127-128
Fontes Alternativas de Energia 161-162. *Veja também* Mecanização e Motorização
Fontes Naturais de Energia
   limitações das 161-162
Força do Hábito
   como impedimento para a melhoria 211-212
   e ignorando o propósito 80
   fidelidade à 213-214
Força Gravitacional 161-162. *Veja também* Fontes Naturais de Energia
Funcionalidade
   e administração de estoque por exceção 130-131
   e automação 175
   e propósito definitivo 91-92
   funcionalidade combinada 139-140
Funções Humanas 172-173
Funções Humanas e Eficiência 172-173
Fundições
   eliminando processos das 119-121
   fundição doméstica e defeitos 68
   melhoria mecanizada nas 166-167

G

Gabaritos
   eficiência dos 144
   inventando 125-126
   para melhorar a ordem das operações 147
Gargalo
   demora do processo 40-41, 66-67
   figura 66-67
   tempo de ciclo 191

Geração Coletiva de Ideias 106-107
  e Geração de Ideia 106-114
  grupos grandes 116
  num ambiente sem julgamentos
    180-181
  Tabela da Folha de Jornal 112-114
  Tabela do Tijolo Comum 112
Gestão de Custos 69
Gilbreth, Frank B. 54-56. *Veja também*
 Therbligs
Greves 86-88
Grupo Pai, 23-26
  Princípio do Critério de Divisão 23-26
Grupos Contínuos
  a complexidade dos 27-28
  critério de divisão 24-25
  distinção entre 23-24
Grupos Contrastantes 23-25
  critério de divisão 24-25
  dentro de "Grupos Pais" 23-24

I

Ideias Incríveis
  durante a Geração Coletiva de Ideias
    110-111, 180-181
  transformando boas ideias em 192-
    193
Impasse
  terminando 126-127, 181-182
Implacável "Por quê?", O 88-96
Implementação 109
  chegando a um consenso antes da
    209-211
  criticada em relação à viabilidade
    179-181
  e eficiência aprimorada 146. *Veja
    também* 5 Estágios da Melhoria
  estimativa quantitativa dos
    benefícios 215-216
  examinando os métodos de 105-106
  separando a ideia do ato 216-217

Incentivo 158-160. *Veja também.*
 Concentrar Nossas Mentes
Ineficiência 64-65, 119-121, 133-134
Instinto do Administrador 194-196

K

Kant, Immanuel 105-106

L

Lee, Robert E. 126-127
Lincoln, Abraham 125-126
Listas Numeradas ou Marcadas 143.
 Veja também Economia
Lógica Dedutiva. *Veja também*
 Fenômenos da Ação Humana
  premissa enganosa 104-105
Lógica Indutiva 104-105. *Veja*
 Descartes, René. *Veja também*
 Fenômenos da Ação Humana
  método da indução 183

M

Mãe das Ideias 116-117
McClellan, George 125-126
Mecanismo do Pensamento Científico
  figura 107-108, 218
  formação do 106-107
  9 Estágios do 109
Mecanização 161-162, 175
Mecanização e Motorização 162,
 164. *Veja também* 5 Princípios da
 Melhoria
Mecanizando a Capacidade de
 Julgamento 175
Medo do Desconhecido 214-215
Meio Termo 199-200. *Veja também*
 Objeção Fora de Contexto
Melhorando a Gestão de Custos. *Veja*
 Análise

Melhoria da Fábrica
   como base para o Mecanismo do Pensamento Científico 106-107
   usando o método qualitativo 60-61
Mentalidade Humana 210-211
Método Convencional
   gabarito de broca giratória 144
   melhorando no 100-102
   ordem da produção 147
   questionamento 36-37
Método de Entrada-Saída 114. *Veja também* Estratégias para a Geração de Ideias
Método Gordon 115-116. *Veja também* Estratégias de Geração de Ideia
Métodos Melhores 109. *Veja também* Mecanismo do Pensamento Científico
Métodos para a Geração de Ideias
   Geração Coletiva de Ideias 107, 109-114
   Método de Entrada-Saída 114-116
   Método Gordon 115-116
Mitsubishi 42-43, 227-228
Montando Partes Pequenas 140-141
MPC. *Veja* Mecanismo do Pensamento Científico
Muitos Caminhos para um Único Cume 99

N

Não Aja com base em Suposições 37-38
Natureza Invariável 206-207. *Veja também* Adaptação
Natureza Variável 130-131. *Veja também* Adaptação
Ninomiya, Kinjiro 28-29, 212-213
99% das Objeções são Conselhos 205-206
Números Estimulam o Cérebro 59-60, 65-66
Nunca Aceite o status quo 33-34

O

O Amor é Cego 41-42
O Homem das 20 Faces 26-27. *Veja também* Realidade
O Implacável "Por quê?" 88-89
O Julgamento nos 5 Estágios da Melhoria
   tabela 179-180
O que Acender Primeiro? 95-96
Objeção Baseada em Evidência Incompleta 198-199. *Veja também* 10 Objeções
Objeção de Manipulação de Unidade 197-198. *Veja também* Dez Objeções
Objeção em Círculos 203-204. *Veja também* 10 Objeções
Objeção Distorcida 201. *Veja também* As 10 Objeções
Objeção Evasiva 204-206. *Veja também* 10 Objeções
Objeção Fora de Contexto 199-200. *Veja também* 10 Objeções
Objeção Galinha ou Ovo 199-200. *Veja também* As 10 Objeções
Objeção Girino 200-201. *Veja também* 10 Objeções.
Objetivos Concretos 157-158
Objeto 49. *Veja* 5 Elementos dos Problemas; *Veja também* 2 Correntes de Produção
Oposição
   às novas ideias 127
   e as objeções vesgas 201
   vencendo a 209-228
Oradores Eloquentes 87-88
Organizadores Indexados 129-130
Orgulho no Palanque 87-88
Osborn, A. F. 107, 109-110
Otimização 172-173. *Veja também* 5 Princípios da Melhoria
Ouça as Objeções 205-206

P

Pensamento Analítico 27-28
 aplicando 27-28
 como chave para a solução 67
 considerando o propósito 86-87
 eliminando a ambiguidade 65-66
 fórmula sistemática para o 66-67
 impacto positivo do 73-74
 o poder do pensamento dedutivo 75-76
Pensamento Criativo
 como um processo mental 104-105
 separando o julgamento do 158-160
Pensamento Polarizado 29-30, 71-72
 efeitos no sucesso 71-72
 suposições inconscientes do 29-30
Pensando Analiticamente 65-66
Percepção é Realidade 26-27
Perdendo de Vista a Floresta 56-57
Perspectiva 122-124. *Veja também* 12 Etapas da Geração de Ideias
Persuasão 210-211, 213-214
Phillips, Henry F. 143
Política dos 90 Pontos 209-210
Por que Divulgar Certidões de Óbito? 77-78
Premissa Enganosa 183. *Veja também* Lógica Dedutiva
Pressupostos 29-30, 43-45, 182-183, 199-200
Princípio da Divisão 23-25
Princípios do Pensamento Analítico 23
Processo Crítico 157-158
Processo de Manutenção de Rodovias 82-83
Processos Burocráticos 127-129, 133-134
Promover 107-108, 216-217
Proporção 134-135. *Veja também* 12 Etapas da Geração de Ideias

Propósito
 cumprimento do 80
 da geração da ideia 179-180
 definitivo 80, 91-92, 96, 117-118
 discordâncias sobre o 210-211
 do processo 120-121
 em busca do 80-97, 116
 investigando 81-82
 julgamentos contra 206-207
 múltiplos meios para 103-104
 único aspecto do 203
Propósito 107-108, 218
Propósito Real da Investigação 81
Protótipo 150-151
Psicologia Humana 173-174, 210-211

Q

Qualitativa
 análise 60-61
 conhecimento 59-60
 divisão do trabalho 171
 exceção 183
 insuficiência 183
Quando Usar as suas Habilidades 83-84
Quantitativa
 análise 60-61
 divisão do trabalho 171
 economia 60-61
 estimativa 215-216
 exceção 183
 insuficiência 183
4 Propósitos da Melhoria 80
4 Regras da Geração Coletiva de Ideias 110-111

R

Raciocinando em Termos de Dois 29-30
Reação em Cadeia de Porquês 90-91
 propósito definitivo 90-96

ÍNDICE 251

Realidade
  armadilhas a evitar 183-184
  complexidade da 26-27
  e suposições 37-39
  figura 30-31
  transformando as ideias em 175, 179, 209
  vantagens e desvantagens da 197-198
Recorde Mundial 63-64. *Veja também* construção naval
Redefinir 153-155. *Veja também* 12 Etapas da Geração de Ideias
Relação de Causa e Efeito
  e raciocínio horizontal 95-96
  três condições de correlação causal 182-183
Reorganizar 147. *Veja também* 12 Etapas da Geração de Ideias
Revolução Industrial 163, 169-170

S

Sabedoria 65-66, 112-114, 172-173, 215-216
Segunda Guerra Mundial 43-44, 92
Senso Comum 84-86
Separar a Geração da Ideia do Julgamento 179
7 Etapas do Processo Mental. *Veja também* Atividades Mentais para a Melhoria
  Figura das 104-105
Similaridade 116-117. *Veja também* Associação
Sincronização 174-175. *Veja também* 5 Princípios da Melhoria
Sindicatos 86-87, 199-200
Sistema de Produção de Fluxo
  e gargalos 191
  na construção naval 47

Sistema de Separação 141-142. *Veja também* Funcionalidade
Sistema Toyota de Produção xiv, xv, 50, 226-227
Soldagem 230-231
Solução Numérica para a Linguagem Ambígua 63-64
Soluções
  buscando 95-96
  e a natureza dos problemas 44-45
  e descrições vagas 45-47
  e pensamento analítico 67
  e questionamento do status quo 33-34
  raciocinando em termos de dois 29-30
  rota mais direta para 76-77
Status quo
  compreendendo 115-118
  conscientizar-se do 33-34
  fuja do 103-104, 179-180
  insatisfação com 33-35
  usurpe o 84-86
Sujeito 48. *Veja* 5 Elementos dos Problemas; *Veja também* 2 Correntes de Produção
Superando Obstáculos Mentais 180-181

T

Tálamo 157-158
Tempo de Execução Excessivo
  job shop 45-47
Tentativa e Erro 92, 168-169, 181-182
Teoria das Greves Lógicas 86-87
Testes de Aptidão 172-173
Therbligs 54-57
  figura 55-56
Tipos de Ignorância 39-40
Três Tipos de Caixas 128-129. *Veja também* Desvio

3 Etapas Essenciais para a Resolução de Problemas 33
  Descobrindo a Causa 79
  Descobrindo Problemas 33
  Esclarecer os Problemas 44-45
Troca de Matrizes num Tempo de Um Dígito 54-56

U

Usando nossos Pés 154-155. *Veja também* Redefinição

V

Valor Real da Melhoria 212-213
Variável Interna 27-28
Verdade Imaginária 38-39. *Veja também* Não Aja com base em Suposições
Veredicto do Julgamento 179-180
Vida *versus* Morte: A Dicotomia do Julgamento 193-194
Visualização 75-78, 164-165